1999年　第1届支教团志愿者与学生、同事合影

2000年　第2届支教团志愿者在甘肃省武威市古浪二中课堂上

2001年　第3届支教团志愿者与家属出发前在北京西站合影

2002年　第4届支教团志愿者在离开支教点前与巴燕中学老师合影

2003年　第5届支教团志愿者在青海湖畔合影

2005年　第6届支教团志愿者在青海与学生交流

2005年　第7届支教团西藏分队志愿者出发前在郑州大学培训（清华大学首批进藏支教志愿者）

2007年　团中央领导、学校领导与完成支教工作的第8届支教团志愿者座谈并合影

2007年　第9届支教团志愿者在西藏职业技术学院上课

2008年　第9届支教团与第10届支教团传递"接力棒"

2010年　第11届支教团西藏分队志愿者在举办活动后合影

2010年　学校领导看望慰问第12届支教团青海分队志愿者

2012年　学校领导看望慰问第13届支教团甘肃分队志愿者

2013年　第14届支教团志愿者在青海省湟中县开展公益活动

2013 年　第 15 届支教团志愿者在河北省平泉县开展公益活动

2014 年　第 16 届支教团志愿者在青海省湟中县开展公益活动

2014年　清华大学研究生支教团15周年交流座谈会合影

2014年　清华大学研究生支教团获评"最美乡村教师支教团体"

2016 年　第 17 届支教团总结汇报

2016 年　第 18 届支教团西藏分队志愿者下乡调研

2016年　学校领导赴西藏考察支教团工作

2017年　第18、19届支教团志愿者在总结会后合影

2017年　第 19 届支教团志愿者带西藏学生来北京游学

2018年　第 20 届支教团志愿者集体模拟教师资格证考试

2019 年　第 21 届支教团志愿者毕业前集体合影

2019 年　第 22 届支教团志愿者在紫荆操场晨跑前合影

2020年 第23届支教团志愿者例会培训合影

2022年 学校领导老师看望第23届支教团青海分队志愿者

2022 年　第 24 届支教团志愿者出征仪式合影

2023 年　第 25 届支教团志愿者出征仪式合影

与你西行

清华大学研究生支教团纪念文集

余潇潇 王睿 张婷 主编

清华大学出版社
北京

内容简介

清华大学研究生支教团自成立以来，始终奋战在教学一线，扎根中国大地，了解国情民情，在行走中思考，在艰苦的环境中砥砺意志品质，用一届届志愿者的青春，点燃中西部地区希望的火种。本书从"育人""行健""成长""日志""回首"五个方面记录了清华大学研究生支教团从组建至今的风雨历程。其中既有成员支教时的真情实感，又有返校多年后的追忆芳华；既有理论精神的深刻认识，也不乏点滴生活的真实记录；是一代代支教团成员最真切的体悟，更是支教团25年的成长记录。清华研支团志愿者们用年轻且扎实的脚步丈量着祖国大地，愿这份热情能透过纸张传递到你！

本书可作为西部计划志愿者们重要的学习参考读物，也可为基础教育系统相关人士提供参考和借鉴。

版权所有，侵权必究。举报：010-62782989，beiqinquan@tup.tsinghua.edu.cn。

图书在版编目（CIP）数据

与你西行：清华大学研究生支教团纪念文集／余潇潇，王睿，张婷主编.— 北京：清华大学出版社，2023.12

ISBN 978-7-302-64980-9

Ⅰ.①与… Ⅱ.①余… ②王… ③张… Ⅲ.①发达地区—教育工作—中国—文集 Ⅳ.①G527-53

中国国家版本馆CIP数据核字（2023）第227792号

责任编辑：张占奎
封面设计：傅瑞学
责任校对：欧　洋
责任印制：沈　露

出版发行：清华大学出版社
网　　址：https://www.tup.com.cn, https://www.wqxuetang.com
地　　址：北京清华大学学研大厦A座　　　　　　邮　编：100084
社 总 机：010-83470000　　　　　　　　　　　　邮　购：010-62786544
投稿与读者服务：010-62776969, c-service@tup.tsinghua.edu.cn
质量反馈：010-62772015, zhiliang@tup.tsinghua.edu.cn
印 装 者：三河市龙大印装有限公司
经　　销：全国新华书店
开　　本：170mm×240mm　　印　张：17.5　　插　页：8　　字　数：310千字
版　　次：2023年12月第1版　　　　　　　　　　印　次：2023年12月第1次印刷
定　　价：80.00元

产品编号：091711-01

编委会

主 编：余潇潇 王 睿 张 婷
副主编：铁 强 齐兴达 李沛雨 程正雨
编 委：（按姓氏笔画排序）

毛俊松 付 轲 孙凯丽

朱明媛 苏 海 杨 钊

杨 波 张 杨 洪 旭

洛桑晋美 曾 妮

序 言

"愿意用一年青春的时光,换取一生的留恋向往;愿意奔向心仪的讲堂,点亮故乡未来的希望……与你西行,行健自强,追求卓越再起航",这是清华大学研究生支教团团歌中的歌词,也是一届又一届志愿者扎根基层,挥洒汗水、传递希望的生动写照。

自1998年起,清华大学响应团中央、教育部号召,连续组建25届研究生支教团,前往西藏、青海、甘肃、宁夏、山西、河南、河北、湖南、陕西、云南等地区接力教育帮扶,服务时间累计超90万小时,覆盖人数超过2.7万。历届志愿者始终秉承"爱国奉献、追求卓越"的清华精神,坚持"做有温度的教育,做有力度的公益"的理念,为中西部地区教育、经济与社会的建设发展贡献青春力量,也在服务与奉献中坚定了理想信念,明确了成才报国的人生方向。

本书于清华大学110周年校庆之际由历届研究生支教团志愿者进行汇编,全书分为"育人""行健""成长""日志""回首"5章,共收录63篇稿件。其中既有志愿者支教时的真情实感,又有多年后的追忆芳华;既有国情民情的深刻认识,也不乏点滴生活的真实记录。或许说不上斐然成章,却是一代代志愿者最真实的体悟,更是支教团成立25载的记录。

人民教师是一个光荣且神圣的职业。多年来,志愿者们坚持把当好一名人民老师作为首要职责,始终奋战在教学一线,在课堂上挥汗讲授,在深夜里伏案备课,倾力助力基层教育发展。一方面通过课堂教学和课外辅导等形式,努力帮助学生提高成绩,以期未来进入理想的学校;另一方面,志愿者也意识到立德树人更是教育中不可或缺的重要部分,积极发挥榜样激励作用,为学生打开通往外面世界的一扇新窗,传递爱国奉献、勤奋拼搏、团结友爱等优秀品质,帮助学生全面成长成才。一年的无私奉献,体现了志愿者对于社会的热爱,也展现了清华人的责任和担当。

支教也是志愿者深入当地实践调研、了解国情民情的重要机会。志愿者们用一年时间在基层县域工作，积极寻访当地文化，开展公益服务，融入当地生活。他们行走在田间地头开展调研，走街串巷与老乡促膝交流，走村入户探访学生家庭，原原本本地了解中国社会，原汁原味地理解中国国情。这样特别的经历帮助志愿者们在实践中培养了和人民群众的深厚感情，也潜移默化形成了扎根人民、奉献国家的人生志向。

研究生支教团是清华大学一项重要的因材施教计划，在成长的重要阶段上完"学术大学"再上"社会大学"，于志愿者而言也是一次难得的锻炼。经历一年支教和社会历练，再回到校园的志愿者总是展现出不一样的精神风貌。可以看出，支教这一"社会大学"的洗礼也带给志愿者们深刻的教育和启发，他们社会阅历广泛增加，思想发展更为成熟，能力素质显著提升，对社会问题和人生选择因而也产生了更为深入的思考。

清华大学党委长期以来关心关注支教团成员的成长发展，将"价值塑造、能力培养、知识传授"三位一体的育人理念贯穿选拔、培训、服务和后续培养的全过程，指导建立了"一年完整周期培训、一年在地支教服务、至少一年重要岗位锻炼"的人才培养模式，不少志愿者在返校入学后担任"双肩挑"学生政治辅导员，在毕业后选择前往基层或重点行业工作，用选择和行动体现了研究生支教团的育人实效。

一年的时间不长，一个寒暑，一个春秋；一年的时间不短，专注教育事业，点燃希望梦想。志愿者的事迹多次被《新闻联播》节目及新华社等主流媒体报道，也取得诸多荣誉。2014年，清华大学研究生支教团获评"最美乡村教师支教团体"称号；2018年，获评学雷锋志愿服务"四个100"先进典型最佳志愿服务组织；2020年，青海湟中分队获评第24届"中国青年五四奖章集体"。这不仅是对于过往志愿者们在讲台上挥洒汗水、传递理想的认可，更是对未来心怀教育梦想、热爱公益奉献后来者们的激励。

习近平总书记在2021年4月考察清华大学时曾深情寄语："广大青年要肩负历史使命，坚定前进信心，立大志、明大德、成大才、担大任，努力成为堪当民族复兴重任的时代新人。"面向未来，清华大学党委将从以下三个方面继续做好研究生支教团工作。一是围绕国家战略，深刻领会当前教育的新使命新任务，服务支教地发展,加快推进教育高质量发展,助力建设教育强国;二是围绕"培养什么人、怎样培养人、为谁培养人"这一根本问题,继续组织志愿者深入基层实践调研,树立远大理想,培养爱国情怀;三是围绕立德树人根本任务,进一步加强资源匹配,完善志愿者培养体系,深化育人实效。希望后继者能够不断树立坚定理想,心怀"国之大者",让青春在为祖国、为民族、为人民、为人类的不懈奋斗中绽放绚丽之花。也希望手捧此书的读者,能从中感受到一代代青年投身中西部的青春热血,并从中看到中国教育事业的发展。

用一年不长的时间,做一件终生难忘的事。祝愿清华大学研究生支教团志愿者能够传承进取、再创辉煌!

清华大学党委副书记 过勇

2023 年 1 月

目 录

第一章：育人

何振善：我在甘肃的一个月 // 2

侯晓明：播种真情，收获感动 // 6

韦鬻钰：于细微之处见感动 // 10

刘泽华：西藏行纪——教学声音 // 13

王文婷：职校来了多面手 // 15

周　璇：谈一场永不分手的恋爱 // 17

李紫鑫：这半年最令我感到骄傲和自豪的就是我的学生们 // 22

侯志腾：支教一年，最留恋的还是学生的笑脸 // 26

石楚阳：教学手记——与抄袭的斗智斗勇 // 30

崔广鑫：雪域高原的教书匠 // 34

戎　静：希望你们永远拥有希望 // 38

洛　嘎：我是一名老师 // 41

胡瑞环：带着理想和热忱来，我很难做到平静地离开 // 45

第二章：行健

宋水泉：洗剑青海水 // 52

张舒宁：拿什么奉献给你，我的第二故乡 // 54

张　路：我在青海的支教之路 // 57

胡尚如：紫荆花，在雪域高原绽放 // 61

贾　曦：承袭青藏高原精神，铸就青稞铁魂 // 65

王佳明：不忘初心的支教人 // 68

支宇珩："如果清华和青春可以选择，我选择青春" // 73

刘博远：写在支教后的教师节 // 76
第 21 届支教团青海分队：一场跨越 20 年的支教接力 // 79
第 21 届支教团陕西分队：立德立言，无问西东 // 84

第三章：成长

向　辉：支教改变了我之后的人生路 // 92
林泊生：晴雪浮云——蕴藏在美丽背后的辛酸与感动 // 96
任霄泽：雪域高原上的梦想 // 98
许　昊：志愿西部，青春无悔 // 102
刘燕玲：我的青海我的家 // 107
黄　成：一年支教行，一生青海情 // 111
齐　譞：西藏一年，情不知所起，而一往而深 // 114
吴彦琦：离开经管的一年之后——改变，谈何容易 // 118
孔　茗：教官·支教·教师 // 122
李　申：和你们一起成长 // 126
张然然　徐文馨：雪域高原上的"最佳拍档" // 128
冯晨龙：回到"第三故乡"支教 // 133

第四章：日志

杨　洋：日记节选 // 138
张瑞廷：酿了又酿的青稞酒 // 146
张　镍：在巴燕的日子 // 149
刘　莹：那一朵美丽的格桑花 // 154
李文韬：煮了又煮的酥油茶 // 158
刘满君：青海札记 // 160
孙碧波：告别日志 // 162
严　晗：再见了，湟中；再见了，我的学生们 // 165
李雨萌：支教日记之碎碎念 // 167
李博洋：驻步支教路，躬耕三亩田 // 169

白浩浩：日记节选 // 172
洪　旭：有清华梦孩子的几个问题 // 183
第18届支教团湘西分队：边城记事 // 188
向虹霖：支教杂记——一些碎碎念 // 195
韩储银：我的陕北支教日记 // 200

第五章：回首

杨海军：支教是做一块垫脚石 // 206
刘振江：一不小心，做了一件伟大的事情 // 208
侯贵松：用一年不长的时间，做一件终生难忘的事 // 210
高宇宁：用青春丈量西部的广阔 // 215
王永瑞：携火种西行，伴信念前进 // 219
吉·青珂莫：西行路上，永不相忘 // 222
张　晶：一年支教，激扬青春千秋积淀；三尺讲台，春风化雨润物无声 // 225
赵于敏：一年很长，一年很短 // 231
王展硕：大美青海，我们的青春之海 // 233
毛雯芝：引责任之露，滋奉献之花 // 237
刘　淙：脚踏实地的理想者 // 240
杨　钊：写给2017级管理班、2018级建技4班的一封信 // 244
王大为：初心所向，素履以往 // 248

附录A　清华大学研究生支教团团歌《与你西行》简谱 // 250
附录B　清华大学研究生支教团团歌《与你西行》曲谱 // 252
附录C　清华大学第1~25届研究生支教团成员名单 // 254

第一章：育人

十年树木，百年树人。志愿者们始终坚持育人为本的理念，在支教期间不断提升教育理论与实践水平，探索改进教学方法，全力提高学生学业成绩；积极开展素质教育，为学生的全面发展贡献力量。20余年漫长的支教接力中，志愿者对教育工作的赤诚之心始终未变。

何振善：我在甘肃的一个月

> 何振善，男，第 2 届研究生支教团甘肃分队成员，曾在甘肃省武威市古浪县大靖镇初级中学支教。

时光飞逝，不知不觉中又走完了支教生活的第三个月，现在这里的一切看起来都已是那么的熟悉，在这里的生活也渐趋于平淡，但平淡生活中往往孕育着不平凡。在这段时间里，我正是用我全部的热情去寻找这份伟大，或许它离我很远，又或许它就在我的身边。

教学工作

期中考试及阅卷评分工作于 11 月 5 日全部结束了，我这半学期教学工作的得与失在考试中都集中反映了出来，而这其中值得总结的东西很多。这次学生们的成绩不甚理想，与我的期望相差较远。虽然说其中的原因是多方面的，但我应该承担一部分的责任。自己冷静地分析了一下，可能是在因材施教方面做得不好。这边的孩子们差异确实比较大：自觉的学生自然不需老师多费心，他们的学习主动性比较好，并且有刻苦钻研的精神；不自觉的孩子，本身的自觉性就较差，老师再不多加管束和引导的话，他们的学习状况就可想而知了。自觉性差的孩子上课的时候不听课，课后也不按时按量完成作业，这样恶性循环起来，他们不知不觉就成了名副其实的"后进生"了。

我所带的班上就有一些这样的学生，而我在相当长的一段时间里对他们的关心不够，导致他们对学习提不起兴趣，久而久之就落了下来，考试成绩也自然不理想。这是一个比较沉痛的教训。我想，在下半学期的教学和生活上，我一定要

本文摘自何振善支教小结。

多多关心他们、爱护他们，让他们重新树立起信心，争取在学习上赶上来。

另外我在考试内容的理解上也存在偏差，对一些重点的内容没有反复强调、让同学们去熟记，对一些考试的题型事先也没有给同学们多加以练习，这些都是导致成绩不太理想的原因，在下半学期的教学中我会加以改进的。

在期中考试的总结会上，学校的教导主任还表扬了我，说我初上讲台，克服了语言不通等诸多困难，取得这样的成绩非常不易，并殷切地期望我在以后的工作中加倍努力，争取取得更好的成绩。得到校领导的肯定是对我莫大的安慰和鼓励，毕竟在这一段时间的工作中我是付出了辛劳和汗水的。我决心下半学期更加努力，争取使学生们的成绩迈上一个新台阶。

另外，期中考试之后，教导处对我们两人的教学任务做了调整。每一个人分别又被安排了一个初三班的英语课。我带的是初三（3）班，由于种种原因，这个班的英语成绩一直很不理想，同学们的基础普遍较弱，学校做这样的人员变动，应该说也是下了决心，校领导就是希望我们两人能够努力把这两个班的英语提上来。校领导这样信任我们，让我感到身上的担子还是蛮重的。现在带他们已经有两个星期了，除了给他们上新的课程之外，我还有计划地把以前的知识给他们补一补，同学们感觉收获还是蛮大的。只要我带他们一天，我就会努力把他们教好。

咨询信箱工作

期中考试过后，信箱的信件数量激增，加上我又多负责了一个初三班的英语课的教学，确实感觉应接不暇。起初一段时间回信的热情确实有所下降，回复也没有原来那么及时了。但转念一想，既然同学们能给我写信，本身就包含了对我莫大的信任，无论多忙，我都应该认真地对待每一封来信，及时给他们答复。有时我给学生们回信要写到夜里将近12点。"一分耕耘、一分收获"，正是我的态度，赢得了同学们更进一步的信任，信箱的信件更是源源不断。同学们提出的问题很多，有学习上的，也有生活和感情上的，通过给同学们解答这些问题，不仅让他们得到了实实在在的帮助，而且也使我对现在中学生的思想有了更深刻的了解，这些都有利于我更好地教育他们。

信件中比较集中的问题是关于感情方面的。现在的初中生普遍成熟得比较早，对于男女之间的感情问题也开始变得敏感起来。我想这也是当代中学生一个比较显著的特点，相关的教育工作者们应当给予足够的重视。

在同学们的来信中，有的提到自己暗恋班上的某个女生，摆脱不了这份感情纠葛，不知如何是好；有的女孩子则是因为有男孩子写情书、希望交朋友，却不知该怎么拒绝；有的则因为感情的事甚为苦恼，严重影响到自己的学习；等等。对他们的来信，我都结合自己亲身的经历和体会给予了认真的回答，大致的观点就是要他们安心学习，初中阶段主要的任务还是学习，现在谈感情的事还为时过早；但对于男女同学间的正常友谊也不必捕风捉影、疑神疑鬼。我不能说给这些学生们的建议全都是什么"标准答案""人生准则"，但它们肯定都是我作为一个过来人真实的想法，我想多少会对这些孩子有所帮助。

另外，针对现阶段信件量过大的情况，一方面我打算多抽时间来给学生们回信，另一方面我也写了一个通知，鼓励同学们在采用书信交流的方式外，还可采用面谈的形式。面谈的形式直截了当，可省去书信来回波折，同时面对面的交流信息量也比较大，交流的效果会更好一些。这样也可以节省来回写书信的时间，让我有更多的精力投入教学当中，希望同学们能积极响应。

其他工作

大靖镇中学的招生压力正在逐年加大，现在初一的教学班已经是人满为患，每个班人数都在70人左右，已经严重影响到了教学工作的正常开展。同时，根据附近小学应届毕业生的情况推算，今后两年内，镇中的招生压力将进一步加大。教室不应当成为困扰镇中办学的一大障碍，因此，修建新的教学大楼已势在必行。目前学校的项目申请报告已经得到了镇政府的批准，正报到上一级的部门审查，如果顺利，新的教学大楼有望在明年的春季动工修建。

如果修建新的教学大楼的项目真能批下来，那我作为一个建筑相关专业毕业的学生，肯定会大有可为的。申请报告中的大楼初步设计草图就是我设计的，花了不少心思。等项目正式批下来以后，还需要做更详尽的施工图设计，这些我也都可以帮上忙。能结合自己的专业做一些对学校发展有益的事情是我义不容辞的责任。同时，我也能从中把自己的专业知识再熟悉一下，回学校后不至于感到太生疏。以大楼的初步设计为例，当时学校找到我以后，我立即结合学校的实际占地情况及学校对大楼的使用要求，做了好几个设计方案，经过与学校几位领导的讨论，最后才定下了双面四层教学大楼的初步蓝图。在设计中，我参考了清华几座大楼及附近几所学校新建大楼的设计，应该说设计是符合镇中实际情况的，并且室内教室布局也是比较合理。

值得一提的是，在教学大楼的设计中我还克服了没有专门用于工程设计的软件的困难，每幅图都是用铅笔描绘的。铅笔绘图现在一般的设计院已经不用了，还好大一的时候学过。我不禁感慨，技能多了确实没有坏处，自己在清华打下的基础确实是比较扎实的。

马上就要进入这个学期的最后一个月了，也就到了教学的最后冲刺阶段，无论是教学和其他工作都需要我投入更多的精力。我一定会加倍努力，争取给这个学期的支教工作画上一个圆满的句号。

侯晓明：播种真情，收获感动

文 / 李文韬

> 侯晓明，男，第 7 届研究生支教团西藏分队成员，曾在西藏自治区拉萨市拉萨高等师范专科学校支教。

一年的西藏支教生涯把"清华大学第 7 届研究生支教团"的志愿者侯晓明与雪域高原紧紧相连，他带回来的是学生送给他的 1000 多条哈达。

初到拉萨打开局面

"组织上对我们很重视，在物质上和精神上都给了很大支持。其实更重要的是精神方面，没有精神支柱我们是不可能坚持下来的。"侯晓明说，"拉萨那里冬暖夏凉，就是空气稀薄呼吸有些困难，但很快就适应了。"

侯晓明支教的是拉萨师范高等专科学校，学生几乎全部是当地农牧民子女。西藏几乎所有中小学的老师都是从这里毕业的，可以说这所学校教学质量的好坏对西藏教育水平的高低有举足轻重的影响。学校由于国家支持硬件发展很快，但师资力量薄弱，教师中高级职称的比例不到 10%。学生基础不太好，学校环境也存在一些问题。

"刚到这里，我们一开始遇到的最大困难就是语言不通、交流不畅。当地的第一语言是藏语，汉语和英语对他们来说都比较生疏。所以最开始交流上存在一些障碍，不过时间长了就慢慢好了。另外一个问题就是怎么样把握当地复杂的社会关系同本职支教之间的关系。"

本文选自清华新闻网《播种真情　收获感动——给清华大学研究生支教团志愿者侯晓明》，2006-10-26。

"我们一年的支教对当地大环境来说是杯水车薪，但我们是发自内心的要为当地在教学、观念转变和文化传播方面做一些贡献。"怎么样打开工作局面是摆在他们面前的一个难题，不仅是因为对于当地环境的不熟悉，还有来自同学和其他老师的不理解。

面对困难和生疏的环境，侯晓明没有失落，没有彷徨，他先和清华同在拉萨师范高等专科校支教的朱晓博一起找当地学校领导表明态度，然后尝试与年轻老师进行各方面的沟通交流。他们二人配合默契，很快便成为各自教研室内的骨干力量和优秀年轻教师的代表，他们也用点滴言行为当地教师树立了典范。

"拼命干，做到问心无愧"

"因为我们所教的学生毕业后都是要做老师的，所以他们的素质高低直接影响到整个西藏的教育。在那的每一天我们都力求以身作则，从细节上去引导他们、影响他们。"侯晓明说。

起初是侯晓明被安排教计算机，后来侯晓明主动承担起了最难教的两门课：数学和英语。学生数学底子都比较差，而英语对他们来说是第三种语言。

"当时确实很有压力，走好第一步很关键。我们也没多想，既然来了就要尽自己的最大努力去做好，做到无愧于心。"用侯晓明的话说，那一学期他是拼了命地干。

一周原本是12节课，为了弥补上课时语言障碍的影响，侯晓明每天中午和晚上都加课，一天的时间排得满满的。侯晓明介绍说自己带了3个班的课，数学作业批改时要把每道错题给学生们指出来并改正，一份作业大约要花10分钟，可以想象每周两次、每次150本作业的工作量有多大。

晚上他还得备课，所以熬夜成了家常便饭。学生们有问题都是晚上在宿舍补习，一遍不会讲两遍，两遍不懂三遍……支教的一年中侯晓明没有迟到过一次也没有过一次提前下课。"我们必须以身作则，因为他们将来都是老师，我们必须为他们树立榜样。当地的复印费很贵，所以几千份资料和试卷都是从北京复印好了邮寄过去的，尤其在第二学期给他们上的英文版的数学教材。"

"一学期下来，我瘦了20斤，整个人看上去都变了，还好我身体还不错，没什么事。本科期间我献过8次血，跑过两次马拉松的全程，没有这么好的身体底子肯定是撑不下来的。"侯晓明笑着说。

在第二学期,曾经由于工作过度疲劳,侯晓明便血长达半个月。"学生们都来照顾我,我当时很感动,咬咬牙坚持了下来,十五天一次课也没耽误。"

班主任:信任与责任

"初到时,很多老师在心里对我们的工作能力存有疑虑。"侯晓明说,"不过努力付出总会有回报的,渐渐地我发现自己无论干什么都顺利多了,说话也有底气了,工作局面也真正打开了。"第二学期侯晓明被安排做一个班的班主任。一个汉族老师做藏族学生的班主任,这在学校并不常见,这也从一个侧面说明学校对他的信任和学生对他的爱戴。

为了更好地和学生交流沟通,第二学期侯晓明从专家楼里搬出来住进了学生宿舍。平时他和学生们聊天交流,与大家相处很融洽,隔阂也逐渐消失了。

"与他们交流多了,发现我们和他们的思想上存在代沟,对于传统文化的传承和青藏高原精神的延续方面都存在很多问题,我们能做的就是更多地去影响他们。"

播种真情 收获感动

学校 10 点下晚自习,侯晓明买了 50 根蜡烛,在闪闪的烛光中继续上课;

学生们中有的家庭经济情况不好,整整一个学期侯晓明和清华另外一位志愿者朱晓博把自己的饭菜留给他们,自己出去吃三块钱一盘的扬州炒饭;

即便身体虚弱,依然坚持站上讲台上晚自习;

长时间熬夜,一学期瘦了 20 斤;

长时间大声讲课,落下的慢性咽炎至今还经常发作;

……

这一切学生们看在眼里记在心里。"我们要做到无愧于心,无愧于清华,无愧于当地学生!"侯晓明说,"这些小事给他们的触动很大,我想有触动才能让他们更好地对待自己将来的职业。"

临走的最后一天侯晓明还是像平常一样去上了课,晚上收拾东西第二天早上匆匆离开。学生们送给他的1000多条哈达承载了太多："看着那些哈达，真的很感动，太多了，难以磨灭的记忆……"

也许是因为那份感动，也许是因为一份责任，侯晓明曾在暑假期间买好了回西藏的火车票想再回去看看他的学生们，但最终因为事情太多而未能成行。"他们经常给我打电话或者写信，我和他们之间的感情真的很好，有机会我还会再去的。"他说。

选择即无悔

侯晓明曾做过系学生会文艺副主席，学生艺术团合唱队队员，带过两次"一二·九"合唱，还参加过不少志愿服务活动。现在他是计算机系六字班辅导员。

"西藏一年里唯一耽误的可以说是自己的学业。第一学期全身心投入工作，自己专业方面的东西基本上没看过。但我不后悔，我觉得值。"

"这一年对于我来说收获很大，思考问题的层面和深度都发生了变化。"侯晓明说，"人要有积极向上的态度，要讲原则。清华人的责任与使命就是要影响周围人、改变环境，个人成长只有与国家联系起来才能体现最大价值。遗憾的是我在西藏只有一年的时间，也许我以后还会回去。我不怕别人说我傻，我们国家需要这样的人。"

身在清华，他还是割舍不下西藏的学生们。在侯晓明写给学生们的长达6000多字的一封信里，有这么一段话："你们都是西藏未来基础教育事业的希望。和你们在一起的日子里，我感到很多人心里对于未来有无限的憧憬和梦想。在憧憬与梦想变成现实的磨砺和阵痛中，你们在一天天长大，成熟，变得更有自信。这很好，很好。无论你们以后分配到西藏的哪一片土地，我都希望你们为了自己脚下的这片热土多多奉献，为了西藏基础教育事业的明天每一天，每一月，每一年，乃至此生此世，付出你们应该付出的辛劳，换回你们应该得到的精神上的慰藉与欣然。"

韦嚣钰：于细微之处见感动

> 韦嚣钰，男，第8届研究生支教团西藏分队成员，曾在西藏自治区山南地区第二高级中学支教。

在这里，许多人的身影交织在一起：多年辛苦工作的老教师、老援藏干部，和我们一样刚从象牙塔出来的年轻教师和志愿者，还有正处于花季年华的学生们。每个人都在认真勤恳地工作，或在细心地学习。而在这里的每一天，都有许多事发生，感动，就在细微之处迸发。

丹增多吉，是我曾经的学生。他并不是那种非常乖巧、非常听话、学习非常刻苦的学生。事实上，以一般人的眼光看来，他是一个十足的"差生"。可是，就是这样一个学生，却给我留下了十分深刻的印象。

第一次见到丹增多吉的时候，我还是一个历史教师。他很瘦小、很精神，不知道他那身体里边哪里来的如此巨大的能量，一整节课都在胡闹。我几乎是立即就将他划入了问题学生列表。那时的我满腔热血、充满激情，希望能为这些孩子们做些什么，能改变些什么。我用了整整一节晚自习来和他聊人生、理想、学习……，也不知道他听懂了多少，只看着他不停地点头。从那以后，至少在我的课上，他收敛了一些，虽然还是经常胡闹，可是有时还会看看书，听会儿课，有时还不管对不对，大声吼着回答我提的问题。

时间流逝，由于学校的教学调整，我成了英语教师。英语更是这边教学的"重灾区"，对西藏孩子们来说，这第三语言是难之又难，历史我还可以用讲故事的方式来吸引他们，可英语却无能为力。其间我又找丹增多吉聊了几次，也很严厉，效果却微乎其微。巨大的落差使我对自己的存在起了疑问。一次又一次的失败、站起来，我忽然会觉得自己身处在浆糊之中，连呼吸都感到困难。"放弃"这个词语在我的脑海中闪现，就如同恶魔的细语一般充满了诱惑。

这一天，我走进教室，打开课本，一切都和往常一样。不过也许是冥冥中注定的事情，这一单元的标题——"Unforgettable Experience"（难忘的经历）让我一生铭记。为了让孩子们更深入地记住这两个复杂的单词，我组织了一个小小的活动，每个同学都站起来，和其他同学分享一下自己的 Unforgettable Experience。这种教学方式可能是再平常不过了的，可孩子们都很高兴，一个接一个，有雪顿节，有藏历年，还有个孩子说他小时候打架的事情……，不过，说得最多的，还是他们初三那年毕业的记忆。丹增多吉也是回忆了初三的故事，还特别提到了他的班主任——一个善良的老师。忽然，他大声地说："老师，你和他很像，都很善良……"我心中咯噔一下，从来没有想过他会冒出这样一句话来，更没有想到偏偏在我就要放弃的这个档口，这让我很是羞愧。感谢他，用这一句话拯救了我，成为我继续站起前行的最大动力。

从那以后，虽然孩子们在英语上还是没有多大的进步，可是对我来说，教学的重点已然不在教会他们多少课文、多少单词。我最大的希望是使他们重新拾起对英语的兴趣，更重要的是，我希望能够培养出他们自学的能力。一份希望，一份责任，一份信念，还有孩子们的期待支持着我不断前行。我在他们身上投入的时间也更多了。我喜欢在课间和他们谈笑，在晚自习上和他们说说清华的生活，和他们讲讲英文中美丽的诗歌，有时候甚至是少年心性，和他们比比弹跳力什么的。丹增多吉也变了一些，不再是那样地吵闹了，做些什么课外活动时还是一如既往地积极。

在持续的忙碌工作中，时间的流逝总是很快，期末很快就到了。最后一天的晚上，忽然就停电了，伴随着摇曳的烛光，孩子们用藏语哼起了不知名的小调，悠扬而婉转。本该阻止他们的我，心中一软，挥挥手，走到门外，看着延绵起伏的峰峦出神。

不想这时，去买蜡烛的丹增多吉回来了。他跑到我身边说："老师，今天是我在二高的最后一个晚上了，下个学期我就转学去拉萨中学。老师，谢谢你，你很善良。"又是这一句话，我忽然觉得有些悲伤，不想离别的这一天来得如此匆忙。"好好学吧，拉萨中学有很多好老师，那里也有从北大来的老师，他们都认识我，他们都很出色，只要你认真学，不会学不好的。"我已经想不出什么离别的寄语了，只能用最朴素的话语来表达。"嗯，我会好好学的。"也许真正应该感谢的人是我，感谢他那一句朴实的话让我拥有了重新站起来的勇气和恒心，感谢这些与我朝夕相处的孩子们让我感受到为人师表的责任。

也许对于孩子们来说,我这一年的存在只是过眼云烟,很难给他们带来什么。可是,他们在细微之处给我留下的记忆却会使我铭记一生。

西行小酌

三更,梦九州龙腾之日,遂醒,和衣而出,看山间月光如霜,望夜空玉衡闪耀,睹物思人,三省吾身,偶得之。

清心一片寄龙腾,华彩奔流奉此生。
阳关烽火映天路,落日夕辉照古城。
垂颈观霜犹旧梦,昂首前行望玉衡。
敬面轩辕荐碧血,笑对青空唱《大风》。

刘泽华：西藏行纪——教学声音

> 刘泽华，男，第12届研究生支教团西藏分队成员，曾在西藏自治区拉萨市西藏职业技术学院支教。

从8月25日踏上拉萨这片热土后，我成为教师已经整整两个月。教师之所以受到社会的尊重，就是因为能够给予那些需要知识的孩子们精神力量。韩愈在《师说》中说："师者，传道授业解惑也。"韩先生不仅说出了教师的工作内容，这句名言的伟大，更在于区分了教师教育的层次。只停留在为学生解惑，是最浅薄的教师。学生之惑的根源在于"业"不精，能够系统地授"业"，才是"授人以渔"。但是，两者都停留在解一时之"惑"，授一时之"业"，教师更是精神导师，在于教会学生立世之本。陶行知曾说："千教万教教人求真，千学万学学做真人。"教师之职，在于教育学生有远大的理想，有健全的人格，有求知的欲望，有踏实的品性。

我每周讲授14节课，分别是《大学语文》和《马克思主义祖国观、民族观、宗教观和文化观》。虽然有很多团学工作要做，但是我还是精心地准备每一节课，认真地对待每一个我负责的班级，倾听学生的声音。每次备课的时候，我心中都有一份压力、一份欣慰。三尺讲台前的教师，却是社会最崇高的职业。记得我大学的一位很有名的教授，每次上他的课时，我都会抢着去坐第一排。他白发苍苍，却神采奕奕，让我深深地感受到智慧的光芒。当听到他去世的噩耗，我陷入沉思，伤痛的心久久不能平静。在我的日记里不能自已，只写下"世间再难有此空谷足音，先生之风，山高水长。"

正是这样的教师，让我在为这份崇高职业感到欣慰的同时，更感到一份沉甸甸的压力。我只求能将我23年所学都教给他们。每一节课，我的板书都不少于

本文摘自中国青年网《西藏行纪——教学声音》，2014-6-16。

三黑板，其中相当一部分是书本外的知识。我会给他们系统地讲授中国历史，要他们懂得"以古为镜，可以知兴替"；我也会给他们普及中华传统儒家文化的历史脉络和主要精神，告诉他们"不学礼，无以立"；我也常常穿插文学常识，如"四书""五经""六义"的内涵，告诉他们人的发展要学会"博观而约取，厚积而薄发"；我还会通过案例锻炼他们的思维，引用《洞穴奇案》《犯罪心理学》或《哈佛成功学课堂》等，让他们感受大学真正的课堂氛围……

  他们不是高中生，不需要苦读课本，博取高考的金榜题名；他们不是要留学或从事科研，不需要精通一门知识；他们是即将进入社会的学子，更要的是适应当代社会的能力，我认为就是远大的理想、健全的人格、求知的欲望和踏实的品性，这也就是教师"传道"的题中之意。我们的学生将来的发展要靠自己的双手打拼，而非花哨的简历、家庭的背景或醒目的学位，因而更需要提高自身的素质与能力。我院的校训是"笃学创新、厚德强技"，特别是后者，对于我院学生有着指导意义。我院学生要用技术创造自己的明天，打拼自己的天地，前提则是"厚德"。记着在我第一次踏上三尺讲台的时候，我在黑板上写下："天行健，君子以自强不息；地势坤，君子以厚德载物。"这就是要告诉学生们，在学校所获得的，不仅仅是书本知识，更重要的在于这个学校的气质，结交的志同道合的师友。在我的课堂，我希望学生们都能成为正直的人、有德的人。还记着毛泽东在《纪念白求恩》中，号召大家成为"一个高尚的人，一个纯粹的人，一个有道德的人，一个脱离了低级趣味的人，一个有益于人民的人"。

  屈原说过："路漫漫其修远兮，吾将上下而求索。"在未来仅有的 6 个月的教师生涯中，我还希望能够将更多的知识传授给这片热土上的孩子们，诠释我心中的志愿服务精神，也愿我所教的学生们能够健康成长。

王文婷：职校来了多面手

文 / 姚兰

> 王文婷，女，第13届研究生支教团青海分队成员，曾在青海省西宁市湟中职业技术学校支教。

"要想走进孩子们的心灵，就必须了解他们，从各个方面更好地帮助他们。"今年8月，她带着满腔的热情，走进了湟中职校。她叫王文婷，是清华大学美术学院的学生。

为了让学生尽快熟悉自己，王文婷利用一切机会与学生们接触。下课的时候，她会坐到学生中间，和他们拉家常，"你们家里有几口人""你上学要走多长时间""老师讲课你能听懂多少"……，平和而关心的语气，让学生们很快解除了对她的戒心。

王文婷在职校教的第一堂课是计算机美术图案课。她把学生带到机房，利用多媒体，向他们演示如何用计算机绘图、如何制作电子贺卡以及简单的文字处理、数据管理等。孩子们聚精会神地盯着投影仪屏幕，从他们的眼中，王文婷读到孩子们对知识的渴望。课堂上，有玩网络游戏的高手对她说："老师，我不知道电脑还可以干这个，教我吧！"于是，在接下来的课上，她鼓励学生多实践，调动他们的兴趣，那些入学前还很少接触电脑的学生，经过两个月的学习，已经可以设计简单的美术图案了。

王文婷同时担任平面设计课的老师。平面设计专业的学生在完成学业后，通常会去广告公司应聘，如果成绩优秀，还有机会去一线城市发展。因此，王文婷上课的时候，会使出浑身解数，毫无保留地授课。"就想让他们多学一点，出去

本文摘自中国青年网《职校来了多面手》，2014-6-16。

后好就业"她说。

湟中职校有 3 个校区，经常会有学生上午在这个校区上理论课，下午又去另一个校区上实践课。为了安全，学校会安排老师轮值，护送学生过马路，王文婷通常一周轮一次。

"早上 6 点 40 分就要带一百多人过马路，中午、晚上再接回来。从前自己过马路，看着车离自己还有一段距离就跑过去，现在不敢了。初为人师，我已经感受到了肩头沉甸甸的担子，过马路时再不敢鲁莽了。"王文婷一脸严肃地说。

职校还开有唐卡制作班。没课时，王文婷会坐在教室，和学生们一起学习掐丝唐卡的制作。她戏称自己支教收获的远比付出的多。

当生活成为一种习惯，从中就不乏欢乐。从进校到现在，时间已经过去了两个多月，清华大学研究生支教团的队员们，开始逐渐习惯高原强烈的紫外线，习惯吃那种叫面片的面食，习惯老师和同学们用青海话和他们打招呼。

一个地方，如果你没有去过，你就无法深刻了解；一种生活，如果你没有体验过，你就无法具体想象；一种感情，如果你没有经历过，你就无法获得真实的感受。脚踏高原的厚土，前来支教的老师觉得很踏实。

周璇：谈一场永不分手的恋爱

> 周璇，女，第14届研究生支教团青海分队成员，曾在青海省西宁市湟中县第一中学支教。

坐在高二文科组办公室的办公桌前，正对着我后背的是一幅不知道是哪位大家题写的字："教育的成功是用爱去改变一个孩子的心灵。"可注意到这幅字却是在我践行了这句话近一个学期后的12月5日。这并不是一个传统意义上的特别日子，但却是我坚定自己教育理想的日子，坚持自己用爱去感化孩子的教育方法的日子。

说一个故事

曾经一个成绩较差的同学（我们姑且把他称为"增同学"吧），在我上课的时候与同学聊天，也没有交我昨天让交的作业。看到之后，初来乍到的我带着新老师强烈的自尊心，站在讲台上威严地发出通告："增同学，你站起来！上课不能随便说话你不知道？"结果，他权当没听见。气氛有些僵持，我站在那里不知道说什么好，心里气愤、恐慌、不安的情绪交织着。时间大约过了3秒，台下的同学们开始窃窃私语，也有坐在增同学旁边的人指责他、劝说他站起来。我红着脸，故作凶猛地说："下课来我办公室！"匆忙讲完了剩下的课，一团黑云笼罩着我走出了教室。

但增同学并没有像预想中的那样来找我。经过了一个午休和下午的若干节课，依然没有来找我。我利用这个时间和班主任了解了下情况，得知他成绩确实不好，基础特别差，历来是老师们最头痛的孩子，请家长都没有用。于是我决定转变作战思路，换批评问责为耐心询问，努力开导。

下午上自习课的时候，我把增同学叫了出来，手里拿着一份昨天作业的答案。我问："老师让你来办公室，你为什么到现在都没有来？"见他低着头，没有回答，我又补了一句："是不是担心老师批评你？"他抬起眼来看了我一眼，我知道他给了我正反馈。"你要知道，我是支教老师，只教你们一年，是带着对你们无私奉献的一颗赤诚之心，我和你们正式的老师不一样。来到这里我每天睡不好，吃不下，一直在感冒，可是我不后悔，只要能带给你们知识、能帮助你们成长，我就不后悔。"增同学似乎有些动容，看着我的眼睛。"昨天的作业为什么没有写呀？是不是不会做？"他点了点头，我把答案拿了出来，"没关系，这份是答案，你拿去抄到作业本上晚上交给我吧，不要求你什么都会写，但至少要在学习。"他看着我递出的那份纸，久久没有伸出手。"愣着干嘛？快拿着！"我又往前递了递，"记得晚上交给我！"他收了下来，说了句"好。"主动伸出了友谊的双手，我们后面的谈话进行得十分顺利。

我了解到他家住在黄南州，有个哥哥在民族大学读书，家里父母离异，母亲一个人拉扯他和哥哥十分辛苦。他在小学和初中没有好好学习，现在学习很难跟上新的课程。因为哥哥的榜样作用，他自己也想能够像哥哥一样考上一个大学，成为母亲的骄傲，但"估计可能性不大"。知道了他有向善、向好发展的内在动力，我便鼓励他："不去尝试永远不知道结果；不要和别人比，和自己比；每天比昨天的自己进步一点，就可以了。"他默默地点头。这次谈话之后，我信心满满地以为自己改变了一个学生。确实，他在之后按时交了没交的作业，一个星期内保持良好的学习态度，没有在课堂上交头接耳和别人聊天。但好景不长，持续了两个星期之后一切又回到了原样。我又把他叫到办公室进行了耐心的说教，这次他开始不配合了。你说你是为他好，你说让他去追寻自己的梦想，他面无表情，微低着头，不看你。教育了半天之后，到了该下课的点，我让他回去吃饭了，心里有种强烈的失落感。晚上和战友散步的时候，我聊到这个学生，聊到自己的无力感。战友说这种感情特别像他对他女朋友，一心为对方好，对方却不感动，视自己为可有可无的。我突然想到电视剧《北京爱情故事》里的一句话："我爱你，和你没关系。"顿时觉得，爱一个人是不求回报的，做一件自己特别想做的事情（教书育人）应该也是不求回报的。做，是因为自己热爱，而不是因为做这件事情能够给自己带来各种各样的好处，或者期待别人给你什么样的反馈。这样想着，我心里释怀了很多。

后来意外地从其他同学口中得知增同学谈恋爱了，我觉得应该在感情方面再做一次教育的尝试。于是把他叫了过来，和他聊他的女朋友，聊男生该有的责任和担当，聊未来他们俩的人生如何能走到一起，但情形和上次一样，没有太大改观。不一样是我的心情，虽然还是没有得到正反馈，但是我很开心，因为把该说的都和他说到了，或许在未来的某一天他可以想起我说的话。

对每个学生不抛弃、不放弃，是我的原则。

可喜的是，在我将走的那一个月里，我得知他已经开始努力，并且在 QQ 上主动和我聊天，这让我欣喜若狂。当你积极地不抱有任何期待去做好你作为老师该做的事情的时候，往往幸福来得很突然。

教育其实像和孩子们谈一场一个人的暗恋，而且永远不会失恋，因为我爱你，和你没关系。

我坚持传道授业解惑，尝试丰富教学方法，尝试在教学之外和学生谈心——晓之以理，动之以情，期望能够对学生产生影响，哪怕不能及时地得到个别学生的反馈，但至少我坚持在做自己认为和大多数学生认为对的事情。退一万步讲，即使我教的知识和做人的道理他们都没记住，但至少记住了一个清华支教老师为了教好他们，尝试了各种方法，并且始终没有放弃他们，没有放弃驱使她来到青海的最初的梦想。

我是一个称职的老师

我会像其他正式教师一样，把备课当成每天唯一的大事，没有备完课什么都不想做，因为教育最怕误人子弟。作为一个本科学新闻的同学，我会把需要讲的某一课历史教科书上写的内容整体看一遍，然后看教师用书，仔细学习里面对本课知识的升华；我会把与这一课相关的其他古人的文章或者现代人的文章看一遍；我会搜集备课网上所有评价很高的教师上传的课件下载下来学习，取人之长补己之短；我会尽量在备完课后，听有经验的老教师的课，对自己的课件和教案做进一步的完善。

在课下，我主动和学生进行深入的交流，不厌其烦地找问题同学谈话，晓之以理，动之以情，对诸如增同学一样不爱学习的同学们谆谆教导，对热爱学习的河同学（化名）这类学生进行单独、全面辅导。

我努力成为能够影响他们的好朋友。我是 14 班各种集体活动的忠实观众和摄影师，他们的每一场篮球赛、足球赛都有我的身影，为此班级同学送了我一件他们足球队的队服。临走的时候，每个人在队服上签上了自己的名字给我做纪念。班级女生喜欢动漫，自发组织了动漫社团，想组织一次 cosplay（扮装游戏），找我商量担任里边的一个角色。虽然很少看动漫，更不会在日常生活中穿主角穿的衣服，但我还是答应了下来，并且为他们如何安全、可靠地办好活动做指导。更重要的是借办活动作为督促他们学习的一个突破点，让他们在平时、在课上多抓紧时间学习。班级要开家长会，班委们想呈现一下每个学生在校的表现和班级风采，我给他们出点子，拍合影。我更会在其他老师不在的时候，把学生叫来办公室一起吃西瓜。

友谊在加深，理想正成长

我也是一个不称职的支教老师。

我会在每节课上课前给学生们三五分钟的时间唱他们喜欢的歌。由于其他老师都有照顾家庭的需求，我的课经常被安排在早上第一节、中午最后一节或者下午第一节，正是学生们最困或者最饿的时候。唱歌可以振奋精神，同时让学生们有个可以缓解压力的空间。

全国都在提倡素质教育、批判棍棒教育的时候，接受过高等教育、初次进入教育领域的我，真的不知道如何应对这些学生。在一次得知全班同学都没有写作业之后，我在班里泣不成声。为了让他们重视我这个支教老师所教的、和他们高考直接相关的历史课，为了让他们能够把我当成是一个老师，而不是一个从北京来陪他们玩的大姐姐，我说："我为什么每天忍受着高原反应的折磨，放着在北京清华读研究生的大好时光，跑来这里给你们做老师？因为我想帮助你们提高和进步，希望你们都能成为比我更优秀的人！"那一节课，全班都哭了，那是我们第一次在一起哭。

因为我把每一个备课准备都做得十分充足，经常会给他们补充一些课本上没有的知识，或者启发他们自己去思考一个问题的答案，相比于老教师我的教学进度就要慢很多，每个月都要落后两三节课。于是我经常给他们加课，占用自习课的时间给大家补课。而他们却很少有怨言，总是配合我一起把教学任务完成。看着他们满满的笔记，心里既是愧疚又是感动。

到了高原之后，我经常生病，几乎每天都在拉肚子，每个月都要感冒发烧一次，后来还得了咽炎，夜里经常因为低血糖心慌醒来，吃一堆东西才可以再睡着。自己身体难受不说，有几次还影响了正常的上课，最严重的一次高烧烧了一个星期，躺在床上不能行动，学生的课也都没有上，学校教务找其他老师代课，说安排不过来，只得让学生上自习，康复了之后再补。"小病秧子却每天都很精神"是唐校长对我的评价。面对这么爱生病的老师，学生们的一次次送药，让我感到格外暖心。前前后后有五六个学生，给我送来了各种感冒药、消炎药、退烧药以及治咽喉炎的药。在学校给我安排的宿舍里，我有一个柜子，里面装满了我从家里带来的和学生送来的药。今年4月和16届支教团的同学们回青海看望15届志愿者的时候，回班里见了正在准备高考紧张复习的学生们，给他们讲了如何做高考准备、心态调整和专业知识复习；讲了大学生活的乐趣，鼓励他们考上一所好大学。一切都进行得十分顺利，直到下课后我一个一个拥抱学生，那个给我送过三次药的男生在拥抱我的时候轻声在我耳边说了一句"照顾好自己，现在还经常生病要吃药吗？"我顿时再也控制不住见到孩子们的激动和被这句话戳中的复杂心情，眼泪唰唰地掉了下来。

临别时的欢送会、全班同学一起为我折的54颗心、写的54个心形卡片和54封长长的信，以及一些同学切实的自我改变，这大概就是我为什么不满足于做一年的支教老师，而要做一辈子的老师的原因。教育的成功是用爱去改变一个孩子的心灵，而自己的心灵也在爱他人的过程中得到净化和洗礼。

一年的时间太短，中国目前的教育问题很多，想做的很多，能做的太少。

我愿用一生的时间来践行我的教育理想。

李紫鑫：这半年最令我感到骄傲和自豪的就是我的学生们

> 李紫鑫，男，第18届研究生支教团青海分队成员，曾在青海省西宁市湟中县第一中学支教。

我们能做的，远不止讲授知识

刚到青海湟中一中的时候，为了尽快适应教学，我经常去听课题组其他老师的课，也经常向他们请教怎么布置作业、怎么检查作业、怎么管教学生。学了一些方法，但用的时候完全达不到当地老师的效果。比如他们不需要用多媒体，上课主要靠板书，但他们随手就能画出一个接近教材配图的图，而我的板书能力比起他们差远了；讲立体几何的时候，我画的图不直观，学生就常常听不懂；他们督促学生很有办法，学生如果表现不好，拉到办公室批评一下甚至教训两下就能起到作用，但是我如果用同样的方法，学生反倒嬉皮笑脸……

刚去的那段时间我一直在反复问自己："我们清华支教团的老师，到底能为学生带来什么？"教学能力，我们和当地老师相比有很大的差距；教学经验，我们几乎为零；知识结构，高中的知识虽然我们都还记得，但是已经不成体系，对考试大纲也不熟悉，讲课没有侧重。

"除了讲授知识，如果我们不能带给学生一些不一样的东西，那我们就算白来了。"

于是我每周都会挤出一些课堂时间给学生讲一些课本知识之外的内容。我会带学生去分析自己一天的时间看似都花在了学习上，实际上有多少被不经意地浪费，教他们培养效率意识，不要被表面的"努力"所蒙蔽。我会带他们去讨论社会上流传的"读书无用论"背后的逻辑漏洞，考察这类群体在社会中所占比例，不要把个案看成普遍现象。我还会和学生分享一些心理学小知识，教他们理解自己的"意志损耗"。我还会向他们展示大学的学习、实践、科研、丰富的课余生活……

你可能会问，讲这些有用吗？说实话，我也不知道是否"有用"，但每次我讲这些东西的时候，我看到了学生眼睛里闪着光，即便学生只有在那一刻受到了触动，我也觉得值了。

想方设法督促学生养成良好习惯

学生课后不爱做作业，为了督促学生课后及时做练习巩固，每个班的老师都把练习册的答案收走了，然后每天检查练习册的完成情况。但老师很难做到每天都批改练习册，只能大致检查学生是否做了，然后在课堂上讲解一些题目。而那些没有时间在课上讲的题，学生就放着不管了。为了纠正这个问题，我把答案给学生发了下去，然后引导学生学会用好答案，及时订正、及时反馈、及时解决问题。但学生都是有惰性的，一旦因为偷懒落下了进度，又碰上老师要检查，学生就会忍不住开始抄答案。

后来我又把答案收了上来，在班上立下规矩：凡是布置的作业，必须先独立完成，然后到办公室向老师借答案批改；不会做的题，先看答案解析，看不懂再向老师请教；检查作业时，若发现有空题和未批改的题，全抄到作业本上再做一遍。严格执行了一个月，很多同学逐渐习惯了利用答案自主批改，到最后期末复习阶段，不少学生主动找我申请拿回答案辅助复习。于是，最后一周复习期间我把答案又全都发了下去。

每节课 5~10 分钟翻转课堂

我在教学中发现不少学生做题只是机械地计算，对于题目考察的知识点、题目的内涵理解得不透彻，所以考试常常遇到这样的情况："题目似曾相识，但就是想不起来""同一种类型的题，换一种说法就读不懂题了""考察相同的知识点，多绕个弯就不会做了"……

为了解决这个问题，我想了一个办法，"让学生给同学讲题"，如果他把同学都讲懂了，说明他自己想清楚了，如果他讲的同学听不懂，说明思路还很混乱。

于是我每一节课之前都会拿出5~10分钟，让学生轮流讲题，每节课由一名学生讲一道题，题目由学生自主选择。讲题要求只有两点，一是讲对，二是让其他同学听懂，如果没讲懂就得继续讲。这就逼着学生去把一道题真正"吃透"，否则讲题的时候就会结结巴巴，有时候还会被"挂在黑板上"。

一学期下来，每个学生都至少讲了一道题，与"这一道题"类似的题型，讲题的同学掌握得都相当不错，掌握"这一道题"的过程也让学生体会到了"吃透"一道题的方法。

用学生的方式走近学生

这里的学生偏爱的社交工具是QQ和QQ空间，用微信的很少。比起微信的朋友圈，他们更喜欢在QQ空间发一些自己的小情绪、小感悟，还经常"po"（POST的缩写，上传到网上的意思）一些自己的照片。

我加了两个班的QQ群，同意了很多学生添加好友的申请，并且向他们开放了我的QQ空间。他们把我的QQ空间翻了个遍，看了很多我在本科期间旅游、实践的照片，甚至还扒出了一些照片做成表情包。令我没想到的是，这很快拉近了我和他们的距离。以前他们对我"敬而远之"，现在时不时就会在QQ上和我分享他们的烦恼、思考甚至是对隔壁班学生的爱慕。

加入学生的QQ群让我了解到了学生不一样的一面，我也常常利用此机会对学生做一些引导。当我读到一本好书，或是看到一篇好的文章时，我也会分享到学生的QQ群里，鼓励他们通过阅读开阔眼界。

惊喜，感动

最后一天的自习课，我在宿舍休息，突然接到学生的电话，请我到教室一趟，有惊喜。我一想学生肯定知道我要走，想要搞个送别仪式，于是我带上了吉他，准备带学生唱唱歌，避免把气氛弄得太伤感。

学生精心给我准备了礼物，在PPT上大大地写下"欢送紫鑫老师，谢谢老师，我们爱你"。我弹着吉他，全班合唱张震岳的《再见》，然后我讲了几句对大家的祝福，不舍地离开了教室。

回到北京后，我陆续地收到学生发来的 QQ 留言、短信。

"虽然只带我们半个学期，但是感情是真的有，觉得你就像个哥哥一样……老师，在我眼中跟别的老师不一样的你，总是很温柔很平等地对待我们每一个人。谢谢老师短短半学期为我们的付出，祝你一路顺风，希望下学期你还在 13 班。"

"谢谢老师教会了我很多，不仅仅是知识，祝老师一路平安。"

"希望变得像老师一样优秀。"

"以前真没想过数学能考一百四十几，每次考一百一十多就满意了，直到你来了……"

回到北京，当我给别人讲我这半年的支教经历时，最令我感到骄傲和自豪的就是我的学生们！

侯志腾：支教一年，最留恋的还是学生的笑脸

文 / 洛桑晋美

> 侯志腾，男，第18届研究生支教团青海分队成员，曾在青海省西宁市湟中县第一中学支教。

选择支教，他是笑谈中的"北大叛徒"

对很多人来说，读北大清华已是人生一大幸事。而侯志腾可以说是幸运儿中的幸运儿。2012年，他以山东省文科状元的身份被北京大学录取；2016年，又成功保研至清华大学。

侯志腾在大学期间参与了一些时长一至两周的短期支教活动。刚开始，他自我感觉很好，认为能用自己的所思所学给学生们带来学习的动力与方法。大二时，河北涿鹿县一位侯志腾曾教过的高中生发来了一条长长的短信。大致意思是说，很感谢侯老师的指导，但当志愿者离开后，他们又回到了日复一日枯燥的学习中，这种落差让他感到困扰。

侯志腾开始思考短期支教的效果是否真如他最初所愿，同时毕业后去长期支教的想法也潜滋暗长。然而当他正式提出去西部支教时，却遭到了父母的强烈反对以及师长同窗的不解。当时侯志腾已经保研至清华，并且拿到了一份世界五百强外企的录用通知。他用了一整晚时间和父母解释自己支教的初衷，并告诉母亲支教的环境没有他们想象中恶劣。

但当侯志腾找到北京大学负责老师时，老师给出的答复是"你保研到了清华，

本文摘自中国青年网《侯志腾：支教一年，最留恋的还是学生的笑脸》，2018-8-29。

按照规定无法参加北大研究生支教团"。心灰意冷的侯志腾不愿放弃，他主动询问了清华大学的负责老师，通过向团中央和学校申请，顺利成为了历史上第一位"本科北大"的清华支教团成员。

侯志腾说当时执着想要去支教，并没有想太多，只是希望能够把自己对教育的理解、对公益的热情付诸实践。"我很喜欢一句话，'人生很多事，一步迈出，即成天涯，纵然无歌，但求无悔'。踏出支教这一步，成为了我人生中永不后悔的一次抉择。"

被称"全才"老师，他认真研究00后

虽然豪情万丈，但在过程中侯志腾还是遇到了不少未曾预料的难题，比如教学科目的调整。在当地老师看来，清华大学的"高材生"应该什么都会，侯志腾在一年时间内分别教过高一年级的英语、语文，高二年级的数学，并且负责高二、高三年级文科生的历史、政治培优工作，还和其他支教团成员一起教授《职业生涯规划》和《研究性学习》两门素质拓展课。而之所以成为"全才"老师，也是由于当地师资力量不足。

"有一次是正在上数学课，校领导突然打电话来问，侯老师你能不能带一下高一语文。然后第二天我就开始给孩子们讲《红楼梦》了。"虽然学科跨度较大，但侯志腾要求自己每个科目都需要用心备课，多向经验丰富的老师讨教，并融入自己对于学习、教育的理解和思考，从学生的角度出发上好每一堂课。

2018年考入清华大学的马依晴同学高二时上过侯老师的数学课。她表示这种授课方式在她之后的学习生活中产生了很大影响。"在侯老师教完后，理解方面就很容易。侯老师反复告诉我们'基本概念和课本例题'的重要性，这对当时只顾刷题的我有很大的冲击，转而重视基础知识，高考中数学发挥稳定，最终圆梦清华。"

侯志腾在支教时很喜欢和学生们聊天，他希望走进孩子们的内心世界，去"窥探"这些00后的所思所想。

在担任语文老师时，他给全班同学布置了一项任务，"每次上课前找一位同学给全班分享自己最想分享的东西，可以是一本书，可以是一个人，也可以是一段故事"。通过这种方式，他一点一点了解着学生们，也一点一点用自己的方式

影响着他们。

一位非常害羞的女同学在分享完"我对早恋的观点"后，给侯志腾写下这样一段话："谢谢您让我第一次上讲台给同学们分享，让我迈出艰难的脚步。今天的讲台好比是一个舞台，让我大胆地去面对台下的观众。老师，谢谢您！"

组织公益活动，汇聚社会温暖

在日常教学工作之余，侯志腾参与组织了多次公益活动，为当地贫困学生筹集款项、物资共计30余万元，他也被评为"2017年西宁市优秀志愿者"。

侯志腾和其他志愿者在支教过程中发现当地一些乡村小学的孩子们衣着单薄，于是联合清华支教团西藏、湘西分队筹划发起了"愿新年不再寒冷"的冬衣募捐活动。活动得到了共青团中央、中国青年志愿者协会等机构和个人的支持，短短4个小时的时间微博阅读数达129万，最终为青海、西藏、湖南三所学校的449名儿童提供了过冬的新衣。

2017年4月，侯志腾和小伙伴们还组织了"助梦游学"活动，带领12名高一学生来到北京，希望通过"理想教育"让孩子们去探索这广阔的世界。

游学结束时，蔡文睿同学对侯老师说："这次北京之行在我心中种下了一颗梦想的种子，我要用努力和坚持悉心浇灌，三年后再次来到这里，以一名清华学生的身份。"

后记

在很多人看来，侯志腾的选择总是有些"不走寻常路"。校园义卖、青海支教、专栏影评人、休学创业者……。提及选择，侯志腾说："在我迷茫和踟蹰时，耳畔总会回想起《头文字D》里的一句台词，'这世上只有一种成功，就是能够用自己喜欢的方式度过自己的一生'。我喜欢站在三尺讲台上的那种感觉，喜欢看着学生们水汪汪的大眼睛，那是最纯粹的一段时光。"

在清华大学研支团20周年交流座谈会上，共青团中央青年志愿者行动指导中心主任张朝晖在讲话开头特别问道"那个从北大'潜伏'过来的侯志腾今天来了没有？"张朝晖这样评价侯志腾："他的身上有一种特有的洒脱，这是时代赋予当代青年的青春底色。无论是支教还是组织其他的公益活动，侯志腾的选择能够做到发乎内心、择善固执，从而以一种自然而然的生动姿态，实现了报效国家与实现自我的有机统一。"

支教一年，自教一生。集齐清华北大两校校徽的侯志腾更愿意将青海省湟中县第一中学视作自己的第三所大学。青海教给他的，更多是一种对教育的执着和持续的奉献精神。

石楚阳：教学手记——与抄袭的斗智斗勇

> 石楚阳，男，第19届研究生支教团青海分队成员，曾在青海省西宁市湟中县第一中学支教。

从炎炎夏日，晒得脖颈通红，到数九寒冬，只见大雪纷飞；从爬个三楼喘气连连，背后汗透薄衫，到从容走进教室，任由雾漫眼镜。转眼，我在湟中这座县城已经待了近半年了，与一中的孩子们朝夕相处，所见、所闻、所思、所想确实良多。作为生长于城市，接受一线教育的学子，这里确实是一片从来只有道听途说却从未深入体验的崭新天地。

崭新环境，情感变化自然是极大的。有和舍友大谈计划，顿感心比天高的时候；有在学生做完模拟题收上来一看，才觉命比纸薄的时候；有心痛于学生整天不学无术，气得三尸暴跳的时候；还有如今时此刻，反反复复翻罢11、12、14三个班共计186篇作业，骄傲之情涌上心头，恨不得仰天长啸、大笑三声的时候——只因本次作业，我教的三个班真正做到了零抄袭。

不容易，实在是不容易，简直是太不容易了。

如若未曾经历这长达一个学期的拉锯战和斗智斗勇，大家或许很难理解我这般激动的心情。且听我慢慢道来。

这场战役自开学第一课正式打响。我在湟中一中任高一化学老师，由此，在给高一同学上开学第一课时，除了照例引领大家进入奇妙而瑰丽的化学世界外，还提出了几点课堂要求，其中一大重点即是对完成作业的要求。首先我将"抄作业"提升到了"抄袭"和"作弊"的层面，谈其危害，再罗列示例诸如"高考作弊判刑""大学抄袭开除学籍""学术不端身败名裂"等血的教训，最后提出核心要求——对抄作业零容忍。讲道理、摆事实、立红线，在当时，我觉得我的"约法三章"有理有据、令人信服，而第一次质量优秀的作业也验证了我的判断。我不禁心生得意——响鼓不用重锤，孺子还是可教的嘛。

事实证明，此话言之实在过早。第一周只是学生们的"潜伏期"，大家都乖乖的藏起尾巴呢。第二周，学生们进入"试探期"，顾名思义，开始试探这个老师管得严不严，骂不骂人，甚至打不打人。而碰巧，估计形势一片大好的我，打算继往开来，培养同学们自我批改、自主学习的意识，没有收作业，而改为教学生如何自行对正答案、进行修改。其后果可想而知，相当严重。第三次作业收上来时，我惊呆了，一个班里竟有将近一半的人在抄作业！而且痕迹相当明显，前后两本一模一样，从选择题到问答题，明显就是一个模子里出来的，譬如"坩埚"二字，一连八本作业都抄成"干锅"，都能凑一桌菜了。这种不带任何脑子的抄作业，看得我真是哭笑不得。

于是，我又一次在班上大张旗鼓，大谈抄袭、作弊之危害，从苦口婆心的劝告到厉声疾呼都用了个遍，点名批评了这些一点脑子都不动的同学。与此同时，配合上话剧队还残存着的一点业务能力，半演半真地表现了一回"雷霆震怒"，全班为之肃然。一时之间，全班从纪律到作业质量突飞猛进。

然而，好景不长，我惊奇地发现，随着学习进度的推进，这群学生开始学精了，譬如将抄的两本分别放在一摞作业的最上和最下面，或者先原原本本把同学的作业抄了，再修改个一两处。更有甚者，一份作业由三家之言拼凑而成，若非火眼金睛，实难发现。更可气的是，后两种情况，老师把学生叫到办公室，他们还会嘴硬两句：这就是我做的，如有雷同纯属巧合云云。

无奈，我又心生一计，要求每位同学配备一本本子，将每日作业均写在本子上，并且将每道题的过程都原原本本记录在本子上。心想，得，你选择题答案一样说得过去，过程总不能一模一样一字不差吧。而且就算你抄个答案，写过程也得有自己的思考吧。

此法一出，效果显著，伴随着班上的一阵哀嚎，同学们作业的质量越来越高、越来越高，而我也越来越舒坦，越来越自豪。直到有一天，我发现作业质量已经高到了一个令人咋舌的地步，布置下去的作业，几乎一大半都能答出来，而且步骤条理清晰，思维顺畅。我开始感觉有点不对劲了（我之前识别抄袭主要依据一些雷同的低级错误），标准答案拿出来一看，明白了，这群学生铁定是嫌写步骤太麻烦，又去外面买了一本相同的练习，照着标准答案写了。而按照目前状况看，这本标准答案在班上已经流传甚广了。

最后，我思考良久，形成如今之计，先是"撂下狠话"：若再有抄袭者，一经发现，该生作业课代表不用收，师生都落得清闲。经过几个月的观察，我发现学生虽有些顽劣，但自尊心和羞耻心还是较强的，用言语刺一刺，大部分人还是能知返的。而剩下的少部分顽劣分子，必定触碰红线，可当众处理，警示他人，同时树立初始失误时损失的威信。而后，将顽劣分子叫到办公室，采用所有作业面批的形式，辅以谈心说理，各个击破。

日而久之，抄袭现象渐绝。

以上时间线，主要为我在解决学生抄袭问题的大致流程。而在持续解决这个问题的同时，我也在不断思考，导致同学们抄袭的因素是什么呢？我应该如何改善我的教学呢？

对于这两个问题，很多家长老师可能会觉得，很简单嘛，就是因为学生懒，要发挥他们的主观能动性，（抽他几鞭子）勤奋了就好了。但我个人觉得，这种想法很多情况下对改善学生学习状况无甚帮助，口头上光说两句你要加油、你要努力、你要勤奋刻苦，简易无成本，人人都会，但真能提升学生学习成绩？这不是新时代的"人有多大胆，地有多大产"嘛。

我在教学过程中，主要体会到导致学生抄袭的两大重要客观因素。一是时间因素，二是效率因素。

高一，九门课程同步学，学生分配给每一科的时间相当有限，简单地说，在哪科花的时间多，自然成绩相对就会好。因此，高一的教学事实上是与其他八门课程老师博弈。学生把时间全花在背政史地上，没时间写化学，自然只有"抄"这一字可行。由此，如何确保我的化学科目时间不被挤占，乃至鼓舞同学在化学上多花工夫，成为了我要思考的问题。提到"赢得学生的时间"，在此时，清华老师和蔼、幽默、好说话的特色无疑是劣势，学生们在考虑作业的优先级时会先考虑"皮肉因素"，好说话则成了科目可放弃的理由。

那我们应该如何"赢得学生的时间"呢？我思考的结果是，清华支教团更能与学生平等交流。交流不平等，则交流无意义。这种交流不是居高临下的我希望你如何如何做，然后就能成功，更不是故意讨好学生、献媚于学生，而是深入的、平等的交流。来之前有志愿者叮嘱，做老师请慎重和学生做朋友，不然学生会缺少敬畏之心。此话很有道理，但我以为更多说的是"献媚于学生"行为，学生喜欢什么，就做什么，这样很容易得到喜爱，但很难得到尊重。举个例子，我和一位学生日常交流时，他表达了他对摄影方面的喜好，我便鼓励他追逐这一喜好。

与此同时，效率也是导致学生抄袭的一大因素。我经常问同学们，为什么抄作业？很多回答是：不会做，于是就抄了。这其中自然是有胡乱编理由或是找借口的，但我相信真做不出来的一定占极大比例。不会做的原因有许多，基础差、上课听讲不认真、同桌影响等，在此不展开，我单说说我的做法。

我的做法核心思想就一条：想尽一切办法让他们在不会做的时候找老师。每节课必说两次的话是"遇到不明白的问题，请一定来三楼办公室找我"；自第二次月考后，我每天晚上叫后进生来办公室听写方程式；每晚守到 10:20 晚自习结束。一开始还需要我主动去班上找学生，后来则逐渐养成习惯，人潮络绎不绝了。

这一转变也引发了我的思考，并不是学生想要去抄袭，倘若能分析出问题的症结所在，逐个击破，所谓"差生"也是能变好的，今后，还当多做，多思。

崔广鑫：雪域高原的教书匠

文／洛桑晋美

> 崔广鑫，男，第19届研究生支教团西藏分队成员，团长，曾在西藏自治区拉萨市西藏职业技术学院支教。

从东北到西南，心之所向，万里如邻

"坐上了火车去拉萨

去看那神奇的布达拉

去看那最美的格桑花呀

盛开在雪山下……"

在开往拉萨的火车上，响起了动人而悠扬的旋律，来自黑龙江的崔广鑫，第一次踏上西藏这片神圣的土地。

离家5000多公里，海拔3600米，广阔的天空伴随着直白的烈日，强烈的高原反应掩不住心中的热情。从东北到西南，心之所向，万里如邻。

"很多人会问，你为什么去支教？其实想法很简单，就是想去雪域高原做一名教书匠。"大一寒假，崔广鑫回到高中母校参加宣讲活动时，第一次站在母校的报告厅讲台上，为学弟学妹们讲述大学的故事，为他们加油鼓劲、答疑解惑，从那时起，他就深刻地感受到了帮助别人的快乐；大三的暑假实践，崔广鑫来到贵州省息烽县杨寨村调研，看到村里年轻人多进城务工，近八成家庭只剩下留守老人和留守儿童，受地理位置偏僻等因素限制，村里经济发展十分落后，很多家庭依靠微薄的补贴金过日子，虽然小孩子们在铺满小石子的篮球场上玩得很开心，但崔广鑫心里却很不是滋味；本科期间一次支教中，崔广鑫给五年级的孩子们讲述数学发展史，从欧几里得的几何学到杨辉三角，再到笛卡儿的"爱情方程式",孩子们听得津津有味,一点也不像平均分三四十分的样子,崔广鑫感慨:"虽然孩子们数学基础很差,但是对知识的敬畏和好奇的本质是一样的,及时有效的引导至关重要。"

近些年来,我国经济发展取得了举世瞩目的成就,但是依然面临发展不平衡不充分的矛盾,东西部之间、城乡之间发展差异巨大,而改变这种现象最根本方法就是教育。清华研支团有着优良的传统,崔广鑫早就听过支教团的故事,也接触过一些优秀的前辈,于是他毅然申请加入清华大学研究生支教团,成为一名光荣的志愿者,到西部去,到拉萨去,成为一名雪域高原的教书匠。

教书,是一件光荣的事

"广鑫,教书是一件光荣的事,切勿误人子弟。"出发去西藏前,崔广鑫的爷爷打了个电话,寥寥几语,字字在心。

为了做好教学工作,崔广鑫和伙伴们做了一系列充分的前期准备,考取教师资格证、到清华附中听课与试讲、开展短期支教活动等,但是在实际教学过程中还是遇到了不少困难。

在西藏职业技术学院(以下简称"藏职院")的第一个学期,崔广鑫教授《计算机应用技术基础》课程,这门课主要教授办公软件的基本操作,以上机操作为主。信心满满,备课充分,素材充足,前两节课很顺利地结束了,但是一条短信却暴露了一些问题,"老师,您讲的很多内容我实在是跟不上,想自己练习但是没有电脑,老师我怎么办啊?学生次珍。"好好回忆了一下,崔广鑫才想起来次珍是那个不怎么爱说话的,常常坐在靠窗户角落的姑娘。

经过了解,崔广鑫得知学校学生来源广泛,有的学生来自高中、有的学生来自中职;有的学生来自城镇、也有近九成学生来自较为偏远贫困的农牧区。虽然同在一个班级,大家的计算机基础却参差不齐。有的学生都已经能熟练使用各种办公软件,但是有的学生却连鼠标双击都不知道,碍于面子,很多学生上课也不好意思问,只好在那里"不懂装懂"。

为此,他及时调整授课计划,不盲目追求课程进度,而是更加注重基础教学。对于基础比较好的学生,多准备一些课外知识,让他们进行拓展练习;对于基础差的学生,他就利用午休时间,从零开始,给同学单独辅导,没有电脑,他就拿出自己的电脑，并积极联系机房协调解决。学生中次珍是最积极的、最认真的，也是成绩提高最快的。令人欣慰的是，崔广鑫所带班级学生在期末的时候都基本掌握了课程内容，并全部通过了期末考试，次珍也取得了78分的好成绩，这是对她付出最大的肯定，也是给老师最好的礼物。

予人玫瑰，手有余香

"做有温度的教育，做有力度的公益"一直是清华大学研究生支教团的不懈追求。仅就第19届清华研支团西藏分队而言，一年来广泛联系社会资源，开展公益活动，累计争取公益资金及物资近40万元，志愿时长超过2000小时，辐射人数超过4000人次。

高原上的秋天来得更早更冷，2017年11月，崔广鑫和队员们了解到工布江达县仲莎乡小学的孩子们缺少保暖衣物，他们积极找寻公益资源，为这所小学全体学生筹集到了棉帽、棉手套、秋衣秋裤等物资。募捐活动结束后，西藏分队的志愿者们还组织当地的孩子们开展素质拓展活动，在玩游戏的过程中寓教于乐。从支教服务学校所在的拉萨市区，乘车前往工布江达县做公益，往返需要在路上颠簸10多个小时。"由于西藏分队的志愿者普遍第二天都有课，我们只能当天来回，双十一早上五点我们就出发了，凌晨一点多才回到拉萨。返程时因为道路维修，司机错过了一个加油站，车快到拉萨的时候就没有油了，大晚上的我们只好推着车走了半个小时。把车推下了单行的公路推到了进城公路上，司机联系的救援车辆才能够拉我们的车，不然要等他们开到我们前面几十公里的出口，再掉头追我们，那估计还要折腾好几个小时。"对于那段特别的经历，崔广鑫记忆犹新，"不过还是很值得，推车的时候，我脑子里时不时就想起下午做活动时的一个小男孩，从头到尾都特别认真，我就觉得值了。"

崔广鑫所服务的藏职院，绝大多数学生都来自贫困农牧区，要不是来上学，很多人连拉萨都没来过，更不用提内地较为发达的城市了。为了拓宽学生的视野，更新他们的就业理念，崔广鑫和他的队友们决定带学生们去北京看一看，去了解内地的城市化建设和不同的社会文化，同优秀的内地大学生交流学习，以便将来更好地为家乡服务。"启创计划"游学活动也因此成行，崔广鑫带着九名藏族学生来到母校清华大学交流学习，并参观了启迪之星孵化器等企业，还登长城、览故宫、看升旗、游国博，感受首都北京的文化底蕴。崔广鑫还记得在这次活动的总结会上，学生白玛谈起自己在天安门广场上看升旗仪式的感受时说："第一次站在北京天安门前，仪仗出队，国歌奏响，国旗缓缓升起，我觉得北京和西藏是那么的近，这份心情是那么的激动和热烈！"

路漫漫而情长在，他乡已然作故乡

一年的支教生活很快结束了，转眼崔广鑫已经回到清华开始研究生生活。经过组织选拔考核，他成了一名"双肩挑"学生政治辅导员，从崔老师变成"崔导"，身份的转变没有改变崔广鑫的初心，他仍然奋战在育人工作的第一线上。他的抽屉里整齐地摆着一抽屉哈达，这是西藏的学生们和同事们对他最美好的祝福。与同学们教学相长，和同事们朝夕相处，同战友们并肩作战，一点一滴的回忆和情感填充了一年的西藏时光，路漫漫而情长在，他乡已然作故乡。

在清华大学研究生支教团二十周年交流座谈会上，崔广鑫这样讲道："支教一年，自教一生。感谢一年的支教时光，让我们做了一些微不足道又弥足珍贵的努力与尝试，让我们有机会去认识社会、了解社会、理解社会。士不可以不弘毅，任重而道远，清华支教团的故事还在继续，我们永远在路上！"

戎静：希望你们永远拥有希望

> 戎静，女，第20届研究生支教团湘西分队成员，曾在湖南省湘西州吉首市民族中学支教。

6月22日，倒计时14天。修改完这学期最后期末复习的计划，我在朋友圈写下"最不留遗憾的，最完整的，希望都给你们。"

转瞬一年，所有的想法和感情都在不声不响地累积。不再是激情澎湃，而是内心温柔又有力量的一笔。

支教于我而言，一直是一件很有仪式感的事。我最期待并且觉得很神圣的一个场景，是每次"上课""起立"时，我和学生互相鞠躬的那一瞬。这是我们之间又一次默契的开始与承诺。新鲜感不会是维持好支教工作的长久动力，肩上的责任与承诺才是来到这里的初心。这也是每次上课前我会提醒自己的。

我在高一年级执教五个班的地理课程，同时在高三年级还兼顾部分尖子生的英语和数学培优工作。对于考取了高中教师资格证的我来说，教学内容并不难，难的是如何让他们学会学习。

湘西是片神秘的土地，秀丽的山水之间洋溢着浓郁的少数民族特色。这与我的成长环境完全不同。尽管来湘西之前已经做了很多准备，但是学生的学情和问题，是需要在实际工作中一直摸索和探讨的。对我们而言，最大的困难莫过于，由于学生之前的成长环境和生活习惯，部分学生基础和习惯都很差，根本没有突破地域限制的冲劲，更谈不上为梦想奋斗的恒心与毅力。因此在整个教学过程中，经常会遇到破罐子破摔的学生。

挺难的，但我对他们的期望值很高。总觉得，偏远地区出来的孩子，更应该懂得追求，不错过人生的每一次机会。但现实总是太骨感。为什么？在学生写给我的信中，提得最多的就是，"我不该粗心，上课不应该开小差，课后作业不该不认真完成，我以后争取改正"这种流水式的反思。

兴许是生活太过平凡了，他们习惯仰视这个大大的世界，而埋头俯视小小的自己。他们对自己没有要求，缺乏信心，遇到事情总是用惯性思维解决，不寻求改变。很多是因为年龄小，判断力尚不成熟，又由于环境的限制，很少走出家门接触外面的世界。有限的手机与互联网是他们了解未来与规划自我的途径，也使得他们的想法和见识都过于简单。这种信心和希望的缺乏，使得他们在成长过程中感到茫然。因此，我们这一年，就要根据学生的实际情况，有针对性地进行教书和育人工作。

一方面，在教学过程中，我更注重培养他们的态度和信心。诚然，学习底子差是事实，但并不表示没有改变和突破的可能。在我的课堂上只有一种学生，就是努力去学好的学生——学好知识，或者即使学不好知识也努力去做好一件事。批改作业时，我也经常会对每位同学写建议和评语，即便是做得不好的学生，在列举完问题之后我也会对他提出表扬。在这个过程中，让学生发现自己还是有能做好的地方，并且有希望去改变和突破。

另一方面，为了更深入学生群体，在民族中学领导和老师的帮助下，下乡调研和家访也成为我们了解他们的方式。吉首市地处武陵山连片特困地区，好山好水但交通不够便利，这也限制了一部分学生的发展。家中兄弟姊妹多人，父母外出打工，爷爷奶奶务农是这里普遍的家庭状况。虽然留守儿童问题不是一朝一夕能够解决的，但在家访的过程中，我们更能观察影响学生习惯和性格的因素，探究当地教育观念与家庭情况之间的关系。同时，我们也积极鼓励学生和相关家庭一定要重视教育，重视学生的成长，鼓励他们多读书才能更好地走出去看世界。这在无形之间也建立了我们与学生之间的一种默契的联系。

付出终有回报。这一年来，无论是我，还是学生，都有不少成长。

印象最深的是临近期末的时候，我班上比较调皮的同学们，居然集体要求我再给他们过一遍复习提纲。"老师，你再多帮我们过一过，我们一定可以全班及格的！我们有信心！"从很早之前的不以为意，到现在抓住小小的机会不放弃。他们身上的改变，让我也着实看到了希望在生根发芽。他们开始懂得，去为自己争取更广阔的一片天空。

还有一个是我在高三年级结对培优的学生。长年的"积累"，她的数学基础特别薄弱，一直在30分左右挣扎。每天我们都约定好固定的时间一起学习数学，一起不懈地努力着。我坚信，一定有希望。

"我最喜欢的人是戎静老师，她一直耐心地给我辅导，还带我吃饭，我们一起散步。戎老师带我认真地体会生活，感受一点一滴的努力和改变，我相信我会成为更好的人。"胡欢在春蕾计划的信里这么写道。

高考出分，数学78分，本科上线。

听到她的数学成绩，我一时感慨万千。从最开始的不确定，到最后稳过本科线。这一年从来没有任何一个时刻，能让我如此感动，越努力越幸运。只要不放弃希望，希望就不会放弃你。改变命运的机会永远在自己手中。我有幸自己参与并见证了这段经历。

在这一年中，还有很多让我意外和感动的时刻。

今年三月下旬的时候，我突发肋间神经炎，请假休息了三天。再回到办公室，我有几分出神。本就不大的办公桌被学生们点缀得花花绿绿，各式各样的爱心便利贴、花束和礼物……，这种只在别人故事里出现的场景，此刻我却成了主角。一一读过他们的便利贴，才发现，曾经对他们的或激励，或开导，或批评，甚至不经意间提起的校园生活，都被他们心心念念着。

队友问我，这是不是作为老师最感动的时刻？我说，这是我为他们最自豪最骄傲的时刻。虽然不是学习成绩最好的学生，但他们依然用心感受着这个世界，并且努力去成为一道温暖的光芒。尽管很朴素，但他们能够在享受被爱的同时，拥有爱别人、爱这个世界的能力。

我觉得，这也是希望。

亲爱的小孩们，不要习惯失败，不要习惯平凡。确实，有些东西是你们没有办法改变的。但是对你们来说，未来依然拥有着无限希望与灿烂可能。要永远拥有希望，去为自己的天空闯荡，去勇敢留下自己的痕迹。坚信，在未来的每个时刻，你们一定会记得自己拥有和享受的善良与爱，也会成为这大千世界中的一股坚韧的力量。

加入支教团之前，我为支教团二十年星火燎原的坚持与努力所感动，一届届的志愿者前赴后继，用自己的力量去为基层乡村教育贡献自己的光和热。深感幸运，我能够成为这个大集体的一份子。于我而言，支教团也是我第一份真正意义上的工作与事业。无尽的远方与无数的人们，都与我有关。现在，我更能体会这种幸福感与价值感。愿希望之火，生生不息，光芒万丈。

洛嘎：我是一名老师

文／高娟

> 洛嘎，男，第 20 届研究生支教团青海分队成员，曾在青海省西宁市湟中县职业技术学校支教。

从北京到青海，一共 1718 公里，火车运行需要 22 小时，开车需要 18 小时 15 分钟。

对于青海省湟中县职业技术学校的学生来说，有的人从来没有去过北京，甚至从未走出过湟中这片土地。

"第一次遇到他们，是一个平凡的周末，阳光很暖。虽然他们上课经常走神，但是当看到他们能够学会一个知识点的时候，我还是觉得很有成就感。"这是采访中洛嘎跟我说的第一句话。

洛嘎是清华大学第 20 届研究生支教团青海分队的一员，执教于青海省湟中县职业技术学校。在申请加入支教团时，洛嘎说他从小就怀揣着一个教师梦，这个梦想在他 22 岁的这一年终于实现了。

2014 年 6 月，洛嘎从西藏昌都市考入清华大学，就读于环境学院环 43 班。昌都市的教育在整个西藏自治区来说并不算好，教育设施不完备，师资力量薄弱，学生基础不扎实，学习动力不足。但洛嘎和他们不一样。

高一的数学课上，洛嘎变成了小老师。"突然有一天，班主任告知我准备'二分法求函数零点'的课件，并由我给大家上这一课，我就很慌张。"洛嘎笑着说。

洛嘎在接到讲课的任务后，也学着老师的样子拿了一个崭新的作业本充当备课本，对着课本上的知识点一遍一遍地梳理，并且在课余时间反复进行排练。

"备课真的非常的耗时间。当我硬着头皮把这节课讲完后，班主任对我说，这堂课仅仅是一个开始，希望我以后能够有机会回到家乡，登上三尺讲台，为改变家乡贫困落后的教育现状做出贡献。"

也许是出于对家乡的热爱，也许是对老师备课所付出心血的深刻体会，这简短有力的几句话，让洛嘎的心中萌发了当教师的种子。

随着上台讲课的经历越来越多，洛嘎在班主任的指点下迅速成长起来。从最初的紧张慌乱到后面的从容不迫，讲课经验不断丰富，教学手段愈加熟练。到高三阶段，洛嘎已经可以以"小老师"的身份为班级同学讲解模拟试卷。

或许由于和同学更加亲近，有些知识点由洛嘎给同学们讲解，他们就更加容易接受，自然地，班级的学习氛围越发浓厚。这种"兵教兵"的教学模式受到校领导们的好评，洛嘎也成为了班主任的得力助手。

也正是这一堂堂课的讲授，洛嘎从一个羞涩懵懂的小孩成长为自信阳光的有志青年，同时他的学习成绩也一直名列前茅。在高三毕业时，他有幸获得了西藏自治区"三好学生"的荣誉，同时被推荐参加清华大学自强计划自主招生。

在清华参加自招面试期间，他被清华大学浓厚的学术氛围、先进的办学理念和丰富的教学资源深深吸引，将"严谨、勤奋、求实、创新"的学风深深印入记忆深处。

当洛嘎在农牧区海拔几千米的高山上查到被清华大学录取时，他下定决心在大学毕业后，一定要回到西部这个最需要他的地方，做一名人民教师，支持西部的教育事业发展，让更多大山里的孩子有能力走出去见识更加广阔和绚烂的世界。

支教中的挣扎

四年之后，洛嘎如约踏上了西部的土地，但是这里并没有他想象中那么美好。不是所有人渴望知识，也不是所有人都想要冲破地域的限制，走向大城市体验不一样的生活。长期的信息闭塞使洛嘎执教的青海省职业技术学校的孩子们拘泥于湟中县这一小块土地，视野狭窄。

"今天17计算机班的数学课，全班几乎一半的同学上课睡觉，全班都是一副死气沉沉的样子，真心的体会到了什么是教学失败。职业技术学校是学生步入社会前最后一次学习的机会。每天都这样，以后进入社会了应该怎么办。不求每一个人都能学习特别棒，最起码得在这里学一点点东西，以后能够安身立命。

现在他们正处在一个自我混乱的阶段，对自我认知不明晰，家庭教育也不够，每天迷茫焦虑，缺少信心和动力。在职校学多少知识倒是次要的，做一个上进积极的人才是最需要学会的。"

2018年10月18日，在给17计算机班上完数学课后，洛嘎在日记本中这样写道。

但在一周之后的10月27日，洛嘎却体会到了初为人师的喜悦。那一天，日记本中出现了这样的话：

"今天在17电控班上数学课，上课内容为实数指数幂，这两节课就讲解了分数指数幂和根式指数幂之间的转化，在一节课反复强调这个互化关系后，终于在第二节课时，班上大部分同学，即使是那些后进生也都学会了，也都会做相关互化的练习题了。甚至他们在下课后把我团团围住，让我检查他们写的练习题答案是否正确，我感觉到非常欣慰，这大概是我在职校上课两个月来最大的成就感吧。

其实，他们就是反应慢一点，理解能力差一点，只要我们老师在讲台上多耐心一点，多讲解几遍，他们大多都是能学会的。大部分同学会解题时都异常兴奋和激动，甚至都还踊跃举手上黑板解题，也还有同学笑着和我说'老师，我把后面的同学教会了'，真的是有意义的一天，获得满满教学成就感的两节课。"

现在的你就如曾经的我

助梦游学一直是清华大学研究生支教团的特色公益项目，带领支教地的孩子们来到首都北京进行游学。洛嘎是第20届青海分队"助梦游学"活动的带队老师之一。

在北京游学期间，职校的同学们去了798艺术区，爬了长城，亲自感受了AI技术的发展，他们在游记里说："小时候，曾看着电视里的天安门，在心里无数次向往，那里是祖国的首都，是每个中国人都应该至少去一次的地方，那里有令全国人民欢呼的天安门，那是宣布新中国成立的地方……也许飞上枝头变不了凤凰，但要是能飞上枝头看见更大的天空，那也是一件非常不错的事情。我想要之后带自己的爸妈再来游览一次北京。"

游学打破了学生们禁锢于湟中县这一小片土地的心理，大家开始接受外部世界的信息，在清华上过课，进入了书本上的圆明园和天安门，他们的人生轨迹甚至在发生着改变。

有一名在洛嘎所指导的电视台做社工的男生分享了去北京游学的感受，不同于感谢老师感谢父母之类的套话，男孩说："我十八岁之前过得是最苦的日子，我曾经在广州打工，那个夏天简直都不想再去回忆，也从未想过读书之后会过得如此舒服。北京是我想都不敢去想的地方，能够在职校这么多人中脱颖而出参与到游学中，我非常感谢自己。"

听完男孩的分享，曾经在西藏苦苦奋斗十几年的洛嘎泪流满面。

采访手记

2019年5月4日，作为第21届研究生支教团青海分队的成员，我采访了洛嘎。有点儿黑，性格腼腆，很少说话，是我对洛嘎的第一印象。在聊天中，他渐渐地打开自己的心扉，接纳我对他的疑惑，于是一个聚集着温柔、坚强、善良的洛嘎出现在了我的眼前。

在洛嘎的支教感悟中，我看到了这样一段话：

"职校的同学顽皮与天真淳朴同在，他们会在上课趁老师不注意时偷摸着扔个纸条，在下课的时间里，分秒必争地享受属于他们这个青春的十分钟；他们也会在作业本上玩点小聪明，也同样会帮助老师们解决生活中的小困难，也会在毕业晚会上和班主任认真告别，脸上一滴一滴连成线的泪水都争相表达着对老师的不舍。

用心去享受生活，用青春的视角去观察事物的变化，是他们的资本。当校园的树木发出嫩芽，花一点点绽放，人们不得不由衷敬佩时光的轮回和生命的美好。这都是他们这个年龄的幸福，我非常乐意并且荣幸和他们一起度过他们生命中最为美好年华的一年。

我时常在思考我的初心是否还在？我当初毅然选择报名支教团的勇气是否有被挫败？西部支教，带去的不仅仅是新鲜的知识，更是一种积极向上的态度、开阔的眼界和更为完善的人格。

我想着我确确实实将扶'志'融入实地的教学中，我希望他们能在我们的身上看到看待事物的眼光，事实证明，这样做是正确并有所成效的。当他们从南京/苏州/上海实习回来后，我切实能发现他们身上的变化，他们能自主思考生活的不易以及自己毕业后的人生选择，成长总是躲藏在每一件身体力行的事情背后，很高兴能看到他们的成长与进步。"

一年的支教生涯马上就要结束了，我想让他重新定义一下自己。

他说："我在青海支教，我是一名老师。"

胡瑞环：带着理想和热忱来，我很难做到平静地离开

文 / 马佩瑜　蔡春岭

> 胡瑞环，男，第 21 届研究生支教团云南分队成员，曾在云南省南涧县第一中学支教。

初心

"改变人的一生可能是特别困难的事情，但如果能通过一件事或一段时间给一个孩子的人生轨迹带来正向的影响，是一件很有成就感的事。"在谈起加入支教团的初心时，胡瑞环如是说。

胡瑞环在上小学时一度有过弃学的想法，母亲请来邻居大姐姐帮助他学习，胡瑞环会故意惹她生气，甚至会吼、会凶，但大姐姐只是听着，等他冷静下来后问他是否要吃点东西，休息一会儿再开始。或许是有什么触动到了胡瑞环，让他在那一刻感觉到教一个人变好是一件很伟大的事情，尽管那时候，他是被教的那一个。

进入大学伊始，胡瑞环加入了学校学生教育互联网协会。那时候协会会组织他们定期前往北京市农民工子弟学校支教，还会在河南洛阳、驻马店、上蔡、信阳等地开展讲座或授课。令胡瑞环感到欣慰和惊喜的是，每次活动结束后，他都收到了很多孩子寄来的明信片，真挚的文字表达的多是感谢之情，这让胡瑞环有种幸福感，因为他如此真实地感受到自己确实帮助到了孩子们。

有一次前往一所初中进行讲座交流，在讲座开始前，胡瑞环去台下走动观察时，看到一个小女孩在笔记本上工工整整地写下："×××（小女孩自己的名字），请你记住，这有可能是改变你一生的讲座。"那一刻的触动让胡瑞环记忆犹新。

正是这种幸福感和成就感，让胡瑞环在毕业的岔路口，萌生出了加入清华大

学研究生支教团、投身于支教事业的想法。

让胡瑞环坚定这个想法的正是他在清华大学 Coach 计划中的导师——朱红老师。朱红老师热衷于公益事业，她对于支教项目尤为关切，其本人和家人更是有过多次支教经历。

朱红老师曾谈及自己选择指导学生时最重要的标准就是品行与担当，也由此在其担任导师的 Coach 金融组中，聚集着众多的公益爱好者，这其中就不乏支教团前辈们的身影。在听朱红老师和众多有着支教经历的学长学姐们描述支教的场景、分享支教生活中的感动和收获时，胡瑞环对支教产生了更深切的向往。

朱红老师鼓励胡瑞环去尝试，去用心感受一年西部地区的教育、经济等多方面的发展现状，去丰富自己的视野，去更加了解我们的国家。

带着师长们的鼓励和支持，满怀着对支教向往和期待的胡瑞环，坚定地踏上了支教的道路。

打开一扇窗

南涧县位于云南省西部，地处大理、临沧、普洱三州（市）五县的接合部，夹涧水之间，大部分为山区。

常有人说大山里的孩子比较羞涩，思想比较传统，但南涧县第一中学的孩子们似乎不太一样。胡瑞环发现，这里的孩子们非常开朗活泼，并没有想象中的拘谨。学生们在学校举办的演讲比赛上能大胆地进行英语演讲、唱歌表演，并毫不怯场。在邱勇校长来学校时，正在进行英语演讲的孩子尽管有些紧张，手有些颤抖，但依旧声音洪亮且发挥稳定地完成了比赛，让人眼前一亮。

但同时，让胡瑞环感到有些无奈的是，受视野限制和环境等因素的影响，学生们学习积极性并不高。这是一个正该做梦的年纪，有些孩子却有些安于享乐了，插科打诨间会冒出一两句："就算读不了书，上不了学，我现在就去门口随便找个活儿也能不愁吃喝""家里给买个房子，我天天去收租，吃烤串也不错。"

在没有看到未来更多的选择性与可能性时，学生对未来的想象与规划就只会局限在自己的小圈子里，模仿身边的大人或手机屏幕里的世界。在胡瑞环看来，支教老师需要让学生通过自己去了解世界，让他们看到更多的可能性，并学会判断。"我们除了担任教师的职责之外，还是学生看向外面的窗户。"

给未来的一封信

胡瑞环在开学的第一节课并没有讲课，而是选择跟大家聊天，给大家看纪录片《延时摄影》。影片讲述了一个学生在清华园四年的成长，随后也让学生们给未来的自己写一封信，并标注是否允许观看。这些信会在胡瑞环结束支教临走之前发还给他们，并且对于允许观看信件的同学，胡瑞环承诺给一封附加信。这种方式在帮助学生思考未来的同时，也让胡瑞环了解到了学生的想法。

"感觉自己是被挑剩下的孩子""因为自己不够努力所以留在了县里"……，胡瑞环在信中看到了孩子们的不甘心和不自信。

"收到信后，我认真读了每一位允许我观看信件的同学的信，信里的他们描绘着自己对未来的期许，充满着青春的张扬，但很多同学在表达完对未来的憧憬之后，会随之自我否定。"

胡瑞环在一篇随笔中写到道："从那时起我就知道，我想做的就不仅仅是给他们传授知识了，而是成为他们的朋友，一个可以用身边的例子、可以用自己对课堂的掌控权来激发他们、鼓励他们的朋友！"

要一颗糖

访谈到一半，下课铃声响了，环境音突然嘈杂起来。胡瑞环拿起正在和我视频的手机从小办公室走进教室："这是未来一年要给你们上课的老师。"话音刚落，就有孩子好奇地贴过来，大方地打着招呼，屏幕里的他们，明朗且欢快。可以看出学生们和胡瑞环关系很好，没什么距离感。

"我和学生们上课的时候不会太严肃，习惯在课堂上来回走动，提问时氛围比较轻松，废话多一些会消解学生回答问题时的紧张焦虑和回答不上来时的尴尬。"胡瑞环在说到和学生拉近距离感时提到，"如果在上课时凶了他，不要批评完后不理他，课下要去跟他开个玩笑，一般我会过去问他要一颗糖，不是给，是要。"

胡瑞环知道，学生很喜欢吃糖，但如果学生在那儿坐着，你过去给他一颗糖，那不合适，因为有其他学生在看着，并且给他糖只是奖励；但你可以问他要一颗糖，要一颗糖比给一颗糖会更亲近，他会感觉到你没有把他当外人。

除此之外，胡瑞环认为，跟学生打成一片，用心去跟他们交流很重要。学生感受到了你对他们的好，就会更在意你的感受，在乎你的生气和伤心，以内在驱动力更好地成长，这比让学生害怕你好得多。"我原来的办公室在楼下，但是离学生教室有点远，现在的位置是原本老师课间休息的地方，我就直接把办公桌搬过来了，一年到头就在这里坐着，方便学生过来聊聊天或者问作业。如果想和学生建立信任感，就要多露脸，和他们多沟通。"

胡瑞环平时性格有些急躁，但是在支教时容忍度特别高，性格特别好，跟学生相处像多年老友，也从来不要求上课喊"起立"，用胡瑞环的话来说就是"没有一点老师上课该有的样子"。但也是因为没有距离感，学生不怕他，导致课堂会有些散漫。有一次上课铃响了，学生进班走得比胡瑞环还慢，进了教室后还在聊天说笑，上课三分钟后才坐好，在意识到学生的散漫后，胡瑞环发火了，"那是我最生气的一次，也是唯一一次罢课"。

胡瑞环下次再去上课时，学生们会提前坐好，在他进门的那一刻，副班长，一个男孩，声音洪亮的一声"起立——"，全班站起来每个人扯着嗓子喊"老师好——"，整个楼里都能听见。从那之后，这个班是胡瑞环带的四个班里，唯一一个不听劝阻、每次上课都要喊"老师好"的班级，他们说"其他班老师有的你也要有。"

你能感觉到孩子们是在慢慢变好的

在这一年之中，有一次考试后胡瑞环和学生们聊天，觉得他们的成绩还不错，因为跟他们刚进来时相比进步了很多，尤其是名次上。所以胡瑞环找了一个成绩比较好的同学问："你知道你考了多少吗？""我知道。""你感觉怎么样？""不好。""为什么不好呢，你已经考到年级第三名了。""我的竞争对手不只是南涧县，而是大理市。"

胡瑞环感到有些触动，在学生这么说的时候，跟刚开学时信里的不自信与自我否定相比，他已经把自己放到了更高远和更积极的位置上。他说："那一瞬间，我觉得这些孩子在这一年的时光里随着成绩的发展逐渐建立起了自信心，自我的成就感在逐渐上升，变得更加自信和自律。你很难说出来这种进步到底得益于什么，但是你能感觉到孩子们是在慢慢变好的。"

胡瑞环在访谈中说道："教师的身份很重要，因为学生不一定会听家长的话，但他会选择信任你。老师随口说的一句话或者态度会对一个学生产生一系列的影响，或好或坏。当你让他感受到你没有辜负他的信任时，他会觉得有希望，会产生一种信仰。"

在胡瑞环看来，作为支教老师，在促进和学生的交流时可以利用好自身优势。一方面，我们和学生彼此都具有新鲜感，一年说长也不长，说短也不短，老师们带着一腔热忱来，便更要多一份耐心，多一些激情。另一方面，由于我们自身还有一些未褪去的学生气息，会和孩子们有种天然的亲近感，因此也要多和学生交流，去了解他们内心的真实想法，并给出真诚的建议与正确的引导。

幸福感、成长与不舍

"我原本是来做志愿服务的，是来奉献自己的，但在这一年里，我收获了太多东西。"

学生们表达喜欢的方式也常常带着些孩子气的可爱，胡瑞环的办公桌上总会出现一些学生们塞来的小零食，几颗糖，但让胡瑞环有种"被投喂"的幸福感。

"他们对我的称呼从最开始的'老师'，到'胡老师'，到'小胡老师'再到'小胡哥哥'；他们在黑板上画了我的卡通画，写满了新年祝福。当他们很信任我，做了一些让我很惊喜很感动的事情时，就让我感觉到自己做的事情是被他们记在了心里。我不是来过什么苦日子的，这是非常有幸福感的一年。"

同时，回看这一年，学生们在悄悄变化的同时，胡瑞环也在改变着。从客观来讲，无论是教育教学能力，还是与人沟通、处理人际关系的能力，抑或是调节心态的能力都获得了很大的提高。

如此充实的一年，让胡瑞环感到很不舍。四个班193名学生，之后何时何地才会再相见呢？"我曾经想过如果要走了该如何同学生们告别，我还没想好，但我知道，我很难做到很平静地离开。"

"我是真的很喜欢他们。"

做一个理想化的现实主义者

对于之后接力支教的准老师们，胡瑞环希望大家"带着理想和热忱来，带着打破和改变一些东西的勇气与愿望，抱着最初进入支教团时的理想和初心去面对途中的坎坷与不解。但同时要做一个现实主义者，不能抛开应试不谈，要把学生的成绩、老师和学校对学生的期望放在首位，再发挥自己存在的价值帮助学生拓展更多的可能性，做一个理想化的现实主义者"。

用一年不长的时间，做一件终生难忘的事。"在支教前这只是一个口号，来了之后，这就是你最真实的感受。当你七八十岁了，可能已经忘记了在清华获得哪些荣誉，上过哪些课，甚至忘记这几年做了哪些实习，去了哪些公司。你可能忘了很多，但你会依然清晰地记得，在支教的小办公室里，跟一个学生弯腰去聊他的一个小理想，一个小故事，这真的是你一生都难忘的记忆。"

第二章：行健

读万卷书，行万里路。研究生支教团的志愿者们怀抱着"到祖国需要的地方去"的信念和决心来到支教地，通过家访、调研等方式深入了解当地的教育、经济状况。扎根祖国大地，了解国情民情，志愿者们用眼皮贴近草皮，探究祖国中西部发展的真实状况，思考教育扶贫的方式与意义，收获"写在大地上的论文"。

宋水泉：洗剑青海水

文／姚斌

> 宋水泉，男，第6届研究生支教团青海分队成员，曾在青海省西宁市湟源县巴燕乡巴燕中学支教。

2004年8月25日，汽笛长鸣，宋水泉以满腔"洗剑青海水，刻铭天山石"的壮怀，肩负行囊，同30名学子一同踏上西行之路……

与山比邻、偏居一隅的湟源县巴燕乡巴燕中学，是宋水泉以笔代剑、支教扶贫的地方。巴燕——意为美丽的湖，但是在踏遍了全乡15个山村后，他才知道，这里只有黄土，没有湖。

2005年3月起，宋水泉开始做"湟源县社会保障基本状况"调研。利用课余时间，先后走访了巴燕乡十五个村庄的百余户农民家，以及城关镇的部分居民和湟源县城的部分企事业单位，掌握了大量的一手资料。希望其后的调查报告，能为当地的发展提出有益的意见和建议。

下胡旦度、上胡旦度、下浪湾、上浪湾、石门尔、莫合尔村……沿十八弯山路，宋水泉4个月走访了100多户农家。大山，屏蔽了外界信息的沟通，阻隔了现代文明的传递，严酷的自然环境造成当地农民种几亩薄地、养几头奶牛、挖几根虫草生活的现状，知识的匮乏、观念的陈旧、致富门路的单一，也制约着山村经济的发展。

离巴燕中学15公里的石门尔村，石延明一家四口生活艰辛。傍晚时分，宋水泉来到延明家，羊圈里透出的微弱灯光引起了他的注意，走上前去，看到延明和妹妹正在里面读书，泪水瞬间刺痛了宋水泉的眼睛，在日记里，他写下这样一

本文选自《青海日报》《洗剑青海水》。

段话:"这是一片充满希望的土地,但这里需要更多的沟通和交流,只有更多山外的人走进大山,帮助山里的孩子走出山外,才能点燃他们心中改变山乡面貌的希望,我们所肩负的正是这种使命。"

家访学生刘文霞时,宋水泉和文霞的父亲一夜长谈。文霞一直说自己不想上学,但宋水泉看得出,她是不想给家里增加负担。

于是,在课堂上,宋水泉不厌其烦地告诫自己的学生:"我们无法改变人生的长度,就要拓宽人生的宽度。生活条件和家庭环境不是决定人一生的必然因素,山里的孩子要勇于走出大山去看世界,更要回到大山改变现状。"

一场初二年级的普通球赛,胜负似乎很平常。面对因取胜而狂热的同学们,宋水泉冷静地给他们降温:"你们应该给予失败者应有的尊重,没有他们的失败,就没有你们的胜利,尊重对手,是一个胜利者最可贵的品质!戒骄,是攀登最高峰的必要条件。"面对因失败而沮丧的同学们,宋水泉平静地为他们打气:"你们应该给予胜利者应有的祝贺,没有他们的胜利,就没有你们失败的经历,贵在自知,是一个失败者最可贵的品质!自强,是避免再次失败的法宝。"

一年时间,情洒青海,梦牵巴燕。宋水泉与两名学友联系清华附中,为巴燕中学捐赠图书,举办了计算机基础知识培训班,修建了乒乓球台;协同社会公益力量,在湟源县开展了"青少年文体艺术月";自费带学生三度到西宁参观。

一年又是那样短暂,"用一年不长的时间,做一件终生难忘的事"让宋水泉刻骨铭心。作为教师,他时刻自律一言一行,言传身教于课堂内外。为引导学生、启发学生,特意从北京带来大量纪录片和百科知识读本,拓宽孩子们的知识面;还展示清华校园的图片和各种社会活动的照片,让学生感受高校丰富多彩的校园生活。告别总是令人充满伤感,临行前,宋水泉满含热泪对孩子们说了一句话:"我,还会回来看你们!"

宋水泉说:"我们的所作所为与冯艾、徐本禹相距甚远,但我们有着共同的理念:奉献、友爱、互助、进步。我能为这里的孩子和这片土地、为青海献绵薄之力,尽微薄之心,是我的心愿。"

张舒宁：拿什么奉献给你，我的第二故乡

> 张舒宁，男，第7届研究生支教团青海分队成员，曾在青海省西宁市湟源县巴燕乡巴燕中学支教。

大家好，我和刚才几位上台演讲的选手不太一样——我不是西宁本地人，我和同学从清华大学来到咱们西宁市湟源县巴燕乡巴燕中学支教。虽然我不是西宁人，但我把西宁看作我的第二故乡，她给了我在故乡没有得到的东西。

我是杭州人，从小生活在杭州市区，因此以前我对"杭州市"的概念就是我所生活的那片市区。到这里，我才知道，一个城市不仅仅有市区，市区外还有县城，县下面还有乡。而且，我还切身体会到了，一个乡里的人，要去他的市区要经历一段怎样的路程：从西宁到湟源县的长途车，50公里的路程要开近2个小时，还有段坑坑洼洼的土路。到县城的时间如果超过了下午6点，就找不到车回巴燕了，只能在县城住店，第二天早起回去。于是，我体会到了那种早上8点出门、上午10点到市区，下午3点又得赶车回去的生活。这样的生活，相信在座的很多在市区生活和工作的人都没有体会过吧！

然而对于我在巴燕中学的许多学生来说，这样的生活都是无法想象的幸福。巴燕学区只有这一所中学，全乡15个村的孩子都到这儿来上学。很多学生都要走2个小时的路。去年冬天，零下20摄氏度的时候，他们早上5点就起床，在伸手不见五指的夜幕中上路，穿着他们父母做的小棉袄在一天中最冷的时候一步一步走到学校。自行车，是部分比较有钱家庭才有的，不幸的是，很多路远的孩子家里没有自行车。这样的学生周一、周二、周四3天都住校。这几天的晚上，6:30~8:30是自习时间。244名住校生，集中在7个有日光灯的教室里。

本文摘自本人演讲稿张舒宁代表湟源县参加西宁市"解放思想促发展，我为西宁作贡献"演讲比赛演讲稿。

有时候只有3楼的3个教室有电，而且也只是两三盏日光灯能亮。我们3个支教老师去自习教室值班，第一天还带书去看，后来就不带了，太伤眼睛。但他们，就是凑在这样的灯光下挤坐在一起，学习功课。住校学生午饭、晚饭都在学校吃，午饭是家里带的馍馍和学校里学生灶上烧的大锅土豆汤。村上几家蔬菜店，卖茄子、辣椒，当然也有绿色蔬菜——葱。

我曾经到县城中学去监考，看到那里的学生穿着漂亮的运动鞋，用手指转着笔考试，不由得想起我的学生，穿土皮鞋或是棉鞋，没有人会转笔，但是所有的农活、家务活他们都会干。一个成绩不错的初一学生，手却显得有些苍老。而当我看到这学期的计算机课教材，更是哭笑不得——2/3的内容是和网络有关的。巴燕乡不通网络，我们支教老师上网也得到城里去，这些孩子，更是只有在上计算机课的时候才看得到计算机。所以，他们这方面的知识几乎空白，我在上课时，认为是常识的东西，可讲了半天，发现下面没有反应，一问发现没有一个人知道。他们对青海省以外的地方知道得太少。

我常常在想，我们到底能为他们——这些家庭地址同样以青海省西宁市开头，邮政编码同样以81开头的孩子——奉献些什么。在他们的眼里，他们家乡那让我们陶醉的青山绿水、蓝天白云，都是黑白的；在他们梦里，外面的钢筋水泥、冒着尾气的汽车，都是彩色的。他们的命运，可能就是在家劳动，到了岁数到学校接受九年义务教育，初中毕业或者初中肄业后，继续他们上学前的生活。开始抽烟、喝酒，慢慢娶妻、生娃，在这片土地上，一代一代地重复着。

在杭州的时候，当我看到哪里又起了高楼，哪一条街又被装点得灯火通明，哪里的路又堵了，哪里的路又通了，我想，我们社会在不断地发展。然而在这里，我切身地体会到了，没有他们的发展，我们的社会不是真正的、和谐的发展。

作为外来人，作为支教的志愿者，从我的学长们开始，就用课堂、报告会等各种机会给这里的孩子们讲外面的世界，讲我们改变自己命运的经历，衷心希望他们也想去创造自己的未来，而不只是沿袭许多年来的命运。我们暗暗地想，他们的改变，慢慢地会带来后代的改变，家乡的改变。有一次，我们3位支教老师分别让各自班里的孩子写作文，题目是"当我20岁的时候"，看到他们有的说在做歌星，有的说在做名模，有的说在做警察，更多的说在大学校园、在清华校园里。这时候，我们的心情很复杂。我们欣慰，因为毕竟我们让他们知道了外面的世界，而且通过我们的现身说法，让他们感到即便是清华北大，也可以去梦想。

但我们更害怕——家庭月收入200多元的他们，所受教育没法和城里孩子比的他们，要放羊、喂猪、照顾弟弟妹妹的他们，就算考上了重点高中、考上了大学，他们又有多少能真正走进梦里的那扇门呢？

究竟拿什么奉献给你，我的父老乡亲？改变观念，我们一直在努力，而改变他们的命运环境，则是更加根本的，是建设社会主义新农村的题中之意。我们不会忘了他们，当他们需要时，我们愿意继续奉献，我们呼吁全社会一起奉献。

张路：我在青海的支教之路

> 张路，男，第8届研究生支教团青海分队成员，曾在青海省西宁市湟中县职业技术学校支教。

转眼，支教团已经是第8届；转眼，我们也即将成为历史。一年又一年的研究生支教团，如同超新星爆发时的一闪，短暂，但也会照亮夜空。

一年的时间说起来不长，但一年的时间也足够你做很多事情。2006年8月26日，对于我们支教团的全体成员来说，新的一年开始了。

第一天，初为人师。当家长带着孩子出现在我面前的时候，中学的回忆一下子全面出现在脑海里，唯一的不同，就是我已经从曾经的学生，变成了现在的班主任。

第一个问题，语言不通。听不懂青海话的我只好一遍遍询问："你好，能讲普通话吗？"而学生的信息，也只好先让他们写在纸上，然后我再誊写到登记表上。报到完毕，看着写完的登记表，我不由得有些激动：这就是我的班级，这就是我的学生！

班主任，教书，更要育人。班级的成长与班主任的工作息息相关，班风也由此形成。我班上的学生大多数来自农村，害羞、腼腆是他们的共同特点，在搞活动的时候一般都很胆怯，不敢表现。于是我只好多鼓励那些勇敢些的学生多上几次台，让他们带动其他的同学。为了让学生能更放得开些，一方面我让他们写纸条告诉我自己有什么特点，在什么方面想得到提高，这样我对学生的情况就有了更加全面的了解；另一方面，我也尽可能创造一些机会让他们表现自己。比如选班委、团委、学生会的候选人时，我都要求所有参选的同学进行竞选演讲，在演讲完后，我对每个同学的演讲进行点评，告诉他们演讲中的优缺点，包括演讲时的眼神、动作，演讲的内容，整体表现等。这样既锻炼了他们的表达能力，又让他们的演讲水平有了一定的提高。

细心、耐心、责任感,对于班主任的工作来说,一个都不能少。有了细心的观察,才能了解每个学生的优缺点,才能更有针对性地教育每一个学生;有了耐心的聆听和交流,才能了解学生的思想动向,才能让他们对你产生信任;有强烈的责任感,才能在教育学生的过程中不灰心、不气馁,才能坚持把工作做好。我从开学军训的时候就对各个学生进行观察,发现他们身上的闪光点。当我把他们身上的闪光点告诉他们的时候,他们会觉得你对他们很关心,他们也会更加相信你说的话。

我担任班主任的4班,班长遇到一些困难不想干了,找我反映,我对他说:"之所以开学的时候任命你当班长,主要是发现了你的两个优点:一是在下楼的时候别的学生都在和老师挤,只有你主动让老师先走;二是有一次外出打扫卫生,你主动帮女生拿工具,而别的人都视而不见,这些都说明你很有绅士风度,所以会有很好的人缘,这也是你能被选上班长的原因。"这样他又恢复了信心,于是我们又讨论了一些管理上的方法,他当班长的能力得到了提升。通过自己的观察,我能够准确地把握学生的思想动态,从而为更好地开展教学工作奠定了基础。

我教的几个班里有些学生由于学习基础太薄弱对学习一点兴趣也没有,上课不遵守纪律经常讲话,通过观察,我了解到他们比较喜欢唱歌,而且有一定的音乐天赋,我就把他们吸收到我组建的校合唱队里,他们表现得特别积极,在合唱队里找到了自己的归属感,也增强了自己的信心。我和他们谈话时告诉他们:"也许你是很不喜欢学习,但是在这个年龄你确实应该学点什么,也应该积极发现自己的强项和优势,也许你不能把所有的事都做得很好,但是至少你应该能做好一件事。现在我们学的很多东西大家都是刚起步,为什么你会觉得不如别人而放弃呢?"后来,这些学生中,有一个对我教的课程有了更大的兴趣,成为了我电工原理课的课代表,而且工作十分认真负责;还有一个发现自己的英语基础比其他同学好,增加了英语学习的兴趣,成为了该班的英语课代表。

亦师亦友,与生同乐,这也是班主任工作中和学生培养感情的一个渠道。在军训期间,我每天晚自习的时候都坚持和他们做一个和素质拓展类似的游戏,在提高他们个人素质的同时也增进了对于他们的了解。重阳节,学校组织学生爬山,湟中县海拔2600米,我们到那里还不太适应,都有高原反应,剧烈活动和疲劳都会引起头痛,爬山很耗费体力。但我坚持和学生一起用了2个小时的时间爬到山顶，并在山顶给学生照相。广播操比赛，我和学生一起练，先学会了广播操，然后坚持和学生一起做广播操。元旦和学生一起联欢，我为他们献歌并同他们一起跳舞，跟学生学习跳藏族舞，过了一个愉快的元旦。学生很喜欢老师用这种方式与他们交流，认为我们没有大学生的架子，也没有老师的架子，和他们以前见过的老师都不同。

观察、沟通、关爱，我和学生的感情与日俱增。班里有个别贫困学生有时回家没有路费，我就支援他们几元。现在我教的大多数学生见到我不再是低头跑了，而是积极主动地问"老师好"。

2006年11月12日，我们按照清华的传统，在职校举办了男生节。我带的班上的学生还联合起来请我吃饭，表达他们对我的认可，有一些女生还送了我小礼物。当然，我也赞助了他们一些伙食费，因为我知道他们请我吃饭很可能一个星期的伙食费就不够了。寒假我回家时不少学生主动帮我搬东西，家住西宁的学生还主动送我到火车站。在支教期间，我也尽可能多地帮助这些学生。我认识一个与我同一高中毕业的师兄，在上海上大学毕业后自己在上海发展，成立了一个公司，现在发展得还不错。过年回家见面聊天，知道我在湟中县支教，有很多贫困学生，他想献一片爱心，资助一个贫困学生，让我给他推荐。回校后，我经过详细了解推荐了一名幼师班中表现比较好、家庭子女多、经济比较困难的二年级女学生，给了他们的联系方式，师兄每月资助这位学生200元生活费，到她中专毕业。如果毕业后能继续上大专，师兄再继续资助她大专学费。

支教的舞台，有很大的空间，内容也丰富多彩。除了基础的教学工作，在支教期间，我还为服务的职业技术学校和湟中县做了一些自己力所能及的事情。

作为一个职业技术学校，为了提高学生的就业率，方便学生就业，全面提高学生的综合素质也是学校的一项重要工作。职校这几年发展很快，但是在校园活动上，一方面是很匮乏，一方面是很渴求。在清华合唱队的历史，是我人生中很绚烂的一笔，结合职校幼师专业有一定演唱基础的情况，我主动在职校组建了一支合唱队。

合唱队的组建可谓是山重水复。职校对真正意义上的合唱并不了解，对组建合唱队的需求也一无所知。于是我逐一解决各个问题：排练场所，伴奏的钢琴，曲谱的来源，伴奏等。当然最困难的还是队员的选择。我利用几个晚上的时间，对各班有一定演唱才能的学生进行考核，最终合唱队的人数定在了45人。

带合唱队排练也是一件很辛苦的事。当时我一周有18节课，最多的一天有6节，白天上完课嗓子就比较哑了，晚上带合唱队排练时不仅要说，还要带他们唱，经常排练完后话都有点说不出来。但最终我坚持下来了，在期末的汇报演出中，合唱队的表现得到了全校师生的一致好评，很多音乐老师都对我说，合唱队的演出"好着呢"，湟中电视台还播放了我们的演出。

除了学校的工作外，我还和另一位支教的同学一起进行了湟中县人才信息管理系统的开发。为了让时间更容易安排，我和学校协商把我所有课程都调整到了上午，用下午比较整块的时间来编程。虽然一周15节课全部安排在上午有些重，而且高原缺氧导致写程序时容易头痛，但经过两个月的努力，程序即将完成了。当我写下"软件开发：清华大学第8届支教团 张路"的时候，不由得感慨万千。我为我完成了一个程序而高兴，但更令我自豪的是：我实实在在地为湟中县留下了一些东西，实实在在地干了一些实事。这让我的支教生涯更有意义也更有价值。

最终完成的湟中县人才信息管理系统不仅包括党政人才的管理，还包含了企业经营管理人才、专业技术人才、乡土人才、社会人才等多个方面，使用的部门也由组织部扩展到了分管其他人才的教育局、人事局、农业局等单位，并进一步推广到了各乡。县政府对我们这个软件的评价是，"使湟中县的政务规范化水平上了一个新的台阶"。

在2007年的春季学期，我们支教团还用讲座的形式为湟中县农村信用社的员工进行了一系列的员工培训。我结合专业为他们做了电脑基础知识和常用软件使用的讲座，他们的一些技术人员还很有兴趣地跟我讨论如何制作PPT。

支教的一年中，我们支教团受到了来自各个方面的关心和支持。支教的生活是艰苦的，但这些关心和慰问却让我充分感受到我存在的价值，让我对支教生活更有信心，对支教事业更加热爱。

一年又一年，支教就像前进的马车，它匆匆走过，但是留下了深深的车辙。

支教，是一种生活，是我们所未经生活过的。

支教，恰同学少年，风华正茂。

支教，到中流击水，浪遏飞舟！

胡尚如：紫荆花，在雪域高原绽放

> 胡尚如，男，第8届研究生支教团西藏分队成员，曾在西藏山南市第二高级中学支教。

作为研究生支教团的一员，胡尚如这一年都在西藏山南市第二高级中学支教。"到祖国和人民最需要的地方去！""用一年不长的时间，做一件终生难忘的事。"这是胡尚如对自己西藏支教的诠释，也是他对自己志愿工作的诠释。

"送人玫瑰，手有余香"

"送人玫瑰，手有余香"，这是胡尚如对志愿精神的理解，"用我们清华的话来说就是'自我实践，服务他人，自我教育，推动社会'。"他补充道。

对于志愿者的性质，胡尚如认为，志愿服务工作是社会主义和谐社会建设的重要组成部分，是对"社会主义荣辱观"的践行。与其他工作相比，志愿服务更具有无偿和自愿的性质，是对无私互助的人性本质的体现，其发展程度也可以反映出社会道德的整体水平。

"星星之火可以燎原"

对于目前的志愿服务形势，胡尚如感慨，相较于志愿服务工作的重大意义，"我们的力量还是相对微弱的！"一方面，社会对志愿服务的需求非常大，而另一方面，目前中国志愿服务还没有形成普遍的社会风气，甚至有些人对此存在误解。

本文选自中国青年网《紫荆花，在雪域高原绽放》。

"而我们一直在努力，这就代表着希望。"胡尚如说。

胡尚如正是这一信念的不断践行者。在清华期间，胡尚如有着丰富的志愿服务经历，包括与清华大学红十字会学生分会合作组织学生义务献血，自己也多次献血并签字成为造血干细胞捐献志愿者；编写两版《支队长FAQ》，为志愿者进行志愿服务；作为支队长全面负责清华大学建筑学院紫荆志愿者服务支队各项工作，为支队建立健全了组织制度，并通过与专业相结合，建立长期项目，为支队长远发展奠定了良好的基础。此外，他还是"清华奥运论坛"与"奥运全接触"两个项目相关活动的组织者。

在一系列的志愿服务中，胡尚如结识了很多志同道合的人。"我们坚信，'星星之火可以燎原'，通过我们的努力，志愿服务终将成为一种普遍的社会风气！"胡尚如踌躇满志地说。

"支教是一件平淡无奇而又意义重大的事"

在胡尚如看来，支教是一件看似平淡、实际上意义重大的事情。表面上看，支教就要和其他老师一样，每天面对一群学生，一堆作业，反复进行着备课、上课、批改作业等大量而又重复性的工作。"但是，作为清华派出的志愿者，我们必须承担更多的社会责任和义务。"

首先，从某种意义上说在平时课堂教学以及与其他老师的交流上存在一定困难。作为志愿者，一方面，要去适应这种情况，另一方面，通过平时课堂讲授、开展各班主题班会、组织全校性质的团课讲座等形式，介绍一些内地的情况和先进的思想，希望能给学生以启发，在其他老师中引起共鸣。

其次，在胡尚如看来，教书远远不是他的唯一任务。作为掌握了一技之长的大学生，所学的专业应该在祖国各地有所施展，"这样才能在这短短的一年中留下最多的东西"。胡尚如的支教地是一所新学校，校园建设还没有完成，因此，在业余时间，他积极发挥建筑专业专长，完成了一些方案，对学校的广场、花园、宣传栏计、校门口等进行了设计。对于这些方案，校方都很满意。"也许这些将成为我的设计作品中能实现的第一批。"他说。

"孤单与快乐同行"

当被问及在西藏支教中的感受时，胡尚如感慨万千。他特别强调，自己在西藏的支教属于长期支教，和短期支教有着本质区别。他们和其他的普通任课老师一样，必须严格服从支教学校的安排。"比方说我被安排去教高三，寒假的时候需要给学生补课，当时其他支教志愿者都回家了，就剩下我一个人，非常孤独和寂寞。"

"学生学习基础比较薄弱，但他们都非常可爱。第一个学期结束的时候，我要离开高一去教高三了，结果高一的学生在最后一节课给我举行了告别仪式。这让我非常感动和欣慰。还有一次，我带病去上课，课后收到学生的一张纸条，其中有一句话：'我们知道您是我们心中尽职尽责的好老师'，这让我很感动，也很满足。"

"子路受牛"

对于十佳志愿者，胡尚如说刚开始是别人推荐的，自己并未积极参选，当时他认为，志愿者就应该是默默奉献，不求回报。"后来别人用孔子批评子路救人后没有接受别人赠送的牛的故事把我说服了。"在胡尚如心目中，"十佳志愿者"这一荣誉的最大价值，就是促进全校志愿服务的推广。

胡尚如说，十佳志愿者对自己而言是个莫大的荣誉，但是荣誉永远是对过去的肯定。"能获得这一殊荣是很兴奋的，但是更多的是一种压力和不安。"他说。被评上"十佳"也绝对不代表着全校前十名，清华还有很多默默无闻地为大家辛勤付出的人。"也许他们做得更多更好，只是没有被发掘出来而已，其实他们才是最符合这一荣誉的。"

"任重道远"

通过准备十佳志愿者的参选材料，胡尚如对自己过去几年的志愿服务工作做了一个总结和归纳，也趁机对自己几年的学习、工作和生活做了一个总结。他说，自己的理论储备还是很欠缺的。"现在的社会很复杂，凭自己的主观认识很容易犯错误。所以，需要从理论上对社会进行了解和认识，才能正确指导实践。"

在胡尚如心目中，一名合格的志愿者，首先，要有满腔热情。没有热情，做一次两次还可以，但是坚持下去是不可能的。其次，还要不断进步，合格不是及格，志愿者应要不断追求优异，追求被服务者对我们的服务评价的优异。所以，过去的工作仅仅是一个开始，以后的路还很长。

胡尚如，这个曾经在清华园中忙忙碌碌的身影，在过去的一年里，作为千千万万个支教志愿者中的一员，已经在西藏这一神秘的土地上整整耕耘了一年。他带去的，不仅是知识的甘露，更有紫荆的芬芳！

贾曦：承袭青藏高原精神，铸就青稞铁魂

> 贾曦，男，第8届研究生支教团青海分队成员，曾在青海省西宁市湟中职业技术学校支教。

2006年8月26日至今，作为清华大学第8届研究生支教团青海支队的成员，我在青海省西宁市湟中职业技术学校进行了为期一年的支教活动。

提起青藏高原，大多数人脑海中浮现的场面是灿烂的阳光、神圣的雪山、圣洁的湖水、无垠的草原和成群的牛羊，还有摇着转经筒的藏族老阿妈以及在路上叩着长头的各个年龄段的藏胞，但那些是游客的视角。只有当你真正深入走进当地的生活，才会发现，这里的生活场景是与上述画面完全不同的。

高原精神

青藏高原精神，它的内容是"特别能吃苦、特别能战斗、特别能忍耐、特别能团结、特别能奉献"，它是青海各族干部群众在长期艰苦创业的奋斗历程中造就的。如果你只是在西宁市，怕是很难体会到它的内涵，那里林立的高楼和遍布的消费场所与东部城市差异不大，唯一能让你有所感受的可能只是甫上高原那一点点的缺氧造成的轻微喘息，以及街道上人们面部轻微的高原红。而如果在湟中县鲁沙尔镇工作和生活一段时间，你对它会更有所体会。

这里比西宁市的海拔还要高一些，有2600米，气候也更寒冷一些，六月中旬，几场雨就把气温降到了14摄氏度，屋子里甚至要开电暖器，床上要铺电热毯。在这一年的时间里，我和大家一起面对和克服了工作上、生活上各种压力和困难，经受了"工作"关、"天寒"关、"水淹"关等考验，与县委县政府各级领导、学校领导班子和师生员工都建立了良好的关系，在完成本职工作的基础上，工作内

容也有了比较大的拓展。觉得自己已经理解了青藏高原精神的内涵。

但是，当我和另外两位老师一起在2007年6月16日随同学生深入牧区，到她在群加乡的家进行家访时，仅仅是一两天时间的短暂接触，我就深刻体会到青藏高原精神是在像这样的地方由辛勤劳作的人民创造的。这个学生的父亲是一位护林员，60岁了，仍然每天早、中、晚巡山三趟，风雨无阻。她的家在群山环绕之中，是全乡最高的，站在院子里可以眺望远处的黄河。三间屋里，一间已经漏雨了，另一间既是厨房又是卧室。"客厅"里除了炕，就只有一张吃饭的长方桌和几个码放得整整齐齐的小板凳，一个里面放了几本书并在上面供奉了十世班禅照片的书柜，一个用来取暖和给饭菜保温的"湟中造"煤炉，一个自己做的用来放衣服的壁柜。家里仅有的电器就是一台"三洋"电视机和一台"五羊"录音机，电视机已经有三十年的历史，是当初某军团撤编时的处理品，录音机也很旧了，磁带也只有三四盘，而这两样东西却是他们全家人的重要精神享受来源。做饭的燃料是用斧头劈开的木柴，烧炕的燃料则包括牛粪、马粪等。厕所在院子最里面，靠着墙，是自己用木头、泥土搭出来的旱厕。这样的环境，一家七口人却过的其乐融融，每个人都那么朴实、友善、热情。这个学生本人，志向也是在职校幼儿师范教育专业毕业之后，回来开一个幼儿园，把附近的孩子们教好。要知道，她是我们在职校教过的综合素质最好的学生之一，出去找个月工资上千元的工作并非难事。如果在这里开幼儿园，每个小孩子每年交200元就算多了，每天还要走无数蜿蜒崎岖的山路接送每一个孩子，苦，而且工资少，她非常清楚这一点，却志向不改。"特别能吃苦，特别能战斗，特别能忍耐，特别能团结，特别能奉献"，跟他们比起来，我们离"特别"这个要求，还是差了很多。

青稞魂

青藏高原精神是支撑我们完成各项工作的内在力量，在支教的全过程中我们凭借着这种精神尽力做好各项工作，包括省上的、县上的、学校的，赢得了各方面的好评。我们也曾品尝高原上的青稞酒，发现其与这一精神的相通之处：青稞酒的绵和，和青海人民坚忍不拔的性格是一致的。也许正因为如此，这里的青稞酒才有了"青稞魂"这一品牌名称。

一年的支教工作就要结束的时候，不由又回顾了初到湟中之时，我们自己写下的对"奉献、友爱、互助、进步"的志愿精神的解读:"奉献"是在尊重志愿服务对象的基础上进行的,一切活动要基于支教地的实际情况开展,而不是凭空规划的蓝图,对当地的合理需求,要量力、尽力而为,这样才能最大限度地发挥支教的作用;"友爱"要求我们胸怀一颗友爱之心,时时处处注意去发现、满足当地的合理需求,与支教地的领导和同事结下深厚的战斗友谊;"互助"要求我们时刻保持谦虚谨慎的作风,抱着服务和学习的态度进入支教地,虚心接受当地的意见建议,不但做贡献,还要在实际的锻炼中受教育、长才干;"进步"则是在坚持以上各点的基础上,长葆进取之心,在志愿服务中,全心全意为人民服务,为支教地的进步尽一点绵薄之力,也为自身素质的全面提高提供一个良好的平台。以上四点既各有内涵,又互相联系,是一个有机的整体,只有坚持不懈地做好每一点,才能做好志愿服务工作,才能在短暂的一年中最大限度发挥自身的光和热,服务西部、奉献西部。

快要离开这里的时候,我眼前浮现出一年来的种种——我们为青海人民只做了些微不足道的小事,而青海人民,将他们世代传承的青藏高原精神,注入了我们的灵魂,让我们的青春之花,在这雪域高原上迎着风雨开放。这,又怎是我们回报得了的呢?

让我们携着这青稞铁魂,栉风沐雨,披荆斩棘前进吧!

王佳明：不忘初心的支教人

文 / 裘昊天

> 王佳明，男，第 14 届研究生支教团西藏分队成员，曾在西藏自治区拉萨市西藏职业技术学院支教。

从四川到清华，再从清华到西藏，最后又回到四川，王佳明这几年兜兜转转，毕业后最终又选择了回到这个梦开始的地方。这些年来，从学生到老师，再到一名基层公务员，他的身份不断地转变着，但是不变的是他对于基层的无限热爱与甘愿奉献自己一生的理想信念。就像他自己所说的："受益于此，我必将回馈于此。"这句话始终伴随并激励着他，也成就了今天的他。

梦始北川，自强不息

王佳明来自四川省北川羌族自治县，是 2008 年 "5·12" 汶川地震的见证者。原本，北川是一块平静的山地。黄壤、阔叶林、高山草甸相间分布，能不时听到出没在山腰的羊群咩咩叫声，还有牧羊人的声音。2008 年的一场地震，打破了这里的宁静，改变了许多人。一贫如洗的山村，随处可见破碎的痕迹：塌陷的稻田、被截断的山路、断了梁的屋顶、满地的瓦砾碎石。岁月或许可以带走碎片，但无法抚平北川人的记忆。从那以后，坚强与活着就成为了这个山区少年的人生标签。

灾难降临那年，他还是北川中学一名努力学习、奋发图强、备战高考的普通高三学生。"本来我们在教学楼五层好端端地上课……"记忆深处有着王佳明根本不想触碰的一个角落——持续短短数十秒钟的地震，让有 2000 多人的北川中学失去了 1000 余名师生，学校两栋坐满了学生的五层教学楼也在地震时垮塌。

王佳明所在的5楼教室，突然下陷变成3层，"也就是一瞬间的事情"。

在哭声与哀鸣声中王佳明带领着幸存下来的同学们，用双手刨出救生通道，挽救了20多条生命。这段沉痛的记忆让他迅速成长，变得更加坚韧。也正是从那时候起，他暗下决心，希望自己自强不息，为家乡做出自己的贡献，回馈这片养育自己的土地。

圆梦清华，接触公益

2008年，王佳明作为"全国抗震救灾英雄少年"被保送至清华大学。本科四年清华给予他最多的是砥砺，他收获到的是能力与自信。"起初，清华的学习给我很大压力，通过坚持不懈的努力，我的学习成绩一步步提升，再加上在体育、社工等方面的锻炼与成就，让我感到生活很充实，进而全面提升了我对未来学习、工作和生活的信心，这种信心是自我的认可，遇事不怕的从容，也坚定和丰富了我的人生观和价值观。"

在清华，因为一次偶然的机会，他得知了汶川地震发生第二天，清华师生为灾区的献血量是当时北京运往灾区血液量的六分之一。因为自发献血的人太多，清华的献血活动整整持续到凌晨两点。甚至到最后，连血袋都不够用了。

这一切让他深切地感受到了清华的温暖，他开始投身于学校的公益事业。10年间总共献全血超过了10次，累计献血量也突破4200毫升，王佳明的行为感动了周围的人，也激励着他们不断加入到无偿献血队伍中来。

大三下学期对于所有的清华人来说都是一个人生的转折点。这学期对于佳明来说，似乎有着更为深远的意义。看着班内的同学们几乎都继续深造读研，他却要以一种不一样的方式继续留在清华——本科四年毕业以后，先去西藏支教一年，再回母校读研究生。

西藏支教，青春无悔　到最艰苦的地方去锻炼自己

2012年8月，王佳明作为研究生支教团的一员，在西藏职业技术学院开始了自己为期一年的支教生涯。至于选择去西藏支教的原因，他解释道："上小学时，我们村里一个教室装两个年级，一前一后，老师上完这个年级的数学就走到教室

后方给另一个年级上语文。"儿时的一段经历至今仍会时而浮现在王佳明的脑海中，小学的教育环境并不好，这样的场景他从来没有忘记过，后来上初中高中，尽管物质条件好多了，但是整体的环境也并不是特别好。后来直到走出大山，来到北京，他才发现家乡的教育是那么落后。他希望给家乡的教育事业带来一些改变。

"经历地震，重新认识生命的意义和价值，我也一直坚定期许自己能在有生之年多做贡献，过有意义的生活。到清华上学，我就坚定毕业后要回四川工作的信念，而选择支教是希望能有一个机会回到西部，去认识西部、了解西部，当时非常希望去最艰苦的地方，也希望通过一年的教育工作去教育自己，发现自身问题。用一年短暂的时间去做一件终生难忘的事情，受支教团前辈的这种感召，我希望用一年时间去学习和感悟，进而更好地回到学校，去完善自己，争取能带着最好的自己回到家乡工作。"就这样，抱着这样一个"到最艰苦的地方去锻炼自己"的信念，王佳明踏上了前往西藏的火车。那一天他的内心很期待，很踏实，有信心。他期待一年的教师生涯，期待一年的西藏生活，自己一直向往西藏，坐在火车上，一路走过平原、雪山、高原，非常激动。直到现在回想起当时的种种场景，佳明仍然显得很激动。在出发去西藏职业技术学院之前，支教团的一行人已经接受了为期一年的培训，他们对西藏职业技术学院（以下简称"藏职院"）的情况了解得非常清楚，并且大家对教学、各项工作都准备很充分。再者，当地的相关领导也很重视，在生活方面也有很好的保障。尽管如此，在实际支教的过程中，王佳明也常常遇到一些小障碍，与他之前所设想的支教生活不太相符。一是工作量太大，这是王佳明之前没有考虑到的，他除了上好5门课（两学期共计），还要担任办公室干事、学生党支部书记、辅导员等职务，比预期的工作量大很多；二是海拔高，怕身体不能很好地适应当地的环境，平时的锻炼也少了。

一人身兼四职的确是一项不小的挑战，佳明在今日回想起在藏职院奋斗过的一年时，比起当时的种种苦涩，却有一股强劲的回甘在心头。令他印象深刻的并不是备课的辛苦、更不是学生工作的繁重，而是日日夜夜与自己并肩奋斗的小伙伴们的支持。清华的5人非常团结，在工作之余，他们有时候晚上去喝酥油茶、甜茶，有时候中午吃完饭到互相的办公室走走看看，周末有时间便一起打球、骑车，放松一下紧绷的心情、聊聊平时的工作和郁闷、谈谈接下来的工作安排。在那一年里，大家互相帮助，互相打气，最后大家都很好地完成了所有的工作，生活也过得非常充实。

成为一名真正的藏职院教师

西藏的孩子比东部城市里的孩子们更早学会了担当。学校的组织结构和北京的学校十分不同，王佳明在担任学生党支部书记期间，需要组织护系队值日，护系队由学生组成，主要在每天晚上检查晚自习、就寝以及临时组织的各项工作的安全，在特殊时期，还需要通宵值班。当时护系队队长是一个壮壮的藏族小伙子，比王佳明还高大，很少说话，但做事非常认真，特别敬业。学生的质朴给王佳明留下了极为深刻的印象。年纪虽小，却承担着成年人应该做的工作，那种踏实和认真让王佳明看到了年轻人的担当。

在藏职院还有一些有经验的老教师，他们的理念和精神也让王佳明受益颇丰。他工作所在系的一位任老师，还有两位其他系的老师，他们三位大学毕业去藏职院工作至今已有10余年，在攻读研究生学位之后又回到了学校，他们见证了藏职院的历史变迁，他们培养出来的学生分布在西藏各个地方。王佳明笑称他们仨为"三个大傻"（来自电影《三傻大闹宝莱坞》），从他们身上，王佳明了解到了许多知识，有西藏的历史，也有藏职院的故事，他们在为师为学方面给了王佳明很多经验指导，帮助他更快地适应当地生活、更快地融入藏职院。他们带王佳明去爬山、骑行，到拉萨河游泳，还邀请他去家里烧烤。从他们身上，王佳明也看到了更多的援藏青年对西藏的热爱，对生活的热情。

在辽阔的西藏大地上播撒清华精神

一年时间说长不长，说短也并不短。谈及这一年中支持他坚持下来的原因，他回答说："我觉得是清华人的责任感。一是要做到，二是要做好。"

在他看来，教育很宽范畴，不仅仅是书本知识的学习，还包括体育、社会认知、素质教育等方方面面。王佳明说道："个人能力虽然有限，但凭借现有的平台，我在本科期间利用寒暑假、周末，参加或组织辅导过小学生、巡回演讲、励志报告、专业实践、组织学弟学妹进清华等活动，取得了良好的效果。"

起初，王佳明发现已经毕业的所有同学都似乎非常渴望考公务员，在进一步对自己所教的学生调查之后，他发现他自己班的同学也期待着毕业时去考公务员，问他们为什么，回答的答案大多是大家都考所以自己也要去考。从这个现象，王佳明看到了藏职院学生们的从众心理。为此,他在支教期间开了一门课叫作《大学生与大学生活》(两学期),希望帮助同学们在了解自己生活区域外的大学生、了解丰富多彩的大学生活的基础上,去认识到生活是多姿多彩的,自己可以选择自己的生活,甚至可以按自己的想法去创造自己的生活。一年时间是非常有限的,对于王佳明来说确实没法做出太多本质上的改变,但是他看到了大部分同学跟以前相比的确增强了自信心:"之前一进办公室脸就全红了,很害羞,但是一年后,他们变得更有自信了。不仅如此,交流的时候能够直视着我。"这一切都让王佳明体会到:行动在让改变发生,只要努力,改变无处不在。王佳明在藏职院支教时能全身心地投入,切实地为学生们着想、为了他们而做出一些改变,想来这就是直至今日他还受到藏职院的孩子们爱戴的原因吧。

回望西藏,特别的经历与特别的收获

目前,王佳明和大部分老师和很多学生一直保持着联系。有一个学生在教师节给他发来信息说:"虽然我们相处的时间很短暂,但是老师您给我的印象非常深刻,我这么说是有原因的,我是一个自卑感比较强的人,但是有了老师您的鼓励我才有这么好的成绩,我真诚地对你说声谢谢。老师您一定要保持开心和快乐哦!"这条短信是藏职院学生对王佳明莫大的肯定,肯定了他的工作以及成果的确落实到了同学的身上。

王佳明视支教为自己人生的重要选择,是他一生中最值得回忆的经历之一。有时候工作太忙太累,他喜欢把西藏的照片(专门做了一个西藏的相册)拿出来看看,现在床头挂了一束从西藏带回的临走前学生送他的哈达,看见它,王佳明就能想起充实而丰富的支教生活,就能想起他的战友和学生,现在遇到些什么困难或困惑,瞬间就烟消云散。"它让我更加懂得奉献和付出的幸福,也让我深入理解'爱'的力量。现在回想起来,如果没有支教,我会失去太多美好的回忆和人生的历练。"

支宇珩："如果清华和青春可以选择，我选择青春"

> 支宇珩，男，第 20 届研究生支教团湘西分队成员，曾在湖南省湘西州吉首市民族中学支教。

难忘的元旦晚会

2018 年年末，湖南湘西州，吉首市民族中学正举办元旦晚会暨校园文艺节。这是 261 班的学生最欢腾的一个夜晚。女生们得到了"合法的"化妆机会，并因此而兴奋不已。街舞表演、古风舞蹈《长安忆》，节目异彩纷呈、震撼夺目。

"真好！"文艺委员张宝丹感慨道。

261 班的同学们演出话剧《学神宝典》，石梅秋和张胜薇两位苗鼓好手登台击鼓，收尾处，我与同学们一起演唱《夜空中最亮的星》。摆手堂里，台下台上，全场和我们一起唱歌，高举的手臂和闪光灯挥舞在记忆中，个个都是青春活跃的身影，洋溢着五彩斑斓的笑容，仿佛带我回到自己的高中时代。

如果清华和青春可以选择，我选择青春。希望自己经过湘西的历练，能够像沈从文笔下的湘西汉子一样，会泅水、能做事、结实如小公牛，再以这样初生牛犊般的勇气，做好讲台上下的一切。

学生，学生，还是学生

如果学生在学业上出现了问题，问题的根源通常在学业以外。他的成长背景、身心状态、亲友关系和长远规划，都会直接影响——你在课堂上看到学生的模样。

实践中，我得到这样的结论。所以，学业的改善必须扫除学业之外的障碍。

要知道，学生目前的状态，一定是克服了重重障碍之后做到的最好。

支教工作一开始，我在桌子上试验性地摆放了留言本，本子上面写着"有事请留言"。留言本大致的用途如下：其一，有题目不会但老师不在，留言后老师来找你；其二，需要借书或使用文具，留言后可按需取用；其三，需要谈心、谈人生、听故事，可以留言约时间。使用下来的体会，留言本在师生间创造了一个带有缓冲的交流平台，明显增加了深入交流的机会。

在一次次深入交流中，我感到学生的成长环境与我有明显不同。有不少学生在单亲或留守的家庭环境中长大，所以，他们不得不从小学会独立生活——自己买菜做饭，很好地照料自己与身边的人，面对问题必须有自己的原则和决断。相比于此，我被父母保护得太好了。

我十分欣喜地看到，支教的时光里，我与学生见证了彼此的改变。一年的时间不短不长，却推动我从一个"呆呆的书生"变成"阳光大男孩"。学生们上课听讲的状态专注很多，性格也变得更加乐观自信。

与苗族鼓舞结缘

《鼓·舞》是我出演的、清华舞蹈队的原创剧目，2016年在"舞之境·无止境"舞蹈队专场上演。当时我并未想到，2年之后我会为另一个"鼓舞"所着迷，那便是第一批国家级非物质文化遗产、湘西州特色少数民族传统乐舞——"湘西苗族鼓舞"。

从落地湘西开始，我一直在寻找学习苗鼓的机会。先是被介绍到学校工会，与教师爱好者们一起练。后来，机缘巧合联系到了矮寨镇坪朗村的州级优秀传承人石金琦，向她学习苗鼓半年有余，并将苗鼓记录为鼓谱，形成了少有的纸面记录。目前已整理了《撼山鼓》与《苗鼓神韵》两套。

以前一个村子里只有一面鼓。现在条件好了，湘西每一个村部都有好几面苗鼓，有些村民的家里也有苗鼓。苗族的文字记载很少，相对应地，苗鼓在一定程度上承担了记录历史的功能，讲述洗秧、插秧、割谷子、梳头、过门等生产生活中的故事。它起源于苗族的祭祀活动，现在随着城市化演变为一种结合了音乐、舞蹈和体育健身的文化项目。参与到苗鼓文艺活动中的人已不限于苗族，各族人民都有参与。

最令人兴奋不已的就是在大山中打鼓，天人合一，找到了"很对"的艺术表达方式。室内乐好听，但终究缺了一剂称为"阳光"的良药。打鼓时，抬头就是群山肃立，闭眼就是溪水泠泠。在贴近阳光、空气和水的地方，无论是音乐和人都更加贴近天然之境。

神秘湘西，谷韵吉首，这里成为了我们湘西分队的第二故乡，交织着一段美好而难忘的成长经历，团队每一位伙伴都收获了自己的期许。

湘西的山水让我流连，让我更加成熟，走得更稳更远。

刘博远：写在支教后的教师节

> 刘博远，男，第21届研究生支教团青海分队成员，曾在青海省西宁市湟中县第一中学支教。

又一个教师节到了。今年的教师节和以往有着些许不同，虽然以往因为短期支教的缘故，也有不少孩子送来祝福；而今年，自己终于有了作为一名人民教师的心路与感慨。

一年太短，短到我还未能真正沉浸教师这一角色，还不能记住口罩覆着的每一张面庞，就已经被告知要离开这一岗位。我太过急切，急切到沉不下心好好把每一个角落的知识点掰开揉碎，却总在盼望着在我离去之后，这里也能有我曾因热爱而留下的痕迹。为此，我需要直面自己这一年所失去的部分，需要向我带过的不少孩子致以歉意，没能让你们得到足够值得铭记的师长之爱。我有时会想，春季学期里倘若我在晚自习的时候也多到班里陪伴大家自习，是否足以让三五位学生记得我，是否能够再解决他们七八个困惑，增添些许对学习的信心？可惜一切，都已经埋藏在随记忆远去的风里，没有谁能够改写，也没有谁能再记起。

在一切都是稀缺资源的时日里，我逐渐成为了一名"功利主义者"。我希望将自己的精力，投入到自己认为最正确的事情中去，而最正确的事情，必须能够为这里的孩子们带来最多的效用。于是我开始思考，究竟什么事情才符合这样的要求呢？我想起了很多公益组织和慈善组织在做的各种各样的事情，也想起了贫困经济学书本中读到的动人心弦的案例。我想，对于一群接受教育的儿童而言，事务重要性的排序在我心里是这样的：安全、健康、通过教育实现阶层流动的可能、通过教育完善人格的可能；而这一切，都优于其余事务。

钟南山老先生讲"人的命是最重要的人权"，深以为然。能够发现并解决安全隐患、避免潜在的伤亡，是我能想到最为重要的意义。很幸运，本科的土木专业给了我这样的敏感性，改教学楼这件事我还会一直关注。之后如果有机会参与公共管理，建筑安全一定会始终是我牵挂之事。除此之外，预防安全事故如车祸、溺水等教育，还有反校园暴力等，也值得给予同等力度的关注。

健康在我的概念体系里，一直包括生理和心理两个层面。生理健康对一个人一生的影响是最为长远的，但人类固有的短视却让健康始终得不到应有的关注。晓谕老师的研究业已揭示了缺少睡眠对青少年学业水平的负面影响，但这并不足以说服学校让学生晚起一个小时；不少学生在利用生活费时，首要满足的不是所需营养，而是口腹之欲；蚊帐足以抵御疟疾的传播挽救无数的生命，却因一美元的价格而失去了非洲贫民的青睐。在全球范围、各个阶层内部，健康助推计划都是重要而棘手的课题。

心理健康的重要意义丝毫不亚于生理方面，它关乎一个人的社会化程度，是否有幸福生活的能力。不少罹患抑郁症的学生都是因为无法处理自己与周围人的关系，这包括同学、老师，更多的还包括家庭。所以，我会希望能够对老师和家长加强指导，逐步淘汰戕害心灵的管教方式。让我尤其焦虑的是，心理健康的好坏，有时关系到生命安全能否得到保障。之前有学生因为抑郁不得不回家休养，我就很是担心他的安全，因为前些日子陆续听闻周边发生的一些悲剧。值得一提的是，残疾学生在生理健康部分缺席的背景下，心理健康便显得尤为重要。在让人拥有基本的尊严之后，我希望能够优先提升学校的教学质量。

有同学从示范高中考来清华，对应试教育总是看不过眼，埋怨应试教育浪费青春，让人学不到对自己有用的知识与品格，只会用无尽的题目填满自己的三年。诚然，学校无法为所有人提供自己期待的东西，这也是西部县城学生学习效率低下，甚至厌学弃学的缘由；特别是当家长也低估了教育投资回报率的时候，学生在学校得到的只有对青春的迷茫与失却。对绝大多数学生与家长而言，对教育的期待无非是帮助他们找到一份更体面的工作，帮助家庭取得更高的社会经济地位。至于我们理想中的"致知穷理，学古探微"，对他们而言只是视野之外的宇宙——在抬头望见月亮之前，首先需要用六便士喂饱自己的生活。

所以，我希望能为更多的学生提供适合自己水平的教学，进而提升所有人的获得感，这也是我一直以来的努力。值得欢欣的是，为吃不饱的同学们提供的网课资源已经威力初显，接下来如果能让老师更多关心中后排的同学，而把尖子生的时间交给网课和自己，也许在每位同学的收获方面，又会有一段令人喜悦的飞跃。

对于一个学生来说，最重要的信心毋庸置疑来自学习方面的获得感。而只有当一个学生有信心去迎接自己的未来，我们带给他们的理想国般的素质教育，才会有其实际的价值。我时常在思考，当我们在谈论支教——典型的素质教育的意义的时候，我们在关注些什么。有同学会说是一起共度的时光，是孩子眼神带给自己的感动，是共同完成一项任务的喜悦……。今天我听闻一位校长全盘否定了一支支教队伍的工作，认为对自己的学生升学没有用，惹得队长委屈地哭了。很显然，这是结构之困，是需求之困。当一个人尚不能用碳水填饱肚子，我们却告诉他需要注意营养和荤素搭配，会取得什么样的成效呢？能够留下的，只是感动自己的泪水；却常常无法为自己最想帮助的人，留下最需要的事物。

我并不反对素质教育下乡，但我会常常提醒自己，当我想要去帮助别人的时候，一定要再三斟酌，对方究竟需要什么样的援助。如果明知他需要一块面包，却只因我自己喜欢饮酒甚至是受酒厂委托而赠他以酒，这也就不啻为一场作秀。遭到拒绝时，也无须指责对方不识好人心了。

不觉这最珍贵的时日已然消逝，我不觉思索，当我们作为一只候鸟从这片土地的上空掠过，能够给这片天空下留下些什么样的印记。《寻梦环游记》里曾说过，真正的死亡不是肉体的泯灭，而是被所有人遗忘。但我想，有三种能够留下的东西是可以对抗遗忘的，它们能够在没有人记得我曾经来过时也能证明自己曾耕耘在这里：基建、制度与文化。也许在两年过后我带过的学生已经考上大学，六年过后这里没有一个学生认识我，二十年后连校领导也记不起我们这批人，但我始终记得本科毕业时我的老师冯鹏教授送给我们的一句话："未来的路上，大家一定会面临很多的抉择，抉择时，要想想 10 年，20 年，50 年，500 年。"

第 21 届支教团青海分队：一场跨越 20 年的支教接力

> 第 21 届支教团青海分队，成员为朱明媛、戴尚琪、高索芬、刘博远、田中原，曾在青海省西宁市湟中县第一中学支教。

隶属于青海省西宁市的湟中县，坐落在黄土高原和青藏高原的过渡地带。来自清华大学第 21 届研究生支教团湟中分队的同学若从学校出发，需要辗转乘坐 20 多个小时的火车与大巴，穿过崎岖的山路，才能抵达这里。而这条自东向西、横跨 1660 余公里的路，清华大学研究生支教团走了 15 年。

"到西部去"不再是一句简单的口号，它成为了一颗希望的种子，在支援祖国西部的清华大学志愿者心里生根发芽。

新老师遭遇新问题

"用一年不长的时间，做一件终生难忘的事情。"第一次听见这句话时，朱明媛内心怦然一动，从此将这行字印在脑海。

身为清华大学第 21 届研究生支教团青海分队队长的她回忆起当初选择支教的初衷，直言自己是被"星火传承的精神"所打动，"支教工作就是把火点燃，点燃偏远地区学生对外界的渴望，点燃社会对西部教育事业的重视。"然而，大家都是尚无太多授课经验的大学生，教学手法与沟通方式都略显稚嫩，"如何最好地帮助到这些偏远地区的孩子们"便成为每一届支教志愿者刚抵达支教地点时，不得不思考的难题。用马晓东的话来说，就是"理想很美好，然而现实却给你沉重的一拳"。

尽管已经做好了充分的心理准备，面对英语单科平均分只有58分的第一次月考成绩，被孩子形容成"一看就很好欺负的女老师"的朱明媛还是感觉被当头浇了一盆凉水。

田中原三令五申"上课不许睡觉"，但在刚开始授课的很长一段时间，却总是免不了与一上课就"闭目神游"的学生"斗智斗勇"。"有一个周二，早上第一堂课，我在刚上课的10分钟里叫醒了四五位犯困的同学，这让我备受打击。"有些学生在初中打下的基础薄弱，在理解理科的抽象概念时有些吃力。"比如'物质的量'和'摩尔数'"，高索芬说，"我在班里重复过很多遍的概念，但大家依然很难建立起从宏观到微观视角的转变。"

为了让同学们更好地理解这些抽象的概念，高索芬开始将一些生活中的例子结合到课堂里，"通过一些平常的事物去做类比，比如说通过一打鸡蛋引申到摩尔，或者将物质的量理解为一个箱子。"当全班都能正确理解这些名词时，已经过去了半个学期。"时间久没关系，好在他们都能够建立起化学思维上的转变。"

"理解是改变的开始"

在高索芬眼里，理解就是改变的开始。同样的道理，也体现在与学生的相处上。"要耐心将心门叩开，才能让光透进来。"刚抵达湟中一中时，她就发现，这里的孩子们性格两极分化特别明显——要么很腼腆、内向，要么很叛逆、顽劣。

"有个学生，上课睡觉，不交作业，总是像在梦里，几次面谈都没有效果。就连班主任也劝我把重心放在想学的学生身上。"但高索芬不忍心就这样放弃。她留意到，这个男孩眼睛里总是红红的，她反复向其他同学打听后才得知，因为父母闹离婚，他整宿失眠。

"他说他很难过，每天晚上总是想到以前和爸爸妈妈在一起的生活，一直绞尽脑汁在想自己哪里做得不好，所以爸爸妈妈才离开他。他难过到睡不着，好像读书也不知道是为了谁。"男孩说话时迅速转头看向别处，又飞快地用袖子擦掉眼泪，高索芬心疼不已。为了缓解他的失眠，高索芬特意买了一些蒸汽眼罩，在值周时偷偷塞进了男孩的宿舍。

朱明媛并没有在月考的打击里消沉太久，她和班里每一位学生一对一沟通，为他们分析每一道题的得分、错误原因、提高方法，询问他们英语学习的状态、对当下教学方式的接受程度和改进建议。

根据学生学习基础的差别，朱明媛开始尝试分层教学，针对性地布置不同难度的作业，坚持面批面改。"那段时间我和室友好几天没碰过面，连隔壁办公室过来串门的老师都说，感觉每天来得最早、走得最晚的就是我，建议我干脆顺便带个班试试。"

志愿者们的努力与温柔慢慢引起了"质变"

"第二次月考，我带的班级英语平均分进步了 12 分，一跃成为年级第四名。"同学们也不再"欺负"这位长着一张娃娃脸的年轻老师。

因为上火，朱明媛嘴唇上曾经一连起了好几个水泡，显得有些"滑稽"，她一度想过戴口罩上课。但当她做好了全班会哄堂大笑的心理准备、走上讲台，却发现课堂一切如常。下课后，一个平时不怎么爱说话的女生突然来找她，把藏在身后的手伸到她面前，递来一袋打开的牛黄解毒片："老师，我看你嘴破了，吃这个药很管用的。"她羞涩一笑，没等朱明媛道谢就转身跑开了。

朱明媛内心深处最柔软的角落被触碰了。"这么可爱的孩子们，我要对他们再好一点，帮他们再多一点，才不会辜负他们对我的信任。"

队员田中原、戴尚琪与刘博远也逐渐在一次次的试错中找到了适合的教学方式。随着教学经验越发丰富，再也没有学生在田中原的数学课上睡觉了，课堂上的氛围也逐渐热烈了起来。原本就与学生相差不了几岁的戴尚琪觉得，自己和学生们更像是朋友。他时常想起那个停电的夜晚，期中考试的落幕让平常紧张的学习氛围稍有放松，男生们默契地锁上教室门，女孩们起哄让戴老师唱歌。月色正浓，那首他大一做社工时学会的《宠爱》，便融在了那夜的烛光和大家的笑声里。回到寝室，没尽兴的男生们还和戴尚琪比赛做起了俯卧撑。

"支教绝不是单向付出"

"支教绝不是单向付出。"刘博远用"宁静而充实"来定义这一年在西部支教的日子，"从大一第一次站上讲台，开始长期在打工子弟学校支教，到大二开始关心城乡教育公平，大三选修了社会学双学位，大四保研到教育社会学领域，再到参加研支团、来到湟中，每一段成长都在让我不断摸清自己的人生方向。在支教的道路上，我还遇到了许多和我一样渴望兼济天下的同仁，他们也不断为我带来影响，让我变得更加成熟、更加坚定。"

积极的变化亦悄然发生在湟中县。"一家7口挤在3间屋子里，一间已经漏雨，另一间既是厨房又是卧室，'客厅'只有炕和吃饭用的方桌，以及一个'湟中造'煤炉。"这是第8届研究生支教团赴湟中职校队员贾曦深入牧区做家访时看到的情形。一晃13年过去，当朱明嫄所在的第21届研支团抵达湟中一中，见到的却是无论是环境还是硬件设施都可媲美"缩小版大学"的校园。

"参加支教之前，脱贫攻坚对于我们来说，是国家的一项政策、新闻的一个标题，感觉离我们非常遥远。而当我们真正来到支教地，行走在田间地头开展调研，走村入户与老乡促膝交流时，才深切地了解和感受到国情民情，认识到脱贫攻坚的重要性和必要性。"朱明嫄也把"接力教育扶贫"扛在了自己的肩膀上。

十余年的支教中，清华大学研究生支教团见证了湟中从国家级贫困县到脱贫摘帽、撤县设区、全面小康的历史巨变。"扶贫先扶智。"清华大学研究生支教团青海湟中分队的志愿者们用教学成果践行了"奉献、友爱、互助、进步"的志愿精神，接续完成这场教育扶贫的实践。2020年4月28日，清华大学研究生支教团青海湟中分队获得由共青团中央、全国青联授予的中国优秀青年的最高荣誉——第24届"中国青年五四奖章集体"。

奖章里是194个年轻人沉甸甸的成长记忆

"做一件自己特别想做的事情是不求回报的。"周璇是第14届研支团赴湟中一中队员，一年的支教生涯结束后，她决定用一生去践行她的教育理想。

第18届研支团青海分队队长马晓东是土生土长的青海人，他加入研支团，"回到生我养我的那片土地"，"当我有了自己的羽翼，尽管它还不是很丰满，我还是要回到家乡，去告诉那些和我一样的学生，外面的世界是怎样的。"

2011年，毛雯芝从湟中来到清华，2015年，她又从清华回到湟中。高三时，毛雯芝得到了清华研支团的强化辅导，考上清华大学。毕业后，她递交了第17届研支团申请书，没有丝毫迟疑。她心怀感恩，想把这份爱在大山深处传递下去。她曾经是他们，而他们身上一定还会发生"长大后我就成了你"的故事。

"支教的关键词是传递。"戴尚琪与高索芬希望将"始终在路上"与"对世界和知识保持好奇"的理念传递给支教地的学生们,清华大学"行胜于言"的校风更是通过这群始终满怀热情且有探索精神的志愿者们,在长达20年的"青春接力"中被践行。

"教育是人类社会一种特别美好的希望。"朱明媛在日志中写道,"我们乘愿而来,我们满载而归。年年如是,这便是坚守的意义。"

第 21 届支教团陕西分队：立德立言，无问西东

> 第 21 届支教团陕西分队，成员为韩储银、唐宏博、张梓涵、高娟，曾在陕西省延安市清华大学附属中学文安驿学校支教。

临时组建的支教团队

2019 年 8 月 30 日，韩储银、唐宏博、张梓涵、高娟四位来自清华大学第 21 届研究生支教团的志愿者踏上陕北大地，来到了延安这片热土，开始了他们为期一年的支教生活。然而很多人不知道的是，直到 2019 年 5 月之前，他们都分散在其他不同的队伍，全然没有意识到会一起组队前往陕北。

第 21 届支教团的 22 名志愿者原计划服务于"三省五校"，每个学校有 3~5 名志愿者。2019 年 4 月，根据实际需求，清华大学研支团新对接了陕西延安和云南南涧两个支教点，需从现有的 3 个支教地五所学校中临时抽调部分志愿者。韩储银、唐宏博、张梓涵、高娟 4 位志愿者毅然报名前往陕西延安，就这样，一个临时组建起来的支教队伍踏上了充满挑战的征程。

来自能动系五字班的韩储银是第 21 届支教团的团长，他临危受命，毅然选择了前往陕西延安开展支教。用他的话说，是"开辟新的支教根据地"。

韩储银的家乡在甘肃省静宁县，从小生长在黄土高原上的他对于陕北大地有天生的亲切感。他在 2015 年寒假就曾前往延安开展过公益实践活动，对于那里教育相对落后、资源分配不均的现状有所了解。更重要的是，作为一名学生党员，韩储银对于陕北延安，对于文安驿镇都有着强烈的向往。

他说："我所支教的学校位于文安驿镇，距离梁家河村只有 5 公里远。1969 年习近平总书记来到这里插队，在梁家河办成了陕西第一口沼气池，点亮了老百

姓生活中的灯。50年后的2019年，我们追随习近平总书记的脚步和初心前往文安驿支教，就是希望点亮孩子们心中的理想之灯。"

这里是一代红色前辈献身革命、追求真理的源地，也是一代知识青年接受历练、锤炼意志的沃土。去文安驿走走，到梁家河看看，感受这一抔黄土的厚重和一方山水的气息，是他长期以来的愿望。

站稳讲台，胜任讲台

清华附中文安驿学校建立于2017年，位于延安市延川县文安驿镇，是清华附中一体化学校之一，也是国内少有的名校在乡村办学探索的案例。从一名学生转变为一名人民教师，这个过渡期充满了困难，给四位志愿者带来了较大的压力。

一方面，陕北大山里的孩子学习基础普遍比较薄弱，对于几位老师来说，如何适应学生的知识水平，因材施教是必须解决的问题。

唐宏博担任高一"清华班"6班的英语老师。他是清华的外语保送生，具有很好的外语基础，他希望在课堂上多讲英语，非必要不说中文，为同学们营造一个有利的语言氛围。然而理想很丰满，现实很骨感。

这里的孩子们普遍英语基础薄弱，尤其是听力和口语，一句简单的指令往往要重复三四遍再辅以中文解释，这导致正常的教学进度被严重打乱，唐宏博和同学们的沟通也很不顺畅。所以唐宏博尽量把语速放慢一点、多说几遍，首先让自己去适应学生。等学生慢慢能跟得上了，再逐步提高难度，从自己"推着学生跑"过渡到"拉着学生跑"。

另一方面，初为人师的4位志愿者的教学能力也受到了前所未有的挑战。韩储银担任高一数学老师，开学第一堂课他前后准备了一个星期，把每一次提问、每一个转折、每一页课件都精心打磨，但课堂上还是因为紧张而语速过快，很多话学生还没听清楚就被一笔带过。

他为了了解同学们对于授课的看法，特地在开学一个月后请同学们填写了一份调查问卷，听取学生的建议和反馈。同学们普遍反映他讲课太快，没有留下足够的思考时间，他才恍然大悟，迅速调整教法，讲完每道题都留出一两分钟时间让学生们做笔记、改错题，尽量和学生的节奏保持一致，让课堂自如了很多，也取得了较大的进步。

教师工作的中心环节就是教学，志愿者们都用初生牛犊不怕虎的拼劲努力度过支教时光。他们除必须的吃饭休息时间外，几乎全部时间都泡在学校。高娟教授的是初中数学，为了呈现更好的教学效果，她专门联系了自己的初中数学老师。老师虽然已经退休，但得知高娟同样走上了讲台后，倾囊相授，还把自己的教案也寄了过来。老师的指点极大地帮助了高娟适应初中的教学节奏，她的课堂也慢慢走入正轨。

韩储银发现学生普遍不会做笔记，上课只是干坐着听老师讲，收获甚微。他坚信"孩子们不是懒，也不是不想记，只是没有人教给他们方法"，于是他设计了"做笔记周"，在短时间内集中地培养同学们做笔记的意识和能力。

他把自己高中时的笔记拿来供同学们参考，一点一点地引导同学们利用文字、圈画、图表的方式做笔记；同时在上课时有意识地放慢语速增强音调，给同学们充分的笔记时间。一段时间之后，课上再也没有同学直勾勾地盯着老师课本却一片空白了。对于支教老师而言，教室、食堂、宿舍三点一线就是他们日复一日的生活。在北京生活了四年的四位老师坦言，有时候难免会觉得寂寞、单调。但是他们非常明白，正是因为陕北偏僻、艰苦，所以自己才需要坚守。

张梓涵对此有很深的感触，她正是从甘肃教育不发达地区考入了清华，在她之前，学校里已经十多年没有人考入清北。她明白，孩子们要想走出莽莽大山，去看更大的世界，学习这条道路是最好的选择。而这一切和优秀的师资力量是分不开的，因此他们必须坚守。

张梓涵两学期带过初中英语、数学和小学科学，横跨三个学科，但她仍然以全部精力投入教学。随着老师们不断努力，他们也愈发适应了从讲台下到讲台上的转型。付出终有回报，第一次期中考试时，四名老师所带的班级成绩均名列前茅，这也是对他们辛勤付出最好的回报。

支教一年，自教一生

随着教学工作的开展，志愿者们也逐渐加深了对学生们的了解。一次例会上，唐宏博提到了他们班上的一个孩子。这位同学因为背不会英语课文，情绪十分激动，拼命地拿拳头猛烈捶击着自己的脑袋。他之前并未太多地注意这个孩子，只是知道他比较内向，不善言辞，没想到发生了这样的事情。其他三位老师也注意到了同学们普遍存在的心理健康问题。

这些孩子成长于互联网大爆发的背景下，满目触及的是鱼龙混杂、体量爆炸的信息，本身缺乏必要的分辨力。同时他们大多又是独生子女，内心比较孤独敏感，在家里也没有可以倾诉的对象，成长于不发达地区的他们也难免会产生自卑心理。

在最初的一段时间，四位老师忙于适应教学，但这一件事情让他们明白，或许知识学习不是唯一重要的，帮助学生培养积极正确的人生态度和价值观念，才是他们此时最应该做到的。

后来，唐宏博定期和这位学生沟通，一方面告诉他不能因为一次课文没背过就对人生充满绝望情绪，要学会勇敢面对困难；另一方面，他也帮学生找到了适合他的背诵学习方法，通过这种方式提升自信。后来这位同学在英语一科保持着很高涨的热情，学习成绩也一直在进步。

韩储银在担任数学老师之余，也担任高一清华班5班的副班主任。他一直努力拉近和学生间的距离，和学生打成一片。每天下午饭后他会和学生打半个小时乒乓球，凡是有班级建设、集体活动、开班会等，再忙再累他都会参加。没有课的时候他时常会和一些同学单独沟通交流，解决他们学习生活的困难。不仅要做老师，还要做知心的大哥哥，这是他的理想信条。他的努力同学们看在眼里，记在心里，在创作班名的时候，把他的名字也写了进去。

2020年6月的一天，一个女生来到张梓涵的办公室，跟她讲了个特别的故事。原来，张梓涵、高娟两位老师在寒假过后从清华附中延安学校转到文安驿学校。张梓涵班里的同学得知要换老师，早就商量好了"对付"她的办法，比如在教室门上放水桶，上课时故意不配合，考试时故意写错答案让老师难堪等。但是慢慢地，同学们在和她的接触过程中，发现她是个很贴心很负责的老师，都喜欢上了她，张梓涵成为了学生眼中的"张妈妈"。

她得知这个情况后很有触动，"这个班级我带的时间不多，疫情期间上了两个月网课，后来接触的时间也不长。其实学生的想法很单纯，他们判断老师好坏的方式十分直接……你的课讲得好、对学生好，学生自然就会很依赖你。"就像张梓涵说的那样，只有真心地对学生们好，才能收获同样真心的爱戴。

教育从来不是单向的，志愿者和学生接触的过程同样是收获感动、体悟成长的过程。高娟班里有这样一位女生让她印象深刻。这是个腿部略有残疾的女孩，但是却从不因自身缺憾而顾影自怜。身体的残缺遮不住她心灵的美丽。在学习上她是班里的第一名,学习态度和学习习惯都很好,年级表彰优秀同学时七个学科她占据四席;在体育上她虽然身有不便,但从来都跟着同学们正常跑操上课,十分坚强,没有娇气的毛病;平时生活上,她虽然家庭条件不错,但从不乱花钱,而是十分节约。"我第一次在一个小孩的身上感受到了自强不息的精神,让我非常佩服。"高娟说。

有人说,教育就是一棵树摇动另一棵树,一朵云推动另一朵云,一个灵魂唤醒另一个灵魂。四位老师在支教前无不摩拳擦掌、跃跃欲试,希望自己能给学生们带来改变。但到最后他们明白,不只是他们在塑造学生,这群洋溢着青春气息的可爱的孩子们也在重塑着他们自己。或许这就是教育的魅力,它是树与树的摇曳,是云同云的轻舞,是灵魂和灵魂的碰撞。这一年是四位志愿者进行支教、传道授业的一年,同样也是接受教育、自我成长的一年。

约定

秋风叶落,春暖花开,如今四位志愿者已经在陕西延安服务了一年的时间,回到清华开始研究生阶段的学习。前段时间,或许是离别的气息有些浓重,连学生们似乎也有所察觉,他们经常三五成群地跑到老师办公室里问:"老师你是不是快要走了?"每当这时,志愿者们只好微笑着安慰这些可爱的孩子:"我们一定会常回来看看你们。"这不仅是对孩子们的承诺,也是对自己的约定。

站在学校门口,"清华大学附属中学文安驿学校"几个大字格外醒目,苍劲的笔体风格显示着这所学校和清华大学的血脉联系。曾经他们路过校门的时候都是脚步匆匆,后来他们偶尔也会走慢点,停下来,好好看看这片土地。他们也会在校园里漫步,感受着石阶熟悉的质感,迎面走来了几个学生,他们鞠躬说"老师好!",然后继续嬉笑着走去。

他们出发的时候,清华研支团刚刚走过20年的风雨历程。他们是新十年的第一届,也是陕西延安支教地的第一批支教老师,为这个有着光荣传统的集体开启了新的征途。他们经历迷茫、经历痛苦,也收获欢笑、收获感动。

一年的支教生活留下的不只是讲授的一堂堂课、批改的一份份作业,也不仅仅是学生的进步、自我的成长。在他们看来,这更像是在践行一个跨越世纪的约定，一个清华与延安、青年与国家之间的约定：我们本是受着你的哺育与恩情，而如今我们渐渐成长，是时候让我们也为你做些什么！

　　为人民谋幸福、为祖国做贡献的理想信念支撑着他们一路走来，也会指引着他们继续前进。我们坚信，受过锻炼、增长才干的新一代青年志愿者们必定会将那绚烂的青春之花在祖国和人民最需要的地方绽放。

第三章：成长

支教一年，自教一生。支教服务的地方，就是志愿者认识国情民情的课堂。清华大学研究生支教团的志愿者们通过服务西部、深入基层，让自己收获了真知和真情、磨炼了意志和品质、增长了才干和学识、坚定了理想和方向，在辛勤付出中践行了人生的价值、实现了自我的成长。

向辉：支教改变了我之后的人生路

文 / 毛雯芝

> 向辉，男，第 1 届研究生支教团山西分队成员，曾在山西省大同市灵丘县上寨镇中学支教。

"那一年的经历对于我来说真的很重要，甚至可以说是我人生理想的转折点。"向辉在回忆起当年的支教经历时如是说。

向辉选择去山西支教一年。作为首届支教团的成员，那时的他对于支教其实没有特别清晰的认识，只是觉得这是一件有意义的事情，也是一个缓冲的机会。在他走进上寨镇中学前，大概从未想过未来一年的支教生活对于他之后的职业和人生有着如此重大的意义。

只是觉得这个事情有意义，应该做

首届中国青年志愿者研究生支教团于 1999 年出征，向辉也在这一年结束了 5 年的本科生活，面临着继续读研深造或就业的选择。"当时也不知道支教会给自己带来怎样的磨炼或提高，就只是单纯地觉得这个事情有意义，应该做"，向辉笑着说当年刚刚毕业的自己对这个刚刚起步的支教计划其实没有特别清晰的概念，也谈不上有着多么深刻的志愿公益想法，"加上我当时还没完全想清楚自己未来要干什么，也想借这个机会缓冲一下，仔细考虑一下未来的发展"。后来的事实证明这一年确实对他之后人生路的选择产生了重要的影响。

怀着"试一试"的心态，向辉成为首届研究生支教团 101 人中的一员，去山西省大同市灵丘县上寨镇，在镇上的两所中学任教，主要教授数学和物理两门课程，时不时也会给学生们上一上音乐和体育课。"当时和我一起去上寨镇支教的还有另外两名来自其他大学的同学，我们三人基本上挑起了高中的主干课程"。他提到当时乡镇的教学水平十分有限，镇里的高中还处于刚刚开始建设的阶段，原有的教师都没有教授过高中课程，于是他们三位刚刚从大学毕业的"学生"摇身一变成为了镇里教授高中主要课程的授课教师。

去支教之前，对于水利水电工程专业出身的向辉而言，就业意味着成为国家土木水利建设队伍中的一员，他从来未曾有过成为一名教师的想法。"我觉得能够做教师，做教育也是一个非常好的职业选择"，向辉说这是支教一年带给他最大的启发。支教结束回到学校后，他选择了继续读研，并在研究生毕业后选择了留在清华，走上教师的岗位。

"支教对我而言是一个人生理想的转折点，让我想清楚了未来的人生路怎么走"，他说支教让当初对未来选择感到迷茫的他找到了自己发展的方向，而这还只是他众多收获中的一个。

苦与不苦，都是真实而有趣的生活状态

向辉现在还记得刚去到中学时的感受：没有楼房，所有教学楼都是平房，而且不是瓦房；冬天气温会低至零下十几度，有时教室还会跑风漏气；厕所都是露天的，镇里没有洗澡的地方……"当时真有一种上山下乡的既视感"，他回忆起来时开玩笑说道，"条件虽然艰苦，但是心里不觉得苦"，他说虽然刚去时觉得和城市里差距很大，但是慢慢地就发现一切都挺适应的，等到支教结束，再回忆起时早就不觉得苦，反而觉得都是有趣和珍贵的记忆。

"学生们都很朴实可爱，很快就和他们打成一片"，刚刚毕业的向辉和学生们的年龄十分接近，很快就和他们相处得很好，建立了非常亲密的关系。直到支教结束回到北京后，他也和学生们保持着信件上的往来。"只可惜当时通信不发达，后来慢慢我们就失去了联系"，他遗憾地说。虽然后来自己曾两次回到学校，也和当时的校长、老师们保持着联系，但是和当年教过的学生却慢慢断了联系。

除了平时上课时的日子给他留下许多愉快的记忆，周末对于他们来说也是快乐的时光。每个周末，向辉都会和支友们（他们称同一届支教团的同学们为"支友"）一起"约澡"。因为镇里条件有限，洗澡需要到县城里去，所以每周六，大家就约着一起去县城里洗澡，顺便吃顿饭，住上一晚，周日再各自回学校。"我

们当时一共有 18 个人在灵丘县，大家在不同乡镇，但是每周六都来洗澡。坐车到县城后就在车站等着其他支友一起，凑上七八个人就一起浩浩荡荡跑到澡堂洗澡。"他说支友们每周都会见一见，聊一聊，现在想起也是一件有趣的事情，而且因为大家的生活都一样，就更不觉得苦了。

"条件确实不好，但是我们可以在现有的条件中找到乐趣，而且其实学校一直在尽可能地创造最好的条件给我们，所以也没什么不满足的"，向辉说学校里的教职工们对他们十分友好，当时学校食堂的菜色简单，冬天一般就是白菜、土豆和豆腐，但是有时候他们三位支教的老师馋了，给食堂师傅一说，师傅就会去县上赶集时买些肉回来给他们"开荤"，这让他们十分感动。

向辉看来，支教一年没有印象特别深刻的事件，因为支教生活中的点点滴滴都让他感动和记忆深刻，"那就是我们生活的日常，真实也有趣"。

一辈子都不会后悔的一年

如果说支教给向辉带来最大的启发是选择从事教育的话，那么那一年对他而言最大的意义和收获便是遇到了他一生的伴侣。

"我们是支教的时候认识的，刚好被分到同一所中学，她是华东师范大学的学生。"向辉和他现在的妻子在支教的一年里认识并建立感情，研究生毕业工作后二人组建了家庭，现在有一个八岁的孩子，他开玩笑说"就像是新时代的知青恋爱"，首届支教团里建立感情关系的不只他们一对。在他看来，正如支教团的口号"用一年不长的时间去做一件一辈子都不会后悔的事情"所说，支教这一年，发生了许多美好而珍贵的事情。

"支教其实并不难，重要的是要融入，融入你所在的地方和生活的群体，融入你的工作和团队中。"向辉认为支教时不应该把自己当成施惠者，而应该发自内心地去融入当地的生活和工作，这样就会体会到许多支教的乐趣，也能得到更多的收获。

而在他看来，随着研究生支教团工作这些年来的不断发展，当代大学生有了更好的机会去参与支教，并在支教中发挥更大的作用。他认为当下的支教团已经有了成套的选拔和培训体系，并且各个高校也有了固定地区和固定学校作为支教对象，这不仅有利于支教成员之间的感情联系，也方便各高校给予支教者适当的支持，从而让支教工作更好地延续下去。

"我希望他们能够做更多连续性的工作，一棒接一棒地传承下去，每个人不要去想自己在这一年里要做出多么轰轰烈烈的事情，只要一代代往下做，多年积累，就会成为一件非常了不起的事情。"向辉说这是他对支教团未来发展的期待，也是他作为首届支教先行者内心的坚信。

林泊生：晴雪浮云——蕴藏在美丽背后的辛酸与感动

> 林泊生，男，第8届研究生支教团西藏分队成员，曾在西藏山南市第二高级中学支教。

西藏，曾被外人称为"时间停滞的香格里拉"。无数外界的人向往这里，来到这片圣洁的土地。当他们离开的时候，带走了什么，留下了什么，是无法衡量的。在西藏纯净的阳光下，单纯而沧桑的笑容里已写满了一切，但终究只有自己才能读懂……

传统的西藏人五体投地，丈量着人生的轨迹，一心指向圣地、圣山、圣湖，这是他们毕生甚至来世不变的信仰。

我选择了西藏，不是选择了这样一种信仰，而是一种信念。两年前，我在西藏短短的实践考察，实现了我多年的愿望，却又在离开的途中，在那样一个早晨，太阳升起的时候，将我的心勾去了。或悲或净或纯美，总之是没有记录下来，也无法记录，只能深深地刻在心底，随着心脏的跳动，变化却不改变那美丽的本质。

仍然记得去年我们简单而快乐地离开。简单，是因为没有太多送行的人，似乎只是一次简单的出行，走上自己的路而已。快乐，是因为没有太多别离的泪水，走得洒脱，即使有太多的不舍，也要毅然走上这条梦一般的路。无论有没有朋友来送行，对于我们来说，一年的分离，承担的辛苦，都不是简单的言语能够表达的。同样，对我们来说，一年的同甘共苦，也早已化作面庞上会意的笑容。

曾经，我们以为在一年的支教工作中能够做很多事情。现在，我们早已明白自己是那么渺小。曾经，我满怀希望与激情，认真完成教学工作，主动开办免费补习班，辅助图书馆的管理工作，参与学校组织的各种活动……当期末考试成绩出来的时候，我失望了，每周27节正课和6节补课换来的竟是没有一个人及格。

这也是这一年里最灰暗的时候，一切的希望都沉了下去。不过当第二学期看到我教的学生大多去了重点班，心里也是安慰了许多。

希望过，失望过，才发现更重要的是一点一滴的感动。当班主任说学生们最近大部分时间都在看我教的科目，当一个原来什么都不学的学生告诉我他现在只学我教的科目，当学生早上很早的时候就忍着寒冷在角落中背书的时候，当学生顶着炙烤的太阳在草地里做题的时候，我理解了。经过了家访、深入的相处，了解得越多，感情越深厚，我的担忧反而更重了：究竟怎样才能真正地帮助他们呢？

现在，正课加补课每周近40节，家访从泽当镇到牧区。我发现，做得越多，越感觉我的渺小，能改变的太少太少，但还想多做一点，多改变一点。从象牙塔到社会生活，从幻想到现实，我们经历了从未想到的挫折，也在挫折中不断成长。

一年的服务期很快就要结束了，思想和感情又复杂起来。曾经，我喜欢不定期地离开一个地方，因为存在一些希望中的变化。所以假期会尽快踏上回家的路，所以也会平静地离开家走上新的征程。但是，之所以喜欢离开，是因为我知道无论如何都会再回到这些地方。可是，当我发现有些地方，不知何时会再回来，或者回来时已是物易人去，我还会喜欢离开吗？

一年的时间里，起起落落，早已不是能用得与失来衡量的了。曾经怀抱希望与理想，却一次一次受伤，一次一次怀疑，一次一次茫然；曾经情绪低落，走到了逃避的尽头，沉到了绝望的海底，终究还是坚强面对，用这样的乐观找到新的希望和梦想。

终于，还是舍不得了。一群学生，更像是我的一群弟弟妹妹。王××的天真，让我怀念那个年代；雄田的叛逆，让我担心这些父母常常顾不上管的孩子们；朗××在茶馆里的忙碌，让我明白了这些孩子心中的孤单和寂寞；徐××的尝试走入社会，让我发现了能够给他们的阳光和希望；李××和妹妹独立在外生活，让我心生怜爱……

一年的支教生活，与其说是在服务，不如说是在学习。经历了生活的挫折，感情的低落，一切终究以一种更成熟的方式走上了新的道路。人，真的应该在荆棘堆里滚一滚，然后浑身披挂，那身上的刺就是生活赐予我们的铠甲，在这铠甲下面，有着一颗跳动有力的红心、更加宽广的胸怀和厚实的臂膀。

任霄泽：雪域高原上的梦想

> 任霄泽，男，第9届研究生支教团西藏分队成员，曾在西藏自治区拉萨市西藏职业技术学院支教。

大学毕业那年，任霄泽参加了研究生支教团，支教地点位于条件相当艰苦的西藏拉萨。一年的支教工作让他得到了学校领导和老师的高度肯定，雪域高原成了他日夜思念的地方——他挂念那里读书的藏族学生，思念那块曾经送他哈达的地方。

谈到最初奔赴雪域高原的梦想，他动情地告诉记者："去发达地区工作，自己仅仅是一朵'锦上花'，而在西部的大舞台上，自己才是'雪中炭'，祖国终将选择那些选择了祖国的人。"

支教西藏，结下深厚情缘

2007年8月，清华大学经济管理学院工商管理专业本科毕业生任霄泽，以专业排名第一的成绩成为清华大学第9届研究生支教团成员。由于身体素质较好，他被分配至位于拉萨北郊的西藏职业技术学院（简称"藏职院"）财经系支教扶贫。这是他第一次来到西藏，也是他与西藏结下情缘的发端。

那年冬天，藏族学生洛松次仁哭着跑进老师办公室找到班主任任霄泽，坚定地表示"要退学"，理由是母亲得了心脏病，他要回家照顾母亲。藏族学生的经历给从小在城里长大的任霄泽非常大的触动："我深切体会到西部艰苦地区的落后面貌急需改变，几乎在瞬间我决心一定要在这一年的支教时间里通过自己的努力，给我的学生一点帮助。"

本文摘自中国青年网《雪域高原上的梦想》。

藏职院成立于2006年，一切都处于初期建设阶段。初到西藏的任霄泽因此过得充实而紧张，他将清华的经验带到这里，积极开展"学十七大迎奥运""知识竞赛"等学生活动。他还指导"财经系第一届学生代表大会"以及随后"学代会"和"团代会"的召开，为藏职院建立起学生自我管理体系。在教学中他发现这里的学生不敢当众讲话，失去了当代大学生应具备的才能。随后，他创新教学方法，大胆改变教学模式，让学生成了主角，主动发言，气氛活跃。

藏职院院长阿齐的一句话使他陷入了思考。阿齐对清华支教团的同学们说："我在想怎么才能把你们留下来，一直为西藏建设做贡献，因为这里的发展太需要你们了！"虽然短短一句话，却触动了任霄泽的心：如果所有人都抱着"迟早都要走"的心态来去匆匆，那西藏岂不是永远都需要支教？

在支教结束临行前的送行宴上，财经系主任拉巴用双手抱住任霄泽的脸，额头对额头，喃喃地感谢着他所做的一切："这是我们藏族最高礼节，太感谢你啦，你为咱们财经系勤勤恳恳地做了很多工作，财经系的学生工作在整个学院是最好的，你比咱们很多正式的老师做的工作都多。"当回忆到这段经历，他动情地说："藏族同胞你对他好一分，他就对你好十分，一年的支教让我萌生继续为这片土地和群众服务的信念。当我离开时，看着胸前洁白的哈达，我默默对自己说，西藏，我一定会再来。"

再赴高原，村官承载梦想

2010年除夕夜，任霄泽回到太原与父母谈心："爸妈，儿子不孝，我是国家花费大量资源培养出来的研究生，毕业后咱不能只顾自己的小生活，而是要到国家最需要的地方去。现在我还年轻，应该多做点有意义的事。请允许我趁着您二位还能照顾自己，做一点有价值、有意义的事……"

一番长谈之后，父母最终理解了他的选择，而任霄泽却整夜失眠。窗外辞旧迎新的欢呼声此起彼伏，而他的心里却满满的都是两个字——责任！

带着对西藏这片热土的深情，响应国家的召唤，2010年毕业后，任霄泽告别他生活了8年的清华园，告别了泪眼婆娑的女友，奔赴西藏成为山南泽当镇的一名大学生"村官"。

"当时同学们都忙着出国留学或与大型国企、外企签订就业协议，而我也有去中化集团等大型国企工作的机会，但丰厚的福利待遇、优越的物质条件并不是我想要的人生状态，我想念那些可爱的藏族娃娃，我牵挂那些质朴的藏族同胞。"任霄泽说。

泽当镇只是一个有着 7000 多人口的小镇，虽说是山南地委和行署所在地，但和任霄泽学习生活过的北京、太原等城市有着天壤之别。刚到泽当镇，不少当地干部都对任霄泽心存疑惑：这么一个连藏语都不懂、在大城市长大的"村官"，能干得好吗？然而，作为泽当镇行政办的一名工作人员，任霄泽卸下清华研究生的光环、褪去天之骄子的虚荣，努力融入基层一线。

他说："因为我是清华大学的研究生，所以大家对我有更多的期待，不能给清华的牌子上添污点。但在基层，我并没有什么特别的优势，我告诉自己必须脚踏实地，从一点一滴做起，认真做好领导交给我的每一件事。"

一次，镇里几个人垄断了一个在建水坝的沙石搬运工作，引起了其他农民的不满，邻里之间常为这事起争执。任霄泽讲政策、摆道理，经过多次上门认真公正地调解终于让几个当事人握手言和。

他在工作中积极实践、加强思考，取得了飞快的进步。一年之后，泽当镇镇长次旺罗布不仅打消了之前对任霄泽工作能力的疑惑，还肯定了他的选择："尽管村干部的工作很琐碎，但小任都踏踏实实、认认真真地做好了。他以实际行动证明了自己的人生选择。"

扎根雪域　　绽放青春风采

2012 年 4 月 6 日下午 5 点，任霄泽还在办公室，突然接到妻子的电话："我破水了！"然后就听到电话那边传出忙乱的声音，一边叫救护车，一边让母亲和外公抬着下楼。他的妻子破水时怀孕还不到 32 周，这让任霄泽心里十分着急，当时就向组织部申请了休假，并买了第二天的飞机票，准备回杭州。

回到杭州，医生告诉任霄泽，妻子要剖腹产。由于是早产儿，女儿一出生就进了"暖箱"。任霄泽心里知道，要是自己不选择去西藏工作，孩子就不会早产，就不会……

休假很快就结束了，女儿从医院回家还不到一个月，任霄泽就要回西藏工作。临走前，他抱着襁褓里的女儿，怎么也不舍得离开，但是没有办法，西藏还有很多工作在等着他。"我们的女儿早产,养起来肯定要比普通的小孩更费心费力,我在西藏没有办法照顾,就只能辛苦你一个人了。"任霄泽怀着亏欠的心情跟妻子说。

"从杭州那四季如春的地方回到西藏,心里总会有一种很荒凉的感觉,有时真的会想我为什么要选择在这里工作,但是开始上班了就不会想太多了。"返回西藏,他似乎已忘掉一切,又投入到了泽当镇基层工作中。

在泽当镇工作期间,任霄泽干得最多的事儿就是"写材料"。之后,被调往乃东县政府,他的工作依旧离不开"写材料"。工作三年多,这个清华大学高材生从未因为实现不了自己的理想和抱负而闷闷不乐或者拒绝"写材料","与原本在基层海阔天空的预想差距很大,但是总得坚持",任霄泽说。

在西藏平淡的工作似乎没有给他太多施展才华的机会,但他并不急于求成,而是从小事做起,跟着当地领导下乡调研,深入基层了解情况,不错过任何一个可以学习的机会。工作不忙的时候,他自学《经济学基础》《公共财政学》,思考泽当镇民生问题的解决途径;他订阅有关学术期刊,学习行政管理前沿理论,结合实际情况,思考社会管理的方式方法;他还努力学习藏语和藏族文化,"现在的工作和学习,都是为以后能够做出更大贡献做积累"。

三年多过去了,任霄泽也从一名"村官"成长为现在的泽当乡党委委员、宣传委员,主要负责宣传、文化工作。在下村和老百姓干活聊天时,他发现了"嘎尔巴谐玛"这部讲述西藏历史的藏戏。在他的努力下,"嘎尔巴谐玛"上了自治区藏历"春晚",成功申报地区级的非物质文化遗产,目前他正为其申请自治区级的非物质文化遗产。

除此之外,在乡镇他还负责整个泽当镇的网格化社会服务管理。这项工作,任霄泽用时最短见效最快,并在自治区同领域中得到了区领导的认可。为方便下村,服务村民,他认了一门藏族亲戚,在农忙的时候去帮着干点农活,在经济条件允许的情况下,还经常接济他们的生活。

任霄泽说:"年轻人只有在祖国最需要的地方,踏踏实实为国家富强、民族振兴做实实在在的事儿,这样才能真正拥有精彩的人生。"

许昊：志愿西部，青春无悔

文 / 赵于敏

> 许昊，男，第 11 届研究生支教团西藏分队成员，曾在西藏自治区拉萨市西藏职业技术学院支教。

经过与许昊的交流，我不仅对他和他的"战友们"（许昊总是这样习惯称呼他的队友们）在这一年中的志愿历程感慨不已；也对其基于志愿工作的深深思考感触颇深。正如他所言："一年不长的时间，一件终生难忘的事。支教，是事业，是信仰，是理想。但说到志愿服务，其实我们一直在路上。志愿服务，不仅仅是这一年的体验，也不仅仅是一时一刻的追求，而是内化于血脉中的价值追求，一种甘于奉献、乐于奉献的情怀。"

选择西部——到祖国最需要的地方去

大学毕业之前，许昊已经拥有了令人羡慕的志愿经历。在本科阶段，他几乎参与过清华所有类型的志愿活动。他曾多次赴民工子弟小学支教，连续多届参与法学院院庆系列志愿活动，连续参加建校 95、96、97 周年校庆服务志愿活动（校友登记和问卷调查），多次参与或组织校园义务讲解服务，还曾作为首批北京市奥运会、残奥会城市志愿者在圆明园站服务……然而，在这些足以让同龄人感到自豪的经历面前，许昊并未就此止步，而是做出了一个重大决定——放弃直接读研以及出国留学的机会，参加"清华大学第 11 届研究生支教团"，并主动申请去西藏地区扶贫支教！

本文摘自清华大学新闻网《志愿西部，青春无悔》。

许昊与西部有着深深的缘分。早在 2005 年的夏天，高考结束的许昊便西行兰州—西宁—格尔木—拉萨。在这一段难忘的历程中，他发现阿拉山口卖土特产的小姑娘还只是掰着手指头算账，许多藏族孩子只读到初中就因为学费太贵而放弃读书。那时还不满 17 岁的他说了一句现在都没有忘记的话"以后如果有机会，我一定再回到这里，为这里的人做一些事"。在大学期间，许昊多次参加的支教活动也让他看到了贫困地区的孩子对于改变命运的渴望，也找到了自己能够帮助他们的着力点。经过慎重思考，他下定了去西藏支教的决心。家里人知道了他的决定之后极为反对，许昊为此特意赶回家向他们解释。他对家里人说，在自己力所能及的范围内，他更希望能为那些需要知识、需要人才的地方做些什么，哪怕只有些许的改善，甚至只是为他们打开一扇窗。这就是他的理想，是他难以割舍的情结，更是他的追求和信念。最终，家人对于他支教的态度从不理解变成了支持。

努力——源自对西部深深的爱

经过了一年在校期间的培训和考察，许昊被任命为清华大学第 11 届研究生支教团团长兼西藏支队的队长，2009 年 8 月，他和清华其他 4 名支教志愿者一起，踏上了西藏的土地，开始了在西藏为期一年的支教工作。

刚到西藏的第二天，第 11 届支教团中大部分人产生了高原反应，许昊便是其中较为严重的一个，后来他被 120 急救车送进了医院。当时，他的意识已经不太清醒了，只是隐约记得西藏队的队员们不断请求医生一定要救好自己。后来他开始输氧输液，其他的队员坐在病床旁边守护了一夜，轮流给他读故事，在他口渴的时候用棉签蘸水替他湿润嘴唇。提到这件事的时候，许昊眼圈已经红了……在这一年当中，令人感动的事例不胜枚举。他庆幸自己能够身处这样一个团队中，在西部的这一年就是靠着大家的互相帮助、共同分担才能够这么出色地完成支教工作。

支教中的一项重点任务就是教学，据许昊说，早在赴藏工作的前一年，他们支教团的 23 名成员就已经接受了多项技能的培训，还在 2009 年 4 月去清华附中实习了一周。但谈到真正走上讲台的感受，许昊连连说当老师真是不容易。从踏上西藏职业技术学院的讲台的那一刻起，许昊他们便以一个优秀老师的标准严格要求自我，通过虚心求教、旁听示范课程、参与教研活动等不断提升自身能力。从学生到老师的身份转变并不容易，在他特意带回来的备课本上，布满了密密麻麻的文字和各种颜色的笔迹，甚至还有学生的提问，教学后的思考记录等，这些无不记录着那段时光的不易。

谈到做老师的感受，许昊说，当地的孩子们都非常的淳朴、善良，但是大多数同学比较内向、被动，对他所讲授的《应用语文》《马克思主义基本原理》和《形势与政策》缺少互动反馈。为了提高这些学生的学习积极性，许昊在课上不仅专门制作了PPT，下载了相关的视频，更采取了课堂小型辩论赛、课前5分钟"美文分享"等形式，让大家充分参与到课程中来，体验学习的乐趣。辛勤的工作换来了学生对这位老师极大的认可，有学生说"老师，你的课为什么每周那么少呢？我们还没听够！"

谈到这些，许昊羞涩地说他感到很欣慰，但更令他感到欣慰的是学生们"长大了"。据了解，他们所带的学生中有些存在过分重视分数，甚至作弊的情况。因而，在期末考试前，许昊特意用了一节课的时间来和同学们探讨"人生的价值"和"学习的意义"，与他们分享诚实、诚信的价值理念。他告诉大家，考试所考的不仅仅是知识，更重要的是考验一个人的人格。最后，他所教的几个班级在考试中都实现了零作弊。许昊说，其实他觉得支教带去的不仅是知识，更重要的是带去一些理念，留下一些对人生的思考，帮助那里的孩子们更为健康而全面的成长，所有的辛苦都是值得的。

在做好西藏职业技术学院的教学与行政工作的同时，许昊并没有将工作范围局限在他所服务的学校，而是将目光放到自己所能接触到的西藏所有地区。当得知在萨嘎县等比较贫困的地方，有些家庭困难的孩子特别需要冬衣时，他和清华支教团志愿者旺姆等人就通过多方联系与呼吁，最终为贫困儿童募集了近20吨的冬衣。但是，这件慈善之举却经历了种种波折。由于这批衣服需要从广东运到西藏，上万元的运费成了一个很大的问题，他们不得不和广东方面进行协调，终于当地的一家慈善机构愿意资助这笔运费。衣物运至拉萨货运站时，由于所占空间面积过大，货运站要求按照50吨装卸费标准收费5000元。许昊得知情况后立即赶赴很远的货运车站，和旺姆一起找站长和装卸工协商，并主动以自己的身份证作抵押，还分摊了几百元的装卸费。这批衣服最终送到了3个县1个乡，在寒冬中为当地贫困家庭送去了融融暖意。在受赠感谢信上，他们却仅仅要求署名东莞的慈善机构，而不是清华大学第 11 届研究生支教团。

作为第 11 届支教团团长以及西藏支队的队长，除了负责清华支教团的各种工作外，许昊还将很多精力投入建设西藏总队中。2009 年 9 月，支教团西藏总队成立了队部，颁布了总队的章程。虽然这是一个在团区委领导下，由各个大学支教队伍组成的自我管理的联合体，但其影响力却很大。他们经常在一起交流工作，共同成长，在 2010 年 6 月底还召开了总结汇报会，并邀请团区委领导参加。2010 年 5 月，高考在即，许昊带领在藏研究生支教团的志愿者们，通过现场辅导、热线电话、调查问卷、刊登文章等形式为西藏地区的高三学生进行考前心理辅导和考试方法辅导。除了距离实在太远的昌都和阿里外，他们几乎将自治区境内的重点高中全部覆盖，获得了当地中学生和家长的热烈欢迎，也被当地多家媒体跟踪报道。此外，他们还组织了西南五省旱灾街头募捐、各大中学校消防志愿者培训和消防法规宣传、走进未成年犯管教所励志教育、走进扎基社区开展敬老服务等一系列活动，在当地大力弘扬了志愿服务的理念，并吸引了一批当地大中学生加入到志愿者的队伍中来。这些工作全部都是他们利用业余时间实施的，在当地收到了很好的社会效果。

收获爱——满载而归

许昊、陈丽、旺姆、王冲、李景涛以及来自西安交大的苏翔、李亚鸽……这些西藏支队的支教志愿者们用辛勤的付出换来了丰硕的成果。在整个团队的共同努力下，他们创造了西藏职业技术学院学生活动的"7 个 1 工程"，即组织召开了"首届团学代会"、创办了《西藏职业技术学院院报》并在区内公开发行 6 期、重新组建"院学生会"团队、举办"首届创业计划大赛"和"首届和第二届校园文化艺术节"、开展"学生干部骨干培训"、筹备"首届毕业典礼"等。

然而，许昊认为他们取得的最重要的成果并不是表面上的成绩和荣誉，而是所服务学校的学生和老师对志愿者的认可。临行时，他们所带的学生极力邀请他们回到班里，向他们献上洁白的哈达，许昊身上甚至披了近百条哈达，其他队员形容他像穿上了一条"白裙子"。临走时，他们所带的学生冒雨自发赶到火车站，为他们送行。此外，他还收到了具有特殊意义的两个转经筒，这代表着学生真的在内心深处敬爱他。在办公室的同事知道他们要走，特地打车赶去送行，并以自己的名义为他们送上小礼物。即将离别时，当地领导紧紧和他们拥抱，说："你们真的很不错，我要代表藏职院、代表这些学生谢谢你们！"直到今天，他们的同事、学生还在给他们发短信，交流分享他们最新的情况和收获。

一年的时间对于青年人来说不算短。提起这一年，许昊眼中满是怀念与感慨，他说这一年承载了太多的情感，支教团成员之间的团结友爱，支教团与受助学校之间的相互帮助和理解，以及每一个支教志愿者与学生之间深厚的师生情谊，都令他无法忘却。

寄语后来人——志愿服务是青年一代的理想

在回校后，许昊曾在日记中这样写道："一年的时间已匆匆而逝。还记得当初选择支教时那个信念，'青年人就应该选择祖国和人们最需要的地方，最需要的事业'。也还记得面试时'不奢求做什么轰轰烈烈的伟绩，但求尽己所能为这里的孩子，这里的人们做些什么'的承诺。一年之后的今天，回忆起这点点滴滴的支教生活，却早已让我不舍，让我感动，让我难忘。"

"支教是崇高的事业，是青年人的使命和职责！支教服务，到祖国最需要的地方去；志愿西部，选择祖国最需要我们的基层。我付出的是自己的绵薄之力，但收获到的却是一生的无悔记忆。我的心早已留在了这里，留在了这些孩子们的身边。""以年轻的名义，以志愿者的身份，用一年不长的时间，做一件终生难忘的事情，我无怨无悔！志愿西部、无悔青春！"

一年支教，一生情谊。支教的经历已经渗入许昊的生命中，成为他的宝贵财富。对于其他志愿服务，许昊更特意提到，志愿其实就是一种奉献，是一种作为清华人、作为青年人的责任和使命。志愿服务，可能我们不会收获很多荣誉，甚至可能会受到误解，但是我们付出的是我们的心，我们最大的收获是对方的心，是个人人格的完善和提升。

对于即将去支教的同学，许昊亲切地将他们称呼为战友，他相信所有西行的同学一定无悔自己的选择。对于那些没有机会去支教的人，他希望他们能够更多地关注西部的孩子们，并支持支教的事业，共同为西部的发展而努力。他希望，通过一批批志愿者不懈的努力，能够播下并传承下志愿的火种；他也相信，志愿火种终究能够星火燎原。

刘燕玲：我的青海我的家

> 刘燕玲，女，第15届研究生支教团青海分队成员，曾在青海省西宁市湟中县第一中学支教。

我出生于青海湖畔的青海省海南藏族自治州共和县。我的父亲是汉族，母亲是藏族。7岁时，我跟随母亲到西宁市上学，但由于语言上存在障碍，在学校一直沉默寡言，成绩也很差。直到9岁那年，我遇到了一位新老师，这位老师不仅耐心地帮助我，还经常鼓励我。自那以后，我的成绩越来越好，人也越来越自信开朗，直至17岁那年，我以青海省第三名的成绩考入清华大学经济管理学院。或许正是这段经历已经深深埋在了我的心底，所以我最终会选择进行支教。因为有成长所以更愿意去承担，因为有收获所以更愿意去分享，因为得到过帮助所以更愿意倾我所有去帮助更多的人。

用四年去懂得三个词

大学四年，我觉得自己真正的成长在于我懂得了三个词：热情、踏实与执着，而这都与园子里的体育分隔不开。四年前的某个下午，又是一年"马约翰杯"进展到如火如荼的时候，我当时在经管学生会主管体育工作，于是就在阳光正酣的时候，自己把自行车的车把与后座上都挂上跑鞋，然后骑车奔去东操，摆好跑鞋。等运动员们穿好温暖舒适的鞋子开始训练时，又去协助其他赛事服务相关工作。那段日子虽然忙得整个人感觉天旋地转，但是当我看到每一个我所服务的运动员向我投来的眼神之时，我就知道，我喜欢这种热情、踏实服务的生活方式。后面由于大家的信任，我被推选为经管学院学生会主席。

大三我还加入了学校赛艇队，成为了一名舵手，承担起八名桨手背对终点、将力量全部交付于我的信任。2012年秋推研季,赛艇队却正好遇上了"国际名校赛艇挑战赛",大家都劝我回去准备推研,但是我咬了咬牙:"错过了就错过吧"。或许有了第一次,第二次就不难了吧。第二年毕业季,同样为了比赛,我缺席了自己的毕业典礼,当然赛艇队当年拿到一冠一亚的骄人成绩也让自己颇为欣慰。但即便没有这样的好成绩,我仍然觉得值得,因为在与队友的同舟共济中,我懂得了什么是"执着"。

一年选择,一生无悔

对于我来说,支教不是远方,更像是回家。

在青海出生、长大的我,对故乡有着深深的眷恋。即使是以一个老师的身份再回去,我最初也以为,自己应该会很快适应节奏。

但考验很快就来到。

初到湟中一中,我教的是英语。三天后,教导主任来敲门,对还在上课的我说:"刘老师,我们缺数学老师,你可不可以教数学?"就这样,我半路"改行"教起了数学。

湟中一中是一所省重点高中,同学们的学业负担和升学压力都比较大。然而许多孩子并不很听话,经常还有不听讲、不交作业的情况。有一次大家都不交作业,我特别生气,觉得好伤心,上课的时候就哭了。但我也没有想到这一次的情绪失控,让孩子们懂事了不少,同学们当天下午都交上了作业,每一个人还在作业了后面写了"刘老师,对不起"。

然而作为一名要对学生负责的教师,光凭脆弱唤起学生的"懂事"是不够的。为此,我"变凶了很多"。第二学期,我第一节课就写了一黑板的课堂规矩,告诉他们第一次作业就是抄一遍规矩,必须遵守。如果不交作业,我有时还会打他们的手心。或许真的是严师出高徒吧,在"严管"下,班级整体的学习风气有了提升,连一些几乎从不提问、不爱听课的孩子,也开始举手了。有个叫李明翰(化名)的孩子给我的印象非常深刻,他上课时总是一副认真听讲的样子,然而课下却从不写作业,第一次数学考试只考了9分,"一道选择题5分,又有很多题目选C,我觉得再怎么蒙都能至少得10分",不管我怎么教育,李明翰都自甘沉沦。办公室的老师都劝我放弃。但我觉得,老师是不应该放弃任何一个学生的。所以后面的日子里,我只要一有空就拉着明翰补课,每天盯着他写作业。一年后,他的数学竟然考到了110分。

这一年的支教,是我迄今做的最有意义的一件事!

尕数学,我们想你了

刘老师,燕玲老师,燕玲姐,一年支教下来,我也有了许许多多的称呼。但是我最喜欢的还是"尕数学"这个外号。

尕(gǎ)是青海方言中"小"的意思,青海湟中一中的孩子们用这样亲昵的语气表达他们对支教老师的喜欢。教语文的就叫"尕语文",教物理的就叫"尕物理"。我支教这一年教数学,就叫"尕数学"。

我的班上有一个性格叛逆的男孩。来自单亲家庭的他,不爱学习,上学打架,时常和妈妈吵架。然而,每当孩子回家与母亲谈到"尕数学今天说了……",他的语气态度就会一下子温和下来。母亲经常跑到学校来和我倾诉,或者在电话里一聊就是1小时。后来我和他认真谈了心,也严肃批评了他。直到现在,我依然和他们保持联系。或许透过电话,"尕数学今天说"的每一句话,依然能够帮助着几千里外的这对母子,哪怕是化解一点点的矛盾,改善一点点的关系。

但无论如何,终究是要和孩子们离别的。现在离开同学们已经两年多了,我依然时常接到家长们的电话,收到孩子们的消息。电话那头一句"尕数学,我们想你了",总能让我回忆起离别前的场景,感动依旧。

还记得那是我支教即将结束的时候,推开教室门的我被惊呆了。孩子们都站起来,捧着蛋糕,耳边响起了张震岳的《再见》,一个个哭得特别伤心。我没法一个个地安慰,只好也抹着眼泪,"嗔怪"他们:"看你们哭得,这节自习课又上不成了。""我觉得我好对不起你们,我总是批评你们,没能看到你们的优点,但我也不跟你们道歉。你们永远不会理解如果一个老师一生只有一批学生,她会有多么想做到完美。"

心有家乡,眼望远方

北京,青海。一个给予了我外面的世界,一个承载了我内心的寄托。

青海是我的故乡，我的家人依旧生活在湟水之畔，我的童年还在"西陲安宁"处被小心地珍藏。

而北京是我的舞台，这里有我的青春和梦想，也在叩问着我内心的选择。

研支团曾获评"中国网事·2015年度感动人物"，颁奖现场，当主持人问"用了一年的时间到边远地区支教，你们觉得值不值得"时，我是这样回答的：在清华大学研支团的团歌里面有一句是"愿意用一年青春的时光，换取一生的留恋向往"，就是让支教团成员一年一年地传承，去播种希望。

黄成：一年支教行，一生青海情

文 / 刘亚楠

> 黄成，女，第 16 届研究生支教团青海分队成员，曾在青海省西宁市湟中县第一中学支教。

下定决心参加清华大学第 16 届研究生支教团，黄成只用了半天时间。她回忆起当时的情景，"在车上看到了支教团的招募通知，和我爸一说，他也特别支持，就报名了"。然而，黄成关于教育的梦想，却早在她上大学之前就已经萌芽。她一直深信："教育是人类社会一种特别美好的希望"。当这样的信念遇到"用一年不长的时间，去祖国需要的地方做一件终生难忘的事情"的支教团时，一切都是水到渠成，是在正确的时间擦出实现梦想的人生火花。

早在 2007 年 7 月，黄成还是一名中学生的时候，通过老师的介绍，她就开始用自己的奖学金资助远在江西的丁同学。

黄成资助丁同学的不只是金钱，还有同龄人的信任和鼓励。她说："我们年纪相仿，在物质资助之外，更重要的是不断鼓励他，引导他更加积极向上，那些年里，从纸质信件到电子邮件我一直鼓励他不断前进，也希望自己能成为他信赖的人。"在黄成的帮助下，丁同学现在已经成功考入北京的一所大学攻读计算机专业。丁同学的父亲曾对黄成说，"谢谢你鼓励他，你的话给予他很大的动力"。这段经历，让黄成觉得，她点亮的，不仅是别人的人生，同时也是自己的人生。

大学期间，黄成参加了更多的志愿活动和支教项目，在这个过程中她对教育产生了更深的兴趣和感情。去北京二中做"银行实务"选修课授课志愿者、去陕西省蒲城县尧山中学短期支教、在话剧队带"徒弟"、在经管担任《批判性思维

本文摘自中国青年志愿者网《一年支教行，一生青海情》。

与道德推理》课程的助教……她用实际行动不断实现着自己的梦想。大三时，黄成前往美国宾夕法尼亚大学沃顿商学院交流，为了解美国独立教育运动，她自己联系参观了华德福学校和贫民区的社区学校，还开展了教学实践。在那里，黄成第一次体会到在繁华美国梦下的不足，本来就志在教育的她，更加希望回国后能在中国发展公益教育事业，帮助更多的弱势群体接受更好的教育。

2014年，黄成本科毕业之后，没有选择直接保送攻读研究生，而是毅然选择了前往青海湟中一中支教一年。

踏上青春逐梦路

在青海支教的一年，黄成收获了无数值得回味一生的感动。

一年中，与支教团的战友们同为教学奋斗，用加倍的努力来弥补自己只能当一年老师的遗憾。大量时间和精力的投入，不仅保证了良好的教学成绩，也收获了孩子们带来的意外感动。孩子们会在"研究性学习"课堂上体验诸如"当地工业园区的污染情况""寺庙中的摆放设计"等全新课题，也会和她畅聊人生与梦想。这一年中，黄成和战友们的努力也得到了当地老师的认可，把他们当成自己的家人看待。

而青海校友会的温暖和支持，也让黄成感触颇深。"一年间，学长学姐们特别支持我们支教团小伙伴，每学期都会为我们组织好几次活动，节日聚餐、企业参观等，在当地选调的学长还会特地从一两小时车程以外的地方前来看望我们，让我们深深感受到了家一般的温暖。"

"一年的时间不长，但足以让我们一生心系青海"，回到清华继续求学的一年里，黄成依然与当地的孩子们保持了密切联系，希望能够为当地做出更多的贡献。黄成说："后支教时代，除了怀念支教地的生活，怀念那群人之外，也希望能够以新的更有影响力的方式，去帮助当地，为当地做出更大的贡献。"

在梦想的道路上继续前行

如今的黄成，已经结束支教生活，回到清华继续求学。她说："回想起一年的支教生活，那时候，还是很有些执念，会觉得自己的梦想里面多了一些别人的梦想，就想着每一个学生都能得到圆满的发展，就会非常较真。"正是因为这些执念，让黄成在支教时做出了所有可能的努力，让她的学生们坚定了对人生的信念，也让黄成自己得到了充分的成长。一年的支教生活，不仅让黄成得到了充分的历练，综合能力大大提升，更重要的是给她了前行的动力，她说："现在做事更加有韧劲了，以前觉得干不成的事情就会放弃，但现在我会告诉自己，我就这样放弃了，那要怎么教好我的学生？毕竟为人师表。"

　　回到学校之后，黄成也在继续思考着自己的人生，做着新的选择。早在支教期间，黄成就对自己的人生有了更深刻的认识，并且毅然做出了抉择，从金融硕转向了管理硕。她说："支教回来如果我继续攻读金融硕项目，那么，我就是重复了自己本科的故事，但这绝不是我想要的。"2015年10月，经过重重选拔，黄成入选了清华大学苏世民项目，成为了这一项目的第一批学员。如今，黄成继续攻读管理博士，并将教育确定为自己的终生追求。

　　黄成，正在她追寻教育梦想的道路上不断前行。

齐谖：西藏一年，情不知所起，而一往而深

文 / 洛桑晋美

> 齐谖，女，第17届研究生支教团西藏分队成员，曾在西藏军区拉萨八一学校支教。

打开齐谖的朋友圈，浓烈的颜色扑面而来。那湛蓝如湖水的天空，那纯洁如丝绸的白云，炫目的日光，连绵的雪山，让人心醉。在齐谖的镜头下，层林尽染的秋天在雪域高原上铺排开来，像一幅油画，诉说着她与这片圣洁土地结下的不解之缘。

西藏支教梦是何时生根发芽的，齐谖已经不记得了。大抵世上最令人痴狂的事，都是"情不知所起，而一往而深"。

去支教，就是一种情愫

在大学期间，齐谖做过大大小小的各种志愿活动——APEC志愿者、中美支教、海淀环卫所支教、国家图书馆服务、西南联大建校75周年大会……加入第六期"薪火班"后（"紫荆志愿，薪火相传"，清华大学志愿者骨干培养计划——简称"薪火计划"，旨在通过为期两年的因材施教，为中国培养具有公益服务精神的领军人才），她体验公益、参访调研、实践锻炼、强化自己对社会公益现状的认识与把握，内心的公益热情与社会责任感也不断被激发着，她听到心里逐渐明晰的一个声音——去支教！但这一次，这个选择并不一样——为期一年，地处偏远的西部，西藏支教带来的是完全不一样的体验。

本文摘自中国青年网《西藏一年，情不知所起，而一往而深》。

那一届清华大学研究生支教团总共有7人选择了西藏作为支教点，这7人中，齐譞是唯一的女生。在平均海拔4000米的西藏生活，对任何人来说都是一个不小的挑战。高原气候高寒、缺氧，支教生活忙碌、孤单，她生过病、流过泪，但说起后悔，却从未有过。

齐老师，用一年时间，做一件终生难忘的事

刚到八一学校的第一个月，支教对齐譞来说只是一项喜欢的任务。她形容自己就像一台高速运转的"支教机器"，可以每天兢兢业业地备课、上课、批改作业，一丝不苟地完成工作。对支教，或者说教师这份职业，毫无其他的特殊感情可言。

这一年，她担任初一、初二年级四个班的思想品德老师和一个班的历史老师。思想品德课的知识乍看上去通俗易懂，但要想让学生在这个年纪就完全消化和理解，还是一个不小的挑战。每节新课之前，齐譞往往都要花费一周的时间进行构思，3~4天的时间进行备课。先认真钻研教材，反复揣摩书本里的每一个字、每一句话，了解知识的结构与逻辑，勾画重点与难点。然后就开始了头脑风暴，搜索脑海中能和授课内容相联系的有"噱头"的故事和段子，增强课堂的丰富性和趣味性。

初中教材的知识性并不强，为了吸引学生，她会在课堂上加入很多和教材知识非常贴近的新故事。学生们爱走神，自觉性不强，她就把品德课上成实践课，把课堂气氛带动得活跃与热闹；学生们不爱干巴巴地背知识点，她就给他们搞历史知识竞赛，利用学生们的好胜心与新鲜感，调动他们的注意力与积极性，学生们和她的配合也变得越来越默契。

齐譞喜欢在日记中记录支教生活的点滴，她会为孩子们的散漫懒惰而着急上火，也会为收齐一次作业而欣喜不已。她发现，支教成为了她生活的全部，变成了一份她热爱的工作。一年下来，四本教案，现在翻开来看看，上面的灵光一现和师生互动，都能拉她回到当时的课堂，让她回味那一节节精心设计过的课上，学生带给她的惊喜。

虽然学生调皮得不行，但是谈及他们，齐譞的语气里满是温柔与骄傲。

谈支教，我与学生共同成长

一年不长，谈起在西藏的酸甜苦辣，让齐譞终生难忘。

支教初期，作为一名任课老师，她会习惯性地用学生的成绩和课堂表现去衡量他们，至少这两个方面占了很大一部分。"我有一个学生叫邓世鑫，成绩倒数，课上没什么突出表现，但是不捣乱，也不讨人嫌。我教200多名学生，最开始能记住他的名字只因为他坐在离后门最近的位置，要随时关门。我既不批评他，也很少表扬他，我把这类学生统称为——路人学生。"

一次偶然的契机，齐譞成为这个班的班主任。带班之后，她才知道，邓世鑫是班里的劳动委员。每天到校最早，回家最晚。"说实话，那几周的卫生没有他我绝对会崩溃。"她开始从学习之外的另一面了解这个学生，他特别热心，特别负责，很有组织能力而且很喜欢表现自己。晨读之前，他会熟练地安排好同学们进行打扫。教室和楼道，公共区域和卫生间，总能看到他忙碌的身影。用他自己的话说："我可是卫生总负责，我不管，谁管呢？"他会告诉齐譞今天谁没有来，谁迟到了，谁不好好做卫生，甚至会主动提醒她："齐老师，今天是周五了，大扫除要洒消毒水；齐老师，做操的时候得关灯开窗户；齐老师，放假的时候要把投影仪套起来……"在卫生工作上，他反而成了齐譞的"老师"。

渐渐地，齐譞发现，学生的成绩对她来说反而成为了最不重要的那一项，因为有比它更宝贵的闪光点等待她去发掘。几周的时间，给了齐譞一个契机去深入观察每个同学在学习之外的另一面。她渐渐明白了，学生们是不断在错误中成长起来的。通过另一面的接触和了解，她很清楚他们为什么会出错。她甚至开玩笑地说："在我布置某项任务之前我就知道，谁会完成不好它，出了问题问都不用问就知道谁又调皮了，谁又偷懒了。我也不再需要通过什么惩罚来教育学生，我会找到适用他的方法轻松地解决问题。"

带班这几周，齐譞形容就像"打仗"一样，每一刻都是紧绷着神经，是一年之中最"痛苦"也最"幸福"的几周。只要学生在校，哪怕是再小的问题，也是班主任的责任。"就像我自己养了三十几个孩子一样，操心他们生活的方方面面。有的家长喜欢半夜给我打电话聊学生，有的学生下午没来上学要和家长一起出去找，甚至还要帮着学生解决他的家庭问题……很多都是我从未想到过的。"

但当老师的意义，就在于此，并不是一味"讨好"学生来获取他们的喜爱，也不是让学生屈服于教鞭，当老师的意义，在于让学生发现他们身上无限的可能性。

谈未来，愿为春雨，润物无声

支教之前，齐謇总喜欢站在学生的角度去体会教育，这一年给了她一个机会让她站在教师的角度去品味。对于学生来说，上大学之前，教育可能约等于学习，当老师则有了完全不同的感受。除了知识，更多的是要去发掘每个学生的可能性，很多潜能和亮点学生自己或许并不知道，但是老师们完全可以去培养。所以在这个阶段，发现可能性或许比教授技能显得更重要。"对于学生来说，我可能只是一年的过客；但他们对我来说，却是终生的牵挂。"

西藏一年，齐謇深入到当地的教育一线去工作，既看到了惊喜，也发现了问题。从老师变回学生，她选择了教育研究院，继续从事基础教育领域的研究。她希望，作为一名教研院的学生，她可以通过更加专业的学习，更加系统的训练以及和各位同学思维的碰撞，让自己能够把这些问题看得透彻、明白，也期待着有一天，自己能够找到解决问题的方法。她曾无数次地思考"什么是教育？"对于她来讲，教育，就是让学生能够定义属于自己的"幸福"，并且能够通过自己的努力和奋斗，有能力去实现自己的"幸福"。

很多人问她："你以后想当老师吗？"齐謇的回答是肯定的，是的，她希望成为一名中学教师，去延续梦想，去履行承诺，去担负责任。她很喜欢和学生们在一起的每分每秒，是深入骨髓的喜欢。看着学生们一点点进步，成就感也充盈了她的生活。对于齐謇而言，教师不再是一项任务或者一份工作，它已然成为她崇敬的事业。"我愿意不断努力，不断进步，不断接近这个梦想。"

西藏的一年支教时光是齐謇人生路上特别的一段经历，她还很年轻，还有很多想法，还有大把的好时光去用智慧、用炽热的心改变世界。

拉萨可能真的有歌里唱的那种神奇力量——"你根本不用担心太多的问题，她会教你如何找到你自己。"义无反顾，随着心走，找到最真的自己，齐謇可以自豪地说，她做到了。

吴彦琦：离开经管的一年之后——改变，谈何容易

> 吴彦琦，女，第 18 届研究生支教团湘西分队成员，曾在湖南省湘西州吉首市民族中学支教。

在毕业的第一年里，我做出了一个类似于"间隔年"的选择：在保研后延迟入学，作为清华研究生支教团的一员赴新开设的支教点湖南湘西工作一年，成为一名高中数学老师。最开始有许多家人朋友反对，他们说去支教是大材小用，说女孩子二十多岁的时光太过珍贵，一刻也浪费不得。我当时固执地说：要是能用我一年的努力，让哪怕一个孩子的人生就此改变，就值得。

你看，最开始，我希望的是能让别人"有所改变"。

然而"改变"到底是什么？有一次我和队友带着几名学生到乡下调研，离开的时候已经是晚上八九点钟。白天层层叠叠的大山陷入无边的黑暗之中，极目眺望也看不到一点光亮。只有我们的车灯格格不入地混入周围的黑暗——车灯只能照亮很短的一段距离，射程之外的地方仍然长久地停留在未知的黑暗里。

在此后的一年里，我常常会想起这一幕。有时候看到学生家长在办公室训斥自己的孩子："我让你来这里混日子你都混不下去吗？"孩子回头哭喊着："我已经在这里坐了两年'牢'，不想再读下去了。"有时候拿着精心准备的复习提纲和教案站在讲台上，却看到学生三三两两在聊天，丝毫没有考前紧张的样子。有时候在乡里听外派的驻村干部谈起工作开展的困难，讲村民"等靠要"观念严重，拨下来的扶贫款很快就喝酒赌博挥霍掉，发展经济的鸡苗鸭苗也都转手卖出，脱贫观念不强，喜欢抱团占小便宜……我会突然想起那一幕：我们这群外乡人又何尝不像是那晚的车灯？看到短短的距离，在短短的路上亮一亮，然后终究还是要驶离……

刚来的时候，不少当地老师和我们说，你们不要太苛责孩子，不是他们的错，是成长过程中缺少点拨，之前没有人教过他们。有一个我们下乡时遇到的腼腆的小女孩：她还不到十岁，父母出走，她跟着年迈残疾的爷爷奶奶生活在旧房子里，家里没有劳动力。在了解中我们逐渐得知，班上来自离异或重组家庭的大约占了三分之一，还有许多长期和父母分开的留守儿童。在乡下，家里几个儿子都讨不到媳妇、有孩子但没有法定婚姻关系、父母双双抛弃孩子出走、中青年残疾丧失劳动能力等情况并不少见。

在小女孩家年代久远的屋子里，我试着设想，如果我是家里的老人，我要怎样才能养活小孙女，比起扶贫政策里的投资分红报销，也许我思考得更多的是下一顿饭的来源。如果我是家里的孩子，我又要怎样才能走出困局，读书能让日子好起来吗？当我设身处地，把自己当成家里一员的时候，会感觉到沉重、无奈、焦头烂额——"改变"这个词，竟显得如此奢侈。

也许最开始，我们都不自觉地把自己放到了具有优越感的位置上，放在了帮助他们走出贫困的道德高点上，仿佛我们了解与经历的就是先进而有效的。当你真的推开那扇门，走进去，才发现每一个孩子背后是一个家庭，是一个村落，是一种社会文化，是一个短期内无法改变的经济发展模式，这些是没有被车灯照亮的沉沉的黑夜。

一年的时间里，我站上过小学、初中和高中的讲台。

我在大山深处的村小里给四、五、六年级的孩子们讲过科技对社会的影响，讲历史上行业的更替，也讲物联网和人工智能。他们对滴滴打车和大众点评都不太有概念，却依然在我的描述中满眼放光地想象着 Pokémon Go（一款手机游戏），天马行空地跟我描绘以后许多工作被机器人取代的世界。

我在生物、地理会考的前一天给初二的孩子们讲我旅行的故事，温哥华的枫叶、落基山脉的冰原、西班牙的城堡、腾格里沙漠里的骆驼和露营帐篷。他们问我，老师你去这么多地方，是不是要会很多种语言，我跟他们说，交流比你们想象中要容易，但要先试着勇敢地走出去。

我在高一的班上讲过《经济学原理》：资源稀缺、权衡取舍、机会成本、供给需求，对于物价房价甚至汇率问题，在稍稍提点后他们都能分析得头头是道。在数学必修三《线性回归》这一节，特意花了半节课举了好多例子来分析反向因果和遗漏变量，教他们区分"相关"和"因果"。在《算法》一节我让他们自己写代码给我来跑，发现平时成绩不是太好的几个孩子却能对循环结构有很好的理解，写出有意思的数学小程序。

当然，更多的时候我还是追在他们屁股后面收作业，板着脸跟他们讲道理，占自习课讲卷子，为他们20多分的考试成绩烦恼，做他们并不喜欢的恶魔数学老师。在乡野间长大，他们有自己的处事之道和生活智慧，但同时也缺失了一些好的生活和学习习惯。他们都不是笨孩子，但有的知识漏洞和思维缺陷已经很难弥补，只能一次又一次在考试中败下阵来。

我仍然可以给他们带来一些新的东西，但在资讯如此发达的今天，远不像以前那样，需要支教老师来做他们看世界的眼睛。所以重要的已经不是"知道"，而是如何看待、如何思考、如何面对。我希望保护他们天然的好奇心与想象力，希望让他们体会到，探索未知、解决问题，是一件不可怕、有意思的事情。

常常会想，理想的教育应该是什么样子的。班上最爱偷着化妆的女生能在艺术节上编排出不错的节目，不善言辞的男孩跟着我们下乡实践也能写出有思考的总结并与大家分享。我想我们都太习惯于标准化的选拔，习惯于一个统一的成功的标准。好的教育应该帮助孩子们寻找与接受真实的自己，内向与外向、理性与感性，各种不同的人都有属于他的一席之地，承认了这一点，与自己和解，再去挖掘与培养。

支教老师总爱和学生们说："你们要努力考出大山，改变命运。"退一步想，没上大学留在这里真的就那么糟糕吗？我们学校的学生，会成为街上的售货员、出租车司机、村小老师，成为建设家乡的中坚力量。我们希望教会他们勤劳善良，积极向上，兢兢业业，干哪一行都一样能有幸福的生活。人生归根结底还是自己的，每个人都有属于他的路——这也算是因材施教吧。

若是要用关键词来总结这一年，我会说是"隔离"与"撕裂"。

寒假回到北京，我坐在车上看着玻璃幕墙的高楼大厦，竟然生出了第一次进城一般的新奇感。习惯了在山路上撒欢儿，甚至连过马路也得控制住自己乱跑的冲动，与这种不习惯相伴的是挥之不去的错乱感。坐在CBD某座高楼上的酒廊，俯瞰长安街密密麻麻的车灯，楼下是西装革履的服务员、豪车和奢侈品店，没来由地想起蜿蜒的山路，想起老房子瓦片掉落的屋顶。

我们总是很喜欢把得到的东西都归结于自己的努力，认为好的教育条件，优渥的生活，都来自于个人不懈的奋斗。我们会说，可怜之人必有可恨之处，现在的不幸，是由于他们自己和他们父辈、祖辈的懒惰与愚昧。这种想法让我们心安、自得。在大二的批判性思维与道德推理（critical thinking and moral reasoning，CTMR）课上，我一贯秉持自由主义的观点，觉得只要做到过程平等和程序正义就足够了。

一年过去，我发现自己把太多的幸运当作了理所当然。

对于一些人而言，努力的回报太低也太慢，在一次一次非正面的反馈中，他们败下阵来；而另一些人在刚开始努力就能得到足够的鼓励和小小的成功，于是在这条路上走得越来越顺利——你看，即使是人们最爱标榜的努力也不是自己内生的，也需要环境的保护与培养。我们的习惯、观念、性格，都带着家庭和周遭环境的深深烙印，这些会造就完全不一样的人。更何况机会和上升渠道本身就有天壤之别，即使是同一个人，也会得到相距甚远的待遇。

当你面对陋室中几乎没有见过父母，还懂事地替奶奶擦着眼泪的小女孩，便再也说不出那些理智而冷酷的话——其实那也不是冷酷，只是视野所限，以为自己身边的便是整个世界。

在清华，在经管，我们习惯了互相比较，尤其是向上比较的生活，习惯了看着最耀眼的几个行业明星，比照着自己和他们的差别，仿佛只有那样子才叫作生活。于是焦虑，于是愤慨，感觉到上天给予的够不上自己应得的。路边的小贩、司机、工人，虽然每天都能打个照面，可是轨迹基本是平行的，不了解他们的成长，不会想要倾听他们的声音，更不曾把他们纳入自己的参照系。可怕的是，这种疏远和隔离不是刻意的鄙夷，而是无意识的忽视。偏见尚且可以纠正，自己都无法发现的忽略更让人担忧。

一年过去，我发现不同的人生之间可以有巨大的差别，所以在比较中寻求生活的价值没有任何意义。永远有人的经历可以比你丰富百倍，也总有人过着比你平庸得多的生活。所以，愈发感念自己拥有的一切，更坦然地安排自己的未来，也希望在以后的岁月里，能对远方的人们抱有长久的关怀。

这一年里最触动的一刻，是下乡听课的时候，初中的孩子们在这样青山绿水包围的校舍里琅琅读起伯牙子期高山流水。想起之前在偏远的乡村小学，老师给七八岁的孩子们讲着张骞出使西域的故事，有一种难以言说的感动。

孔茗：教官·支教·教师

文 / 洛桑晋美

> 孔茗，女，第19届研究生支教团西藏分队成员，曾在西藏军区拉萨八一学校支教。

她，从军10年，选择复员，脱下军装，重新开始：创过业、赔过本、摆过地摊、当过CEO，洗尽铅华，卷起铺盖，四考清华；她，博士学习期间，积累读书笔记50余万字，发表及录用学术论文20篇，曾获国家奖学金、清华"学生年度人物"（全校每年10名）、校级"学术新秀"（清华学生学术最高奖，全校每年10名）和研究生优秀共产党员等荣誉；她，先后担任北京市学联第十二届代表、清华大学"两学一做"理论宣讲团成员、清华博士生讲师团团长、经博13党支部书记，校内外义务演讲70场，听众超过20000余人；也是她，在圆满完成博士阶段学习任务、本该顺利毕业之时，申请延期毕业，前往西藏拉萨支教一年。

在央视"开讲啦"钱易院士的那场节目里，作为青年代表的孔茗向主持人撒贝宁及全场观众说起了钱易院士支持自己去西藏支教的故事。孔茗是清华大学经济管理学院的博士生，在清华园里，孔茗已经成为了很多学生心目中的"传奇姐姐"，而让很多人没有想到的是，明明可以以优异的成绩顺利毕业、明明已经接到了"双一流"高校教职的"橄榄枝"、明明可以结束多年的两地分居，她却申请延期毕业去西藏拉萨支教一年！很多人都不理解，甚至不支持。因为，对于一名博士生而言，一年的时间意味着可以拥有许多属于自己的"更辉煌"，特别是对于像孔茗这样优秀的博士生，获得的一定会更多。有人说："你已经获得年薪近30万元的高校教职邀请了，却要去拿每个月3000块钱的补助，这么做是不是

本文摘自中国青年网《教官·支教·教师》。

太冲动了？"还有人说："支教都是本科生的事情，你一个博士生图什么？"就在这个时候，孔茗把自己的疑惑通过邮件写给了钱易奶奶。她没想到的是，钱易奶奶几乎是"秒回"，而且非常坚定地支持孔茗去西藏支教。钱易奶奶鼓励孔茗用自己的所学去影响更多人，更希望她把研究成果"写在中国大地上"。

十年从军，孔茗用"螺丝钉"精神塑造自我价值

还记得高考考入军校时的激动和兴奋，穿上心仪的绿军装，孔茗恨不得让全世界都知道自己是一名光荣的中国人民解放军军人！直到现在，她依旧清晰地记得为了拉练不影响集合速度和战友们一起熬夜把"难缠"的被子叠成"豆腐块"，打包背包、穿着衣服蜷缩着睡觉；记得30公里拉练，袜子和血泡粘在一起，为了不影响集体成绩，咬牙坚持到最后；更记得军训结束后，自己在思想汇报里写着："我已经爱上了这所学校，我想毕业时留校！"之后的四年，为了这个梦——这个别人眼中的"白日梦"——她不知道付出了多少努力……即使大一青霉素过敏、大二食物中毒、大三在手术台上度过了艰难的五个半小时，依旧是学习成绩名列前茅、在各项活动中崭露头角。终于，毕业时留校了，成为了解放军信息工程大学建校以来唯一本科毕业留校的女生。在军营，孔茗不仅是现役军官，更是一名军校教师，她不仅注重学生的知识积累更注重学生的心智成长，几乎所有的节假日都是和学生一起度过的……也是因为学生的提问，让已经留校工作六年的孔茗产生了继续读书的想法。经过一年的考虑，孔茗提出了复员申请，也成为了解放军信息工程大学理学院成立后第一个主动申请复员的女军官，脱下军装，重新开始……复员后，创业赔本，摆过地摊，当过CEO。体验过身无分文的焦虑，懂得了雪中送炭的珍贵，更找到了研究方向。于是，在清华西门租住了一个平房，6平方米、冬无暖气、夏无空调……即使考博前两个月租住的平房被大雨浇透，即使因为结肠憩室炎被抢救，即使身边所有的人都劝她放弃，她始终坚信，能行！终于，经历了两次考硕、两次考博，成为了一名清华人。

十年宝贵的军营生活成为了孔茗宝贵的财富，锻造了她坚毅、果敢、忠诚的品质。

志愿支教，孔茗用"格桑花"情怀奉献西藏教育

习近平总书记曾说："青年时代，选择吃苦也就选择了收获。"这句话孔茗深有体会。在从西藏支教结束回到清华的日子里，很多师生找她听西藏的故事，她总会说道一句话："在西藏支教，都说我吃了很多苦，其实，我收获的更多……"

2017年7月起，孔茗开始了拉萨支教的日子。进藏的第一天，她经历了失去意识的高原反应，但恢复之后，她就立刻开始了紧张的工作：既要给西藏军区拉萨八一学校从小学到高三的学生们上课，还要为该校的老师们开设《科研理论与方法》的课程，指导和带领老师们把宝贵的经验转化为有价值的研究成果；既要给西藏大学的研究生上课，还要去支教地的其他学校进行交流；既要为青年学生们进行理想信念教育的演讲，还要进行一对一的心理辅导和职业发展规划咨询……这已经让她分身乏术了，可还是会主动张罗着联系自己的博士同学来西藏为师生们讲课，还积极发动自己的资源为西藏的教育出力。特别值得一提的是，当她发现这里的老师对待学生心理问题无从下手，便邀请专家、组织老师编写《西藏青少年教育管理案例及分析》，目前已经完成了12万字的初稿，希望为当地教师和支教老师提供有力的智力支持，更希望能够成为对清华大学支教20周年庆典的献礼。此外，孔茗还利用自己的人脉为八一学校引来价值22万元的捐书，重新建设了八一学校的图书馆。

在拉萨支教，孔茗是没有任何休息日和节假日的。为了不影响八一学校白天的工作，给西藏大学上课都安排在了晚上。忙碌了一天之后，她得赶车从拉萨的最西头到最东头，几乎每次有课的晚上她都没时间吃晚饭。在西藏大学，她为研究生开设了"研究方法"的课程，有近100名学生选课。她希望用自己的努力让学生们接触前沿科学，掌握规范的研究方法。学生们的学习热情非常高涨，已经有多名研究生把孔茗当成了自己的老师，周末的时间这些学生会来到八一学校，孔茗就在中学课堂里给这群研究生们"补课"。渐渐地，孔茗这个名字被大家所知，很多学校慕名邀请她去给老师和学生们讲课，虽然她的身体因为高原缺氧一直不好，可是，她几乎"有叫必应"。拉萨中学、拉萨六中、拉萨四中、教育厅的培训班等，都留下了她的声音，很多师生在听完她的演讲后激动地流下泪水，更多的师生因为听到了她的故事而产生了努力的激情和奋斗的勇气……

除了上课和讲座，孔茗还深入开展了关于组织管理和教育管理的一系列调

研。刚到西藏不久,孔茗就敏锐地捕捉到了西藏独特的组织管理和教育管理的特点及问题。为此,她开展调研、阅读文献、设计研究、组织施测……近一年的时间,孔茗开展了三项研究,其中包括对西藏本土近 1 万名藏族领导和员工及 3000 余名藏族、汉族老师和学生的调研。拉萨、林芝、日喀则等地都有她调研的足迹,而所有的研究经费(印刷问卷、翻译、租车、快递等)都是她的个人积蓄,光在调研上的花销就超过了 3 万元。但是,孔茗觉得这样值得:因为能够深入了解西藏组织管理的现状、分析和解决问题,她愿意!能够为学生的成长和老师的进步提供助力,她愿意!

孔茗说,格桑花是西藏最美的花,它普通却美丽、迎着朝阳绽放,她希望自己像格桑花那样,能够用自己点滴的努力影响更多的人。

大学教师,孔茗用"筑梦人"姿态激励学生成长

孔茗一直把"成为有真才实学的良师益友"作为自己的奋斗目标。经过不懈的努力,终于在前不久,她被山东大学管理学院引进,成为了该院工商管理系的副教授——这对孔茗来说,是收获,更是责任!在 9 月 7 日入职的第一课,孔茗为学生们准备了《成长型思维与持续型成长》的讲座。3 个小时的讲座里,孔茗从自己"有梦、追梦、守梦"的故事讲到了如何系统树立成长型思维,如何打造自身的可持续成长。在场的同学被孔老师的演讲深深震撼,像是充满了电一样……

孔茗非常喜欢大家称呼她为"孔老师",她说自己一路走来,老师对自己的影响很大,自己也慢慢模仿着老师,像老师那样工作和生活……所以,当自己被称作"老师"的时候,除了幸福,更多的感受是责任——她希望自己能够保持积极、乐观、进取的心态,以"筑梦人"的姿态引导、影响和帮助学生们成为实现中华民族伟大复兴中国梦的生力军。

从军营到清华,从清华到西藏,从西藏到山大,孔茗一路走来,学会了"志存高远,脚踏实地",更懂得了生命的意义不仅仅是自己的成长,更是影响和帮助学生实现生命的价值。

李申：和你们一起成长

> 李申，女，第19届研究生支教团青海分队成员，曾在青海省西宁市湟中县第一中学支教。

说来惭愧，通过半年的服务，我觉得自己的成长反倒远远大于我的学生们的成长。

上周团长他们来看我们的时候，石老师说了一句："当老师以后自己更愿意学习了。"这句话可以说是我这半年状态的最好总结了。

最初来到一中，我也是一再面临困境。来支教之前，学长学姐们都说："你们不要抱着和学生做朋友的心理，最开始就要树立你的威严。"所以从一开始，我就以一个严厉老师的形象现身，以至于所有人都不相信我们支队中，我是最严厉的老师；以至于给同学发新年糖的时候，有同学说，"老师，终于见到你笑了。"

开始的时候，我以为认真准备开学第一课，告诉同学们很多经验、很多道理，就可以让同学们了解学习的重要性，就可以激发他们的斗志；我以为第一次考试后，同学们看到成绩就会愧疚，就会愿意学习了；我以为罚那些不做作业、抄作业的同学抄概念很多遍，他们就再也不抄作业了；我以为每节上课都花时间听写就可以监督学生背诵知识点……

但是开学第一课讲完了，同学们还是沉浸在进入高中的兴奋中无心学习；考试后他们也只认真学习了两天，就恢复了原来的状态；被罚抄了他们也只是随便应付就过去了；而知识点听写他们也是想方设法地抄；甚至有的班级呈现出联合抵抗的情形。这些事情真的很打击一名新老师的积极性。

作为被学生认定的好欺负型的"年轻的、不打人的女老师"，我开始积极向各种教学风格的老师请教该怎么应对学生的这些行为，老师们都只有一个字："打"，甚至有的同学给我提出的教学意见都是"打"。但是本着坚决不打学生的原则，我只能从别的方式入手。

因为带着三个班的课程，学生加起来也近200人，一个一个深谈基本是不可实现的，所以第一次月考后，我让三个班的同学，每个人都拿着自己的考卷、答题卡、听写情况来找我。参照他们的各科成绩，我针对每个同学的情况简单提出了改进方法。期中考试后，我为学生安排了期末考试的复习计划，从考前四周开始，按章节逐一找我背诵知识点。对被罚抄的同学，我坚决执行惩罚制度，不再让其因为有逃避惩罚的可能而一再抄袭作业。我尽量发掘学生在课堂以外的闪光点（这个真的有效，有一位课堂总是睡觉的同学，因为我某次提到了他的"篮球梦"，虽然之后的课程他也没有认真听讲，但之后再也没有在课堂上睡觉了），做到课堂严厉，课外和平共处……

应该说，真正站上讲台的收获要远大于我之前一年准备中的收获。课前准备、课上讲述、作业批改……我从准备第一课的不熟练到现在在组内老师的帮助和指导下，在教学的路上越走越稳。虽然至今也算不上是一个很好的老师，但这一学期以来，通过不断反思并改进自己的教学思路、对待学生的态度，我在成长。

虽然大学期间一半的时间都在社团部做社工，对社团工作也算是稍有了解，但面对课余时间少、无法正确且高效地使用网络、缺乏自我管理能力的初高中生，如何开展初高中社团活动依然是一大问题。

由于学生们对"社团"这个概念还比较陌生，而且如果放任学生在课余时间自主组织活动，又无法保证其人身安全，所以学校把社团安排到了初一、初二、高一同学的必修课程中。这种做法虽然保证了学生的社团活动参与率，但导致了部分学生并非出于兴趣报名社团，有些学生不按时参加社团活动甚至随意调换社团，社长往往不能明确自己的责任而一味依赖指导教师等种种问题。

随着各种问题的出现，我也在思考该如何将我们的社团发展得更好。比如本学期新建"悦读社"，不愿意参加社团活动的同学可报名"悦读社"，在相应时间到图书馆自习；比如之后可以在报名社团前让同学们充分了解社团；比如下学期可以在正式举办风采展前尽量安排节目审查乃至彩排环节，以提高风采展的质量……

不只是在教学、团学工作上的思考，我开学的时候就曾经说过："为了让你变成更好的你，我也要首先让自己变成更好的自己。"

为了能让自己在学生面前更有底气，为了能把工作做得更好，这是一个付出的过程，也是收获和成长的过程。

能和我的队友们、学生们一起成长，我很满足。

张然然　徐文馨：雪域高原上的"最佳拍档"

文 / 赵越

> 张然然，徐文馨，第 20 届研究生支教团西藏分队成员，曾在西藏军区拉萨八一学校支教。

你理解的西藏是什么样子的？

对于清华大学第 20 届研究生支教团西藏八一校分队的张然然和徐文馨两位老师来说，这个问题难以用寥寥几句描述清楚，她们的回答，刻在了这一年点滴的为师时光里。

除雪山与天空外，最纯净的是一双双眼

2018 年 5 月 7 日，第 20 届研支团西藏分队乘坐 Z6801 次列车，前往 3000 公里外的拉萨进行支教地中期考察学习。

一路上，志愿者们常常连着好几个小时坐在车窗边看高原的风景，那是张然然第一次看到大片大片的雪山，她还记得每隔一段距离出现的牦牛羊群总能让同车厢的旅客们不约而同地兴奋起来，然而举起相机却怎么也拍不出眼中所见之美。"远峰融雪，近水纳天"，她觉得这就是对西藏的感觉，这里见到的所有景色，天空、雪山、湖泊、沿途火车道旁敬礼的人，都是"纯净"二字的极致阐释。

而一同来支教的徐文馨感受到的是一种重返家乡的亲切。徐文馨的爷爷奶奶、父母都在西藏工作过多年，从西藏考入清华，读完四年本科之后，她又选择回到家乡支教，用实际行动反哺家乡教育发展。

2018 年 7 月，张然然和徐文馨再次进藏，奔赴为期一年的支教工作。

张然然最初教初一的数学，一个多月后被调整教初二年级。在初一的最后一节课上，很多学生哭着问她："老师你是不是要抛弃我们了？""我们比初二学生更听话，为什么不接着教我们呀？"还有的小女生过于伤心只顾贴在她身边，哭得说不出话。

那一双双噙着泪望向她的眼睛，张然然一生都不会忘记。仅一月有余的短暂时光，她却收获了无法用任何标准来衡量的，最纯粹、最干净的信任与依赖。

作为与张然然共同奋斗在支教岗位的队友、室友和战友，徐文馨也有同样难忘的经历。

徐文馨最初教授的班级有一个典型的"问题学生"，上课盯着课本发呆、下课不认真做作业、各科目成绩都不及格。某次课后，徐文馨和他进行了一次简短的交流，鼓励他不要对学习失去信心。现在回想起来，她觉得自己当时说的一番话非常普通，不足以彻底改变一个学生的学习态度。但在那次谈话后，这名学生的课堂表现逐渐活跃起来，会主动举手回答问题，认真程度数一数二，成绩也在不断提高。

学生的巨大变化引起了徐文馨的思考，那个上课不听讲、下课不写作业的"问题学生"形象，与后来上课积极举手、下课埋头苦读的"好学生"形象重叠在一起。她意识到，自己在职责能力范围内做的一件小事，竟可以对学生产生这么大的影响。

没有教不好的学生，只有不会教的老师

回想起在八一校的第一节课，两位老师在第一次踏入班级前，都有些许的紧张，担心"把握不好节奏"。从一名清华的大四学生转变为一名八一学校的老师，留给她们的过渡时间并不多。而真正站上讲台前，百般担忧都是因为她们想呈现一个合格乃至优秀的教学课堂。

张然然上第一节课前曾担心控制不好节奏，列了整整三页纸的提纲，反复梳理思路。但站上讲台以后，她很快就找到了作为一名老师的感觉，从初中和小学阶段的衔接与差异讲到学习习惯方面的细节要求，从自己的求学经历讲到希望同学们对自己的未来有所思考……面对一双双注视她的眼睛，一讲起课来便有说不完的话，提前准备的提纲也因为这些内容都铭刻在脑海里而失去了用途。

徐文馨第一节课的体验和张然然很相似，课前总害怕自己一着急就语速过快，刚站上讲台的那一刻，面对下面学生的注视，也曾有一瞬间感觉大脑一片空白。但是一开口讲课，就发现自己停不下来了，之前准备的内容也能有条理地表述出来，之前担心的害怕、卡顿情况也没有出现，课堂节奏推进起来也没有自己想象中那么难以把控。

第一节课堂的顺利进行给她们树立了信心，但她们没有止步于"讲好课"，她们更想让每一节课堂都能让学生"听懂课"。为此，张然然和徐文馨做出了多种尝试，最终探索出适合不同科目的教学方式。

张然然重视每一名学生的数学基础，针对八一校学生的特点进行分层教学。她会在备课前将手头的各类教辅资料做完并分类梳理习题，总结出每节课的重点。然后为不同基础的学生挑选或自主设计不同梯度的题目作为课后练习。对于基础比较薄弱的同学，她会在作业讲解后，要求他们再重新梳理一遍答题思路并进行第二次提交。因为一些同学以前没有养成及时总结反思的习惯，她也常在讲完一章节后，自己手写整理知识点和对应的典型考点分发给学生们，带着学生们一起总结、补缺补差，并在此过程中慢慢培养学生们自主学习的能力。

徐文馨擅长创新生物课堂形式，曾将辩论赛引入初二生物课堂，以"胎生还是卵生的生殖方式对动物的生存发展更有利"作为辩题，让学生自行组成正方反方进行辩论。辩论赛对学生而言是很新奇的学习方式，能帮助学生更好地掌握知识点，另一方面徐文馨也希望能以辩论赛为契机，让学生产生对生物知识的兴趣，以后能主动地去了解一些课外知识。

一年时光太匆匆，老师想教的还有很多

回想一年的支教时光，感动、幸福、满足的时刻太多，但迷茫、动摇、无力的时刻也真切地存在过。

张然然谈道，刚开始的无力感主要来自于自己总想着多教给学生们一些知识和方法，但很多学生缺乏学习的信心和动力。和学生聊天时，常常有学生会告诉她"老师，我从小学四年级开始就学不会了，现在就更不会了""老师我喜欢听你上课，但我真的什么也学不会"。张然然在上课时说最多的话就是"这个地方有些难理解，不着急我们再来梳理一遍""还有没有不明白的？不明白一定要问

出来"。

刚开始学生们常常带着迷茫的表情，却又沉默着不愿或不敢提问。为了帮助学生拾起学习的信心、勇敢地问出不懂的地方，张然然多次在课堂上对学生给予鼓励，并尝试着课余时间找一些学生聊天，告诉他们自己发现他们身上有哪些很棒的闪光点。

慢慢地也开始有家长打电话告诉她，自己的孩子处在叛逆期，听不进去父母的话，但回家总说起新来的数学老师，更愿意听她说的话。这些都让张然然感觉到自己的真诚付出得到了学生和家长的认可，对她来说，这是一件很幸福的事情。

徐文馨曾苦恼于如何平衡好与学生之间的距离：一方面，她希望能和学生在课下畅通交流；另一方面，她又担心个别学生把握不好进退，而影响正常的课堂秩序。在摸索相处模式的过程中，徐文馨有时会觉得自己做得不够合适，而对不够成熟的自己感到失望。

但经过不断地思考与摸索，徐文馨慢慢找到了合适的交流节奏。她认为在与学生的交流中，最关键的是要保证从教师关注学生学习和成长的角度出发，对学生进行适当的鼓励或鞭策，不能仅为照顾学生的小情绪而因小失大。只有在交流中贯彻教师的本职工作，才能使交流发挥应有的作用，保持平衡的师生关系。

每个人对于老师的认知都不会是单纯的"教给我知识的人"。所谓教书育人，教授知识与价值教育是密不可分的。而能让学生们给予正面评价的老师，必然是自身存在"光芒"，并能用这"光芒"积极影响学生的价值观念与性格塑造。

张然然和徐文馨不仅关注"知识教育"，也在"人的教育"方面做出努力。她们希望学生能在潜移默化中逐渐学会"自洽"，也希望他们能学会挖掘，或者至少开始相信自己身上有着很多很多的可能性，同时也能从一个更大的格局来看待自己以后的人生。

采访手记：学生与战友，是珍贵无比的人生馈赠

21载，薪火相传，一届又一届的清华学子选择加入支教团，在三尺讲台上发光发热，在实现理想的过程中也成就着自身价值。

或许是来自教师世家，看父母伏案备课、桃李芬芳，耳濡目染立志成为一名老师；或许是来自教育欠发达地区，因为经历过所以更加懂得，愿将教育的力量

传递给有需要的孩子；或许只是一个善良的人，想做一些好事，然后青春正好，时间正好，遇到了一群志同道合的人。是这样的他们与我们，共同组成了清华研支团这一充满温柔与力量的团队。

一个月后，清华大学第21届研究生支教团将正式启程，接力支教。现在听着20届学长学姐们讲述他们的支教故事，我们也在期待未来一年会经历哪些感动与难忘的瞬间。

可能会像张然然与徐文馨学姐一样，在教学楼前和其他老师交流时，突然注意到有个低年级的孩子在旁边怯怯地站着等她们，发现被注意到后，只是抬头奶声奶气地说句"老师您好"就害羞地跑远了。

可能会像她们一样，虽然有时给一个班级只上过几节课，但在很久之后还会从很远的地方听到那个班的学生，用甜甜的声音一声接一声地喊"老师好"。

可能会像她们一样，收获相知相伴的战友，再艰难的时刻，都可以一起相互吐槽、相互鼓励着走过。你性格沉稳，我脾气急躁；你一贯整洁，我偶尔邋遢；你运动健将，我能躺不坐；你厨艺精湛，我黑暗料理。我们有太多的不同，但我们在一起就是最适合并肩的战友。

最后，张然然学姐用两首歌的歌词送给八一校的学生和研支团的战友们。

写给学生：
　　离去 倍觉依依
　　此际话别临岐
　　再隐隐记 旧日淘气
　　有足迹处
　　尽是桃李
　　盼好风会 常为你吹
　　——也许终有一天我会在你们的记忆里淡去，但是我会始终"盼好风会 常为你吹"。

写给战友：
　　You who wrote the hours
　　——是你们书写了我这一年里很多的开心时光。

冯晨龙：回到"第三故乡"支教

文 / 杨鹏成

> 冯晨龙，男，第 21 届研究生支教团湘西分队成员，曾在湖南省湘西州吉首市民族中学支教。

投身教育事业

"做支教，就是投身于教育事业。"当被问到为什么想要支教的时候，冯晨龙这样说。

2015 年夏天，他从陇西县文峰中学考入清华，在这里，他慢慢意识到了西部与其他城市教育的差距，也开始思考教育对个人前期发展的重要性。"我是甘肃人，从小接触的教育环境不是特别优越，所以想通过支教给贫困地区的孩子们带来些不一样的东西。至少在他们上大学之前我可以带他们走一段路，让他们知道外面的世界是什么样的。"支教的种子就这样在冯晨龙的心中扎下了根。

大学期间，冯晨龙参加了 7 次社会实践，担任了 5 次支队队长，同时也在清华大学国旗仪仗队担任副队长，并且多次参加支教志愿公益活动。"不管是做社工还是去外面做实践，大家都多多少少有一个育人的情结在里面。比如我之前在仪仗队带过训练，也是需要一点一点地教队员们怎么去做，这个时候其实我们也能体会到言传身教的精神。"

从内蒙古到湖南湘西，冯晨龙参与的社会实践大多属于服务建设类实践，"基本都是去到最基层的地方给当地百姓进行一些生活设施的建设。"在用脚步丈量祖国的过程中，他对基层国情民情更加了解，"我们国家最基层人民过的生活其实并没有我想的那么好。"

慢慢地，冯晨龙产生了离开学校去真正基层的地方看一看的念头。"无论是下乡看看当地人民的生活状态，还是去了解基层的工作环境，都会让我们对自己的认知、对中国社会的认知和对自己之后的发展规划更加清楚。"这就是他坚定选择支教的原因。

湘西是我的第三故乡

2017年，冯晨龙第一次来到湘西，在吉首市民族中学为高中生进行了励志讲座活动，从此与这片土地结下了不解之缘。

次年暑假，他再次奔赴湘西，为解决当地山区学校学生热水洗浴问题免费搭建了若干台热水器。"其实我是一个比较念旧的人，来湘西两次后觉得这个地方很不错，人也很纯朴热情，所以我想在这个地方踏踏实实地待一年。如果说北京是第二故乡，那湘西就是第三故乡。"

带着这样的想法，他在2018年秋季学期加入了清华大学第21届研究生支教团，并于2019年本科毕业后作为研支团湘西分队队长回到了吉首市民族中学支教。

为了在支教期内担任好老师的角色，每一届研支团都会接受相应培训。冯晨龙在培训期间通过了高中数学教师资格证考试，普通话等级考试也获得了二甲的好成绩。在湘西分队建队后，冯晨龙带着队员们一起观看了湘西的纪录片，以进一步了解支教地。业余时间，湘西分队还一起学习了教学管理方法，进行了板书培训，并且与经验丰富的老教师进行了交流。

初到支教地，冯晨龙因为之前来过湘西，适应得比其他队员更快，所以他努力地帮助大家从心理上适应新环境。"我自己把湘西当作第三故乡，因为我是队长，所以会帮着大家营造一种家的氛围。我们一直把自己住的地方叫作家，而不是说把这个地方叫作寝室或者宿舍。总之，我觉得来到支教地以后我们就静下心来，踏踏实实地去工作，然后把这里当作自己的家一样去建设就可以了。"

看到孩子们的变化，还是蛮开心的

吉首市民族中学的学生构成以特长生为主，学生之间的成绩差距很大。经过了一个学期的支教后，湘西分队带的班级成绩有所提高，与年级均分的差距缩小了不少。

"我们带的特长班刚入学时候的成绩比别人落后近百分，但是一个学期过后进步明显。虽然我们班级依然是在年级平均分以下，但是可以看到均分的分差已经从70、80分缩小到20、30分。"

除了学习外，学生们的行为也慢慢地因为这些老师产生了变化。"部分学生开始时不服管教，他觉得你就是个刚毕业支教的，凭什么来管我，你说他他还不高兴。"经过一个学期的悉心教导，学生们会主动说"谢谢老师"，问问题的时候也会用"请问老师"这样的称呼。冯晨龙看到这样的变化很欣慰："孩子刚进高中的时候不知道社交礼仪和礼貌用语，因为可能没有人和他们说过，所以我们就慢慢地教他们应该怎么样做，或者怎样做会更好。我觉得，相比于学习成绩，更重要的是教会他们如何做人。"

"全队五个人都有因为学生的事情哭过"，冯晨龙这样描述最开始的支教生活，"但是之后大家也慢慢地适应了这样的工作状态和学情。我们的学生确实不是那么优秀，相对于其他分队来说，我们学生的底子应该是最薄的，但这也说明他们是最需要支教的一批学生。"

看到孩子们的改变，冯晨龙深深体会到了支教的意义和价值。"我们能感受到学生们在进步。虽然进步的程度和我们的目标还有一定差距，但他们确实在慢慢变好，我从心底里感到开心。"

十八线主播感觉还不错

2020年2月1日是吉首市民族中学原定的开学日期，受疫情影响，开学延期到了4月20日。但在2月20日，按照当地教体局的工作安排，湘西分队的五名成员从家里来到湘西进行了为期14天的全队隔离，此后便是近两个月的线上教学工作。

起初，冯晨龙选择在班级QQ群里发语音讲课，但是把所有的课发完一遍后，他发现QQ语音并不能转发，只能拿另外的设备翻录一遍。每条语音时长近1分钟，每节课大概需要三四十条语音。备课、录音、翻录，这样一来，每节课基本上要花七八个小时才能完成。

七八节课后，冯晨龙意识到这样做过于耗费时间，于是开始录一个完整的语音文件发送给同学。虽然这样比之前的方式便捷很多，但问题在于发出去之后无法检测学生是否听课,同时也不能及时互动。

为了解决这个问题,学生建议冯晨龙直播上课。"刚开始没有选择直播上课主要是因为太羞涩了,不太能够接受网上直播给学生上课的方式,后来实在没办法就硬着头皮上,上了几次后感觉还可以,这个十八线主播当得还不错,然后就固定下来开直播间,让学生去听课,打卡签到。"到线下开学时,冯晨龙已经上了20余节网课,湘西分队全队网课累计近90节。

支教是一个双向的过程,一年的支教生活快要结束了,在帮助学生进步的过程中,冯晨龙也得到了收获与成长。

"如今我在做事情方面会比之前更加周全,会三思而后行,三思而后言。再回头看2019年考察时候的照片,那张照片里的感觉与我现在有很大不同。湘西分队的每一个人都有一定成长,大家对基层的了解更加真实,想的问题会更贴近实际,不会那么理想化。很多问题不是想当然就能解决的,如今的我们在关于对未来的发展,要从事什么行业,做什么工作的问题上,会想得比较实在。"

当被问到"自己给支教地带去了什么",冯晨龙回答:"这个问题应该问支教地。你来了就知道。"

第四章：日志

　　细腻的文字记录下支教生活的点点滴滴，琐碎的小事也会在日记本中静静流淌，天马行空的对话在白色的纸张中跳跃旋转，初为人师的紧张与故作淡定在日记中显露无遗。正是这些点点滴滴的记录，支教生活才更加真实、精彩与难忘。

杨洋：日记节选

文 / 杨洋

> 杨洋，男，第 4 届研究生支教团青海分队成员，曾在青海省西宁市湟源县巴燕乡巴燕中学支教。

2002 年 8 月 21 日

今天是各校志愿者去中国人民大学报到的日子，新的生活要开始了。由于上午、下午报到都可以，于是我决定下午去报到，把上午留给自己，最后再在家里赖一赖，毕竟时间越来越少了，已经能明显感觉到一列去往西宁的火车在那里等我们了。舜尧给我打了个电话，他已经到了，说住宿条件不错，让我下午 3 点之前到，要开个预备会。老爸老妈絮絮叨叨的嘱咐了好多好多。我知道虽然大学 4 年我也很少回家，他们已经习惯没有我的日子，不过这次是去青海，离北京 2190 公里的地方，不再像以往，打个电话就可以回家了。他们很难过，老爸还有些发脾气，我知道他们这是舍不得我，这让我觉得很对不住二老。下午 1 点，我提着一大箱的行李，刚走出家门口，突然感觉迈不动步子了，再回来怕要是几个月了，sigh（叹气）……一咬牙，头也不回地走了。

坐上公交车 740，到了中关村站下车，突然发现离人大还有好远的一段距离，打车到了东门，看东门已经挂上了"欢迎研究生青年志愿者"的大条幅。进了人大，那著名的"实事求是"石头旁边有张小桌，有个同学正坐着看书，书下放着张纸，仔细看那未被书压着的字，猜到是"研究生支教团接待处"，找到组织了！我说明了情况后，他告诉我要去人大里面的宜园 3 号楼报到，接着又拿起了他的书，继续苦读起来。我拖着大行李箱，费力地往前走，时不时能看到做的指示标，指着宜园的方向。在我印象中，人大还是很小的，基本不用骑车，就相当于清华的教学区的大小，可这一走，才觉得它好像又比我印象中大些。而且这里还在大兴土木，后来一问，才知道这里为了向"世界一流大学"迈进，正在大干特干，开了二十几处工地，到处是土。

我一个人在人大里走着，路边的人大同学仿佛已经见惯了，倒也没人在意。不禁让我有些愕然，本以为找到组织，会有志愿者来帮我们这些志愿者拿行李，带我们去报到。毕竟在清华，志愿者都是这样做的，很热情。后又一想，不能老这样要求人家嘛，毕竟这里不是清华，而且我也离开了清华，现在要做的是，努力忘掉自己的学校，一切重新开始！

2002年9月3日

沈毅昨天晚上帮学校打印课表打到夜里11点。我们俩的课，一个全安排在上午，一个全安排在下午，这里是上午全上考试课程，下午上副科，我教英语全在上午，而他是教计算机，所以他上午可以休息了。之后去找教务处的刘主任要教材，没有我的那份，郁闷！只好两手空空地走进教室，上了我在青海的第一节课。

学生们显然很好奇我这个小老师。好在由于对我陌生，倒是很老实，我很满意。他们就像以前电视里看到的那样，与城里的孩子明显不一样，大都比较邋遢，而且由于地处高原，风大，脸蛋上都是红扑扑的。我突然很想照镜子看看，自己有没有也出现红脸蛋。拿过学生的教材，我略看了一眼，又还给了他。毕竟是教初一的英语，扫了一下就已经知道本学期主要是教26个字母、一些基本句子和语法。接下来就是按我前几天想好的，让同学们把书合上、收起来，我要跟他们好好聊聊。于是我问他们，你们为什么要学英语。学生说了不少，可是他们的话我听不懂。后来才知道有的学生说是因为考试要考，有的学生说是因为要与外国人对话。我不知道他们说得对不对，可我知道，他们很难会有机会见到外国人，甚至英文的报纸、杂志。于是我告诉他们，英语与自然科学、社会科学不同，它只是一种语言，不是科学，只是一种工具。掌握了它，视野可以变得更加开阔。碰巧我看到了教室墙上挂着的地图，我先给他们指了指中国，接着又指美国、英国、加拿大、菲律宾等，告诉他们这些国家都是说英语的。学生显然很感兴趣，于是我也愈来愈有谈性，侃了半天，说到了计算机上英语的应用，说起了美国的电影、音乐，说起了Harry Potter（哈利·波特）。

不知不觉就过了45分钟，我赶忙说了我对他们的要求：课前要预习，课后要复习，每天给英语15分钟，出乎我的意料，他们答应得非常爽快，痛快得使我担心，他们到底有没有想过，这承诺意味着长期的坚持，可能他们还小吧。

由于中午没有大灶，我和沈毅一起去外面餐馆吃。要了个宫保鸡丁，很高兴这里还有这么熟悉的菜名。边看餐馆里放的录像，边喝着熬茶。熬茶咸咸的，还是喝不太惯。20分钟，菜上来了，我一看，傻了眼，与我印象中的鸡丁大相径庭。这盘菜只是把鸡身剁碎，整个一盘皮包骨头。我们决定，以后绝对不点宫保鸡丁了。

下午正睡午觉，被李老师叫起来去领粉笔，沈毅惴惴不安地上课去了。小屋里光线很不好，真想有张躺椅，傍晚在屋外看书，悠哉呀，城里可没这享受！傍晚和沈毅一起顺着铺满石子的"路"上往村外走，沿途不少人也在放着羊。旁边时不时地过来一辆满载黑色牦牛和白色羊的大卡车。出了村，又走了快一公里，手机终于有信号了，屏幕也从"无网络"变成了"中国移动"，虽然只有一格信号，我们还是很激动。我们往路边的山上走，信号稍强了些。"嘀嘀"，沈毅先收到了短信，但发短信老是发送失败。看着对面的山体广告写着"联通寻呼"，心中不禁感慨万千。沈毅举起手机，期望能使信号更强些。奇怪的事情发生了，它的手机狂叫，一下子收到了5条短信。我们认真总结了经验，发现举起手机对着远处山口晃晃，短信就能发送出去！对于这一发现，我们欣喜若狂，终于可以收发短信与远在北京的朋友联系上了，而且基本没有延时，爽！我们俩当即决定，以后每天放学后，来这里收发短信！天渐渐黑下来了，一直在这里站了快2个小时了，也冷得够呛，看着不远处的村子各家都升起了袅袅炊烟，突然很迷茫，不知是这能收发短信的山上文明，还是那村子文明？

2002年10月4日

"十一"这几天一直在李老师家里住，毕竟有电视可以看，很高兴，感觉又和社会接触上了。倒是亚运会开得好像极突然，我一直不知道，直到前些天看电视才知道亚运会开始了。沈毅应该已经到家3天了吧，一定很happy（开心）！今天，我们要去湟中县的塔尔寺。坐上一辆面包车，开了快2个小时才到。一下车，就看到了停放着很多很多的车，好久没看到这么多车了，特激动。不过让我更诧异的是居然有的车牌子是"京A、京E"的,我真想等车主回来,跟他好好聊聊,老乡见老乡的感觉我终于能体会了。再看看,这里的车牌以"青、甘"最多,"蒙、新、宁、鄂、苏"的也不难找,实际上基本上全国各省市的车都有。

  塔尔寺实际位于山上,这里看去就能看到山上的寺院。它是藏传佛教格鲁教派(黄教,俗称喇嘛教)创始人宗喀巴大师的诞生地。而据说宗喀巴大师就是一世班禅和一世达赖的老师。我们进去逛了几个小时,里面的酥油味很呛,不过有个酥油花的展馆倒是让我大开眼界。他们在0摄氏度以下用酥油做雕塑,制作宗教题材中的人物,色彩艳丽,巧夺天工。大金瓦殿、八宝如意塔和四大经院给我留下了很深的印象。堆绣、壁画美轮美奂,藏经众多。最让我感动的是,众多藏民在这里极为虔诚地跪拜。他们的跪拜与一般的磕头不同。有个穿着藏袍的老婆婆,双手合十高举过头,用头去碰护栏。在佛像前,更是要先跪下,再全身扑到地上,反反复复地拜。唯一让我遗憾的是,这里的喇嘛已经不怎么作法事了,只是闲散地擦着法器,更多的是收钱卖票、与游人合影了。我逛了几个小时,跑了几个山头,很累。藏传佛教与中土佛教比起来,寺院布置也较为凌乱,显得大但杂乱。建筑也显得很粗犷,细微处的修饰不如中土佛教。从塔尔寺出来,在附近想买几把藏刀,发现做工极差,估计全是小作坊的产品,我甚至怀疑这样的藏刀能不能用来割羊肉。在藏刀的设计和加工上实在需要有正规厂商来提高藏刀的品质与档次,它应该是工艺品而不是伪劣品。我买了个牛角,用来吹的。吹了一次,闷闷的呜呜声很有感觉,我这可是真正的"吹牛"了!

2002年11月22日

  期中考试已经过去了,我发现自己教得比较失败。大多数学生回家后根本不会再打开书包。不是放牛放羊就是要帮家里做饭,再看会儿电视就睡觉。现在已经没几个人能坚持看15分钟英语了,能把作业做完就很不错了。而且不少男生和一小部分女生都开始抄作业,基本半个学期下来,有人连26个字母都背不下来。我现在越来越觉得人的成就不在于你学了什么,而在于你做了什么!我现在对学校里的老师很是佩服,他们虽然好多只是中专毕业,也没有受过专业训练,可教学成绩就是很厉害,虽然他们的方法简单而粗暴。我也开始疑惑,打学生是不对的,可打学生是为学生好,而且显然很有效,到底应不应该这么教育学生?

他们都很怕那些男老师，但唯独不怕我，敢直接喊我的名字，敢开我的玩笑，虽然他们说我是唯一不打他们的好老师，可我觉得我不是个好老师，我觉得我没能教好他们，我对不起他们。这里的孩子不像北京的孩子或城里的孩子，没有很强的求知欲，大部分家里也对孩子学习不很上心，上学每年花120元，不如去干点什么活，挣些钱。而且这里的孩子基本上到初中就不再上了，因为他们认为念大学是遥不可及的，要花很多的钱，而且还不包分配。

由于学习态度没有摆正过来，很多学生把上学用来消磨时间，当作玩。一个学生曾对我说："我不是学英语的料，我学不好，我也不学，我学它没用，我家有地，我就当个农民，学不好没关系。"我列举了美国、沙特的高科技农业的例子，想告诉他农民和农民也是不同的，可以科学高效种地的。可他说，他家祖祖辈辈都是这么种地，这么活过来的，他这样有什么不可以。我无言以对。虽然我知道他这样说肯定是狭隘和错误的，可我不知该怎么说服他。西部大开发是已经开始了，但我不知道他什么时候能强烈感觉到这伟大工程带来的变化。

期中考试已经过去，天气也渐渐冷了下来，这里已经下了几场大雪，我除了上课几乎都是躲在烧着炉子的小屋加煤、烤火、倒灰、砸煤、再加煤。现在摆弄炉子已经得心应手了。早上捅开昨夜封住的炉子，打开风门，加入小煤，过会儿火就起来了。想烧旺些就开风门，多放些煤，捅个眼。上课、吃饭时要封炉子，用煤块和煤渣把火压住，可以多烧一会。晚上睡觉要用更多的煤块和煤渣封住炉子，要让火能留到第二天早上。开始常常是没封住，烧过了。第二天早上起来就剩了一炉膛的灰了，那就还要砍柴来生炉子。今天白天我们就把炉子封起来了。

现在不少家远的学生因为路远而且期中没考好，开始厌学、逃学、辍学。于是学校组织我们去周围几个村劝学生复学。这在以前是让我难以想象的，我从小学、初中、高中、大学都是在重点学校，看到的全是学生、家长挤破头，托人、找关系来上学的，哪里见过这场面。我和沈毅及另外4位老师去的是离学校较近的下胡丹村，情况稍好些，只有7个孩子。在一户人家，付老师跟家长说了半天，那个家长一直抽烟，什么也没说。最后一拍大腿，说了句话。一问其他老师，他说的是"好，付老师，我给你面子，明儿就让他上学去"！另外几户就不这么顺了，有的是家长管不了自己的孩子，有的是真困难，没钱上学。还有的听到风声，知道我们来劝学，干脆锁上大门，全家躲起来，不见我们。最后一户人家只有个老婆婆在，老师们说了半天，也跟老人家说了，我们是北京来的，听不懂湟源话。其实我们不是完全听不懂，说慢些是能听出来一部分的，可他们一交谈起来就说得太快跟不上了。我只是吃着馍馍，看着老婆婆。她应该有80多岁了，特别瘦了，但脑子很清醒，腿脚看来也利落，很热情地招待着我们。我很好奇，她过去的几十年是怎么过来的，她知不知道外面的世界是什么样子？

终于谈完了，出来时我看院子里用小矮墙围起了一块，我凑过去往下一看，一个大家伙正好"哼"了一声，毫无思想准备的我被吓了一大跳，猪呀！好大的猪呀！我被猪吓了一跳！猪的智商是比牛、羊、猫、狗都要高的，它这样是有意的吓我或者是警告我！猪头实在是该用来夸人聪明的。这时老婆婆问我说："你听不懂湟源话？"她说得慢而清楚，我惊魂未定地回了一句："是呀，我是听不懂。"但马上觉得这话说得有问题！

2002年12月9日

昨天去西宁给诗微过生日，吃牛肉面时带回来的茶叶蛋我一直省到了今天，吃得我很爽，生活乐无边嘛！于是我决定自己做茶叶蛋！去买了个小锅，盐、茶叶、酱油和30个鸡蛋。中午开始煮了我的茶叶蛋。倒了一锅水，放上8个鸡蛋，扔进去一把茶叶，倒上点儿酱油，突然不知道是不是该这会儿放盐。于是给家里打了个长途，老妈先批评了我不该买铝锅，要买不锈钢的，然后说水开了，把鸡蛋壳弄碎，再放酱油、茶叶和盐。我说果然和我想的一样，看来求证是多余的，挂了电话。然后倒掉一锅水，再拿水桶又去提了一桶水，重新来。

做茶叶蛋让我感觉和做化学实验差不多，按步骤来，该加什么加什么，倒比我想象中简单了很多。我突然觉得食谱其实格式和化学实验预习报告差不多，突然对于自己的做饭水平很有信心了，毕竟咱实验能力还是很强的。这次煮茶叶蛋让我感觉使炉子做饭挺方便的，往上一放就等水开了。和沈毅吃茶叶蛋，唯一遗憾的是虽然蛋皮已经上色，看着像茶叶蛋，可剥了壳，鸡蛋还是挺白的，吃起来发现根本没入味儿！沈毅可不管那么多，说煮鸡蛋也很好吃。

享受生活原来可以如此简单：温水洗脸，热水泡脚，吃茶叶蛋，使电热毯！生活乐无边！晚上看了会儿书，出去上厕所时，抬头一看，又看到了一颗流星。今晚的星星也很多，又可以看到银河了。满天的繁星看得我很陶醉，这在北京是看不到的，即使我小时候在北京看到的星星也远没有这般多这般清晰。看了一会儿，外面实在太冷了，又钻回了被窝，插上电热毯，抱着热水袋。在两层被子下面才能不感觉到冷，现在下地待一会儿就觉冻脚。这里的冬天像这里的山一样，太 cool（酷）了！

2003 年 3 月 18 日

今天上午 10 点有新任国务院总理与中外记者见面会。我上完课，马上就跑到教务办公室看电视直播。温家宝总理给人一种智慧而亲切的感觉。他说的话实在而有震撼力。其实我们 2002 年 8 月 29 日刚到湟源时，正巧温家宝总理在这里考察，住在县委招待所，8 月 30 日他走后，我们住进了县委招待所。据这里的人讲，他曾在湟源某个乡的兰州地质勘测点工作了好几年，对这里极为熟悉。他下来可以和当地的老人用湟源话聊天，了解实际情况，而县里的领导一旦作假马上就被会他发现。

这位被誉为"数字总理"的长者，走了全国 2500 多个县中的 1800 多个，实在令人钦佩。他在谈及要减轻农民负担，要从机关改革开始时，举了一个例子，西部的一个小县城，十二三万人，吃公粮的就有 5700 多人。周围的老师们马上哗然，他们说温总理说的这个小县城就是我现在所在的湟源县！湟源县人口 12.5 万左右，吃财政饭的有 5721 人，其中一部分是教师，一部分是政府工作人员。温总理提到的农村税费改革在这里已经开始，可这里农民依然贫困，看来这里要进行的裁汰机关冗员是必然的了。可这里的教师很自信，他们说这里目前缺教师，他们不会被裁；而与我们经常接触的团县委只有 3 个人的编制，天天忙得团团转，看来机构改革也不是很容易的事。但从电视上我看到了这位温总理的决心，他非常了解农村、西部、基层的困难。

从教委回到宿舍，想了很多，想起了江泽民总书记视察青藏兵站部时题写的"特别能吃苦、特别能战斗、特别能忍耐"的革命精神；想起了 2002 年 11 月 15 日看到新一届政治局常委时的激动和我们不久后递交的入党申请书；想起了团中央书记杨岳老师在为我们送行时说的话；想起了这次支教的所见所闻。在不少清华学生纷纷出国的时候，我们的行为的确另类。毕业于清华水利系的老学长胡锦涛总书记在主持着国家的建设，我觉得同样从清华水利系毕业的我应该参与到祖国西部开发的建设中来，参与到祖国复兴的伟大工程中来！我要用我自己的双手和智慧来建设我的祖国！我终于找到了目标，明确了自己的前进方向，我很高兴，世界仿佛不再懵懵懂懂，一下子变得豁亮起来。把自己有限的青春投入到无限的为人民服务中去！

张瑞廷：酿了又酿的青稞酒

> 张瑞廷，男，第5届研究生支教团青海分队成员，在青海省西宁市湟源县巴燕乡巴燕中学支教。

一路行来，颠簸与缺氧已经是在预料之中，但是我并没有想到这里会有这么多辍学的孩子。

本来星期六应该是休息的，但是因为整个巴燕中学有60多个孩子没有来报到，所以昨天下午校长布置下紧急任务，召集全校为数不多的老师奔赴巴燕的各个乡村走访辍学的孩子，如果能够劝他们复学最好，劝不了也要搞清楚辍学的原因。

李南病了，我就代替了李南的位置，直奔高山而来，汽车一路上行，沿着弯弯曲曲的山路，颠颠簸簸地往上走。车里的老师用青海方言谈着些什么，反正我不懂，就把它们随同汽车的马达声一起处理了。我的思绪依然飞到很远的地方，外面是青海的大山，在山中行驶的时候，反而觉得这里像是江南的平原或者丘陵，因为看不到任何连绵起伏的样子，这样的景色很难让人有一些青藏高原边缘的感觉。

山顶山腰上零零落落地分布着一些村庄和农家，我们到达了第一个目的地：西岭台村，据说这里有两家辍学的孩子。第一家的门敲了好久，没有人回答，然后不远地方一个晒太阳的老人告诉我们说这家人迁居到海北州了。当地的百姓都把青海湖称为"海"，海北州应该就是一个在青海湖北部的某个行政区域吧，据同行的马主任说刚察是海北州的。我想起来了，上回随记者一起去青海湖的时候，快到青海湖的边缘，看到一个路牌，上面标明刚察离这里大约100公里。我很诧异一个孩子的迁移竟然连一个转学手续都不办，马主任黯然地说："那里的教学条件差。"言外之意，孩子的水平应该达到了到刚好能够比别人高一些或者齐平

本文摘自《酿了又酿的青稞酒》，中国大百科全书出版社，2005年。

的水平了。

第二家是班主任搞错了，孩子已经报了名，我笑笑，希望每次都听到这样的好消息。

可是我错了，当我们的车奔奔波波达到了居士浪村，迎接我们的是硕大的藏獒，家里并不富有，有一个胖胖的儿子，而女儿却辍学了。走的时候，仍然没有见到辍学的孩子，家里给的理由是孩子学习不好，家里经济又困难，读完了书也读不出什么名堂。几位老师和家长寒暄一会儿，没有做太多的劝告，然后就走了。我无意怪这些老师，能够跑这么远的路，已经不容易，本来他们的职责也仅仅是在课堂上教书，但是，让这些孩子复学，又是谁的责任呢？

走访完居士浪，已经走访完了五个家庭。面对这些我没有任何办法改变的事实，我都不知道我能够帮他们什么。

如果说这里缺钱，这里经济困难，我或许回去还能够取得社会资金的支持，但是如果说孩子因为学习不好退学，那么谁又能帮他们？自己还是别人？站在我的角度，几乎是设身处地地帮他们了。可是在中国现行的教育体制下，总会有学习优秀的，也总会有学习差劲的。

如果我是农民，我也会让我学习很差的孩子别再读书了，既花家里钱，又不太可能读出什么名堂。看看那些专门为城市孩子编写的教材，再看看连这里的老师都不知所云的大纲，我真的不知道该说些什么。

或许还有办法改变这些，但是我需要时间。

到达石门的已经是下午了，走了这么多的路，终于看到了一个辍学的孩子。还是一个女孩，名字叫赵宝兰，家里确实很穷，给我们她辍学的理由是她要打工。我说孩子我给你照张相吧，你笑一笑，孩子很灿烂地笑了，但是我相机中的笑容却那般凄然。

山路依然在远方延伸，不知道这样的颠簸还要持续多久，很久很久，我想起两句诗：

云横秦岭家何在？雪拥蓝关马不前。

其实这仅仅是一个开始，到了学期末我教的两个班又有五名孩子回家不再来上学了。

第一个不再来上学的是秦明豪，初一的孩子，站起来比我都高，长得有点痞子样，不过特别老实，上课虽然也到处捣乱，但是大喝一声就不敢再动了。

学习确实很差，我讲了200遍的正负数他就是搞不懂，我最后都气得没脾气，一个数轴，也能把箭头的方向画反。

简直让人哭笑不得,不知道他是真不懂呢,还是专心致志地和我捣乱呢!

上了半个学期,这个孩子就不再来上学了,连期中考试都没有来。其实他就算上了半学期,上学也是三天打鱼两天晒网,一个星期中有一半的时间是在旷课中度过的。说实在的我在他身上花了不少力气,就是没用。

有一次他一个多星期没来上课,我一问同学才知道他不上了,据说在家放羊,还挺高兴的。我气不打一处来,对他最要好的朋友李国忠说:"你明天给我把他叫回来,听到了没有?"

李国忠利索地对我点点头,让我很有信心。

过了一周秦明豪没有回来,李国忠也不上学了。好么,这哥俩,回去一起做伴放羊了。

最让人气愤的还是李文虎的辍学。李文虎应该算是我的得意门生,小伙子聪明好学,学习成绩也不错,但是有一天突然不来上学了。我很诧异,不来上学的都是学习差的学生,可是李文虎怎么也不来了呢?

反复奔波之中打听到,李文虎的家不在湟源,他在巴燕上学的时候是寄宿在他姨妈家的。

当天我就让一个和他姨妈同村的孩子领路,走到李文虎姨妈家。她家里看起来也不穷,不像供不起孩子读书的样子。我开门见山地询问了情况,李文虎姨妈吞吞吐吐了半天,终于向我道明了原因。

李文虎的家在离这里100多公里的海北州,海北州全是牧民的小学中学,教学质量不好。李文虎的父母商量了一下,觉得不行,还是送到湟源来读书,好歹算是农区,教师也都是师范学校毕业的。

但是李文虎来到巴燕之后并不顺心,因为他是一个外地人,而且是比这个地方更穷的外地人,所以巴燕的几个大孩子就合伙欺负他。反正你是外地人,我们才不怕你有什么朋友帮忙呢。基本上是堵住了就揍一顿,然后把身上的钱都勒索光。孩子上了一段时间,实在挺不住了,就想回家读书去。

我听了之后格外气愤,好啊,还敢打人还敢抢钱。我当即就给她姨妈说,"您让孩子回来读书,谁要再欺负他我来想办法",在他姨妈家里我给李文虎的父母打了电话,电话那头含含糊糊也不知道要表达什么意思。只好委托他姨妈了,拜托她有空到他家里一趟,怎么说也得让他回来读书。

但是那个孩子最终没有回来……

我走回学校时已经很晚了,昏黑的公路上只有我一个人在走,路旁是一些坟墓,一阵冷风吹来,格外寒冷。

张镍：在巴燕的日子

> 张镍，男，第7届研究生支教团青海分队成员，曾在青海省西宁市湟源县巴燕乡巴燕中学支教。

2005年9月4日　星期日　青海　湟源　多云，有时有雨

今天是一个值得"大书特书"的日子。今天的经历本可以写很多文字，但可惜时间有限，只能简略一些。

上午10:30，我和晓光跟着巴燕的张老师、赵老师、宋老师、史老师从巴燕中学出发，去各个村里劝学。我们总共去了上浪湾、下浪湾、莫合尔、石门、福海、元山六个村。下面借着此行所学到的新名词，来记录下今天的经历。

1. 青稞面、面鱼：今天第一次吃到了青稞面。青稞面是一种粗粮，当地人往往将青稞面团搓成中间粗、两头尖，七八厘米长的面条——面鱼。刚吃起来味道还不错，吃几口之后就有点涩，还有点粘牙。放的调料有醋、盐、葱、辣子。

2. 雪鸡、野鸡：这里的人将自己捕捉到的雪鸡和野鸡制成标本，放在家里的柜子上头做装饰。雪鸡和野鸡大概都不是这些鸟类的学名，在我看来应该是雉鸡的一种。这些标本都十分漂亮、精致，制作的方法是将内脏除去，然后用铅丝等加固、晒干。

3. 经幡：在靠近藏区的福海寺看到了经幡。经幡是上面绣有经文的旗子，据说它放在那里，被风吹动，就是在念经文了。这应该是藏区的一种习俗。当地人用一个类似藏语的名字来称呼它，可惜我忘了。

4. 藏狗：许多当地人家养着藏狗。藏狗的颜色一般是黑底白花，十分凶猛，只要你一走进门，藏狗就会疯狂地嚎叫，并且疯跑。我想只要松开藏狗脖子上的铁圈，它一定会毫不犹豫地扑上来。我当时有一个想法，如果将村子里所有藏狗

的绳子解开，村里一定不能住人了。据说藏狗是不纯种的藏獒，而现在纯种的藏獒已经很少了，大概只有几百头。据说有人找西藏的一个活佛花100万元买了一只纯种藏獒，但是带到平原上之后，藏獒却氧中毒而死。唉，本来我还真想带一只回去养的。

5. 锅盔：一种食物，用白面做成。上面颜色为黄色、棕色，底面是棕色，有点焦。锅盔非常硬，味道比较淡，单吃不太好吃，需要蘸着奶茶或者汤一起。后来发现，锅盔一般是放在家门口做的，把揉好的白面放在容器里，然后在家门口用一堆柴草围起来，点燃，等很久，锅盔才能做好。

6. 奶茶、酥油：奶茶是从市场上买来的茶砖加上奶煮成的。酥油是从牛奶中提取的精华。放在一起后，味道类似于市场上买的珍珠奶茶，但味道要更浓一点，腥一点。还可以忍受。

7. 昆仑玉：在一个家长的家里看到了用昆仑玉制成的酒盅，很漂亮，深黄色，半透明，有一些白色或者淡黄色的花纹。摸上去很有一种温润的感觉。

8. 人参果：在上浪湾的小路上，同行的张老师指给我们看一种长在路边的矮矮的草本植物，大概只有几厘米高，但据说这就是《西游记》中大名鼎鼎的人参果。只要到了冬天，拔起这株植物，便会看见类似人参果的东西，不知道是不是真的。

9. 敖包：有一出著名的京剧——《敖包相会》，我以前一度以为"包"指的是包拯。但今天终于明白，"敖包"是山神庙的意思。这里的每一座村子都好像有山神庙。据说每年的年初一和正月十五是主要的祭祀日子，而平时的初一和十五也会烧炷香。一般敖包的样子是前面有一个小房子，后边有一个看上去是由石头和布堆起来的和房子一般高的堆堆，不知道里面是什么。

10. 麦穗：今天第一次知道，麦穗还是可以生吃的。只要摘一个麦穗头，然后用手搓揉，再吹一下，就能得到不少黄绿色的麦粒。每个麦粒有两瓣，吃起来有种淡淡的甜味。据说这就是麦芽糖的味道。

11. "本人厌学"：今天的目的是劝学。这里学生辍学的一个重要原因就是所谓"本人厌学"。在我看来，不仅这些学生有"厌学"情绪，有些家长也没有要让孩子求学的意思。说白了，就是他们缺乏应有的"希望"。他们觉得，学习是没有什么用处的，还不如回家务农或者打工挣钱实惠。某种意义上来说，他们把学习看作一种"高风险的投资"，认为既然通过学习成才的希望渺茫，不如回家种白薯。我们所能做的，一是强调成才后的好处，二是让他希望大一些，风险小一点。但是具体应该怎么做呢？怎么样给他们希望，降低他们的风险呢？我还不知道。

2006年5月16日　星期二　青海　湟源　晴

　　昨天下午，借了一辆车跑去了下胡丹。那山路，虽然宽，但全是石头，而且都有坡度。上坡的时候基本上就是推上去的，而当我从下胡丹骑车滑下来时，简直把我郁闷坏了，非常颠，非常陡，不停地刹车，到最后手都红了。真是想不通我的那些学生，他们如何每天骑着车，通过这样的路上下学的呢？但是，在高原上偶尔骑车旅行毕竟还是一件很令人愉快的事情。我看两边的山，趣味也盎然。下胡丹是一个挺大的村子，大概有500多米长吧，少说也有300户人家。我还参观了下胡丹小学，六个年级齐全，教室也不少。就是那个所谓的图书室……我趴在窗台上往里瞅了一眼，里面好像只有几张报纸和几本杂志。

2006年6月17日　星期六　青海　湟源　多云转阴

　　巴燕峡、西岭台一日游。这是两个我从来没有去过的村子。

　　我们骑着借来的自行车，大约20分钟以后，沿公路到了5公里外的巴燕峡。

　　第一站是我的学生贺延伟家。虽然我们一直听说他的爸爸是村主任，但他家其实也不是很大。进去之后，里面的陈设就是一般的样子，有一个不大的彩色电视机，一部电话，没有书架，没有书桌，没有台灯。

　　和贺延伟爸爸聊了一下。他马上就要和自己的兄弟一起出门到甘南去打工，好像是给那里的牧场围栏杆，下午就出发。另外，听说有不少海晏（离巴燕乡大概几十公里远的一个县城）的学生居然会来巴燕求学，因为在青海，湟源县的教育（即使是巴燕这样的乡中学）是要好于海晏的。从这一角度来看，虽然有所谓厌学问题，但青海人对教育的重视程度应该还是在提升的，借读生的出现就是一个标志。我教的初二3班，"电脑牛人"赵廷霞小朋友不就是借读生吗，贺延伟的表弟也是，就住在贺延伟家里。但是，让这么小的孩子离家求学……唉，事情总是有两面性，但这种现象毕竟是一种进步。不过，所谓湟源的教育好……不提也罢,我感到心酸。我们在贺延伟家歇了一会儿,然后就继续出发了。给他照了两张相。

第二站是党敬昭家。去的时候,她正在一边看电视,一边看书……呵呵,是个爱学习的孩子啊。

我们离开巴燕峡时,天气不是很好,阴阴的。但贺延伟的爸爸保证说下午绝不会下雨。呵呵,相信天气预报还不如相信这种多年的经验,我们继续出发了。

开始走山路了,虽然路还算平整,但毕竟是土路,沟壑纵横,坡虽不陡,但还是不能骑车。我们只能推车上山了。还好有李成新和贺延伟两个小朋友领着我们,顺便闲聊天,还不算寂寞。路上的风景还是不错,晚春的山坡上到处是丛丛的青草,还有一些蓝色的野花在路边顽强地生长,空气很清新。再加上我们已经完全适应了当地的气候,不再有高原反应,所以很可以欣赏两边的风光了。这是我们第一次看这里的风景,恐怕也是最后一次了。

大约1个小时后,我们看到了西岭台的第一间房子。

李成新小朋友努力地向一个耳朵半聋的老奶奶问了半天路。老人家不容易,一个人在拔草,不知已经多久了。也许在艺术家眼里,蓝天、碧草、孤独的老人是一种艺术,但在我看来却很心酸。问李成新他们,据说这里的男人一般不会拔草,好像主要司职出门挣钱,只有女的才拔草。

好不容易找到了杨文忠家。杨文忠是巴燕中学当之无愧的最优秀的学生,每次考试几乎都是年级第一。我常去他们教室看自习,每次都看到他在做数学题。我很喜欢这个学生。

到了他们家,院子还是挺大的,有一头牛,还有两只鸽子,还有一些其他的动物,没有常见的狗。不过,最重要的是,他们家有一类重要家具——书桌,而且有两张,一张属于杨文忠,一张属于他姐姐——巴燕中学初三的杨文桢,成绩也是年级前三。真是让我高兴,虽然书桌很小,很破……希望,对,这就是希望。

阳光从书桌前的窗子透进来,照着杨文忠摊在桌上的物理练习题,我仿佛看到了自己的过去,一张小书桌,孕育着梦想和未来。

杨文忠的爸爸不在家,去格尔木附近打工了,不知道什么时候回来,只有杨妈妈在家里操持家务和农活。

从杨家出来,我们又去了最后一站李万宝家。李万宝家就不如杨文忠家了,院子小一些。李爸爸在家,也要在近期出去打工吧。李爸爸看着比贺延伟的爸爸要苍老很多，装束也非常……土气，对不起，我并没有恶意，只是对服饰的客观描写，一顶蓝色的八角帽，土黄色外套，就是很久以前时流行的那种样式。李万宝是上次学校推荐的成绩好、家里条件差的学生，所以我特别留意。的确，他们需要某种帮助，我想。

李万宝家很热情，给我们泡了奶茶，很好喝。和李爸爸聊了一会儿，李万宝很瘦，他弟弟更是如此，我嘱咐他们家里，希望他们能够对孩子的身体多加注意。

给李万宝家照了一张全家福，我想如果可能要帮着印出来。他们一定要拉我们吃饭，我们像逃跑一样地走了。感谢热情的村民们，但是我们不愿意留下一个到学生家里蹭饭的名声。

他们真不容易！

刘莹：那一朵美丽的格桑花

> 刘莹，女，第8届研究生支教团青海分队成员，曾在青海省西宁市湟中职业技术学校支教。

又是格桑花盛开的季节了，我们的支教时间也满一年了，马上就要离开这雪域高原，离开这美丽的格桑花了。我整理思绪，用心记录这段不平凡的经历，那像昆仑山般巍峨缠绵的青海印象。

一年前大学毕业，可以说走到了人生的岔路口，经过慎重考虑后，我选择了来青海支教。这不是一时的冲动，更不是美妙的幻想，这是一个清华学子的责任与信念。一年的支教生活苦中带甜，让我永生难忘，在人生的站台上我登上了一列通向人生价值的列车，就像一朵小小的格桑花绽放在祖国西北的高原上。

背起理想的行囊

2006年8月26日，我们一行十人，在上海培训后来到了青海湟中，从此一个崭新的生活、一段特别的经历开始了。我希望自己能用心记录下支教生活中的每个片段，用一名普通人民教师的双眼和心灵去观察和感受大山里孩子们的成长。

来到职校的第一天，我们提着沉重的行李走到了安排好的宿舍，我和另一个支教的女同学住在一个房间里。推开门，这里除了两张光秃秃的硬板床，什么都没有。很快后勤的老师送来了暖瓶和脸盆，让我们心里顿时有了几分安慰和感动。还有几天才开学，所以学校里没有学生，空荡荡的教室、空荡荡的操场少了很多生气。这几天赶上了阴雨天，没有看到想象中的蓝天白云和美丽圣洁的雪山，倒是后山传来阵阵的芳草泥土气息让我们感到了高原上的清新惬意。初到湟中，最让我记忆犹新的还是街道旁和山坡上一簇簇五颜六色的小花，姹紫嫣红，竞相开放。我不禁想：它们叫什么名字？它们为谁开放？

渐渐地我们适应了高原的生活，当我每每望着远处的高山和那灿烂的花朵时，感到自己已经和湟中的一草一木分不开了，心里已不知不觉地融入了一种沉甸甸的责任和情感。

三尺讲台，我的舞台

"刘莹老师，幼一（1）班班主任……"在全体教师大会上，我听到了自己的名字，更意识到了即将担负起的责任。

开学的第一周是新生军训，我带领幼一（1）班的女将们开始了职高生活的第一课"坚强拼搏、战胜自己"。在烈日下操练我们声音洪亮，在雨中行进我们步伐整齐。一周过去，我的脸上泛起了淡淡的高原红，和孩子们也越来越像、越来越亲近了。到了军训会演这天，我为孩子们鼓劲加油，班集体的荣誉感油然而生，凝聚力也逐渐增强，经过全班不懈的努力和出色的表现，幼一（1）班获得了第一名。我欣慰地想：巾帼不让须眉，我的女将们有志气！

军训之后便开始正式的教学工作了，我所教的班级和科目是幼一年级的英语、幼二年级的美术。在英语教学中，发现学生认不全音标、单词读不准，再加上没有录音机和录音磁带，给教学上带来了很多的困难。这个时候我并没有被困难吓倒，而是想尽办法为学生创造更多更好的学习机会和条件。除了白天课上的常规教学和晚上的自习课，我挤出时间组织学生补习，班里成立了"一帮一"英语学习小组。没有录音磁带，我就辅导学生依照课文中提供的情景进行对话表演，不仅弥补了教学条件上的欠缺，更锻炼了学生们的实际应用能力和口语能力。一个月过去了，学生们的英语基础和学习兴趣有了明显的提高。从不愿学英语、不敢读英文到渐渐地喜欢上了英语课。课堂上的气氛活跃了很多，月考成绩也是一次比一次好。在教师测评中，学生为任课教师打分，我的分数在所在班级任课教师中排第一位。更让我欣慰和感动的是，看到学生写着：我最爱上刘莹老师的英语课。我觉得自己的付出和努力得到了学生们的认可，更有信心更有动力投入到每天的教学工作中了。

在美术课的教学中，我运用自己专业上的优势为学生收集了很多资料，让学生了解认识更多的美术知识和更广泛的美术应用。天气不错的时候，我会带着学生到山上写生。让学生用心去感受自己家乡的美，用眼睛观察自己家乡的变化。学生画着这连绵的山和美丽的花，告诉我这漫山遍野的小花就是格桑花，它是幸福的象征，在那一刻，我深深地感受到了这种幸福。就在秋高气爽的十月，我组织幼师班的学生们举办了"美术作品展"，全校师生给予了高度的好评。学生们和我说："刘老师，我们第一次感到骄傲！"我想这一次小小的展览为学生们今后的学习生活带来了更多梦想与希望。

美丽的校园，丰富的文化

在职校除了日常的教学工作，我还兼任学生处的干事，负责校学生会的日常管理工作。我和另一位支教队员组织了"湟中职业技术学校第四次学代会"。不仅把会议议程正规化，也把学生会工作内容和形式多样化。学生会工作内容从以前的简单检查工作到现在开展丰富多彩的校园活动，学生会成员们从以前懒散的精神状态到现在努力维护学校形象和学生会的形象，学生会干部从不敢说话到现在积极发表建议、组织学生活动。这对校园文化、学生养成教育的开展和传播，对学生干部自身的锻炼都有了很大的改进和成效。在此期间，我辅导学生会组织了"优良学风周""体育活动周""庆祝十一""纪念红军长征胜利七十周年""元旦联欢"等系列活动，也把清华的"男生节""女生节"带到了职校，在活动中学生们积极向上、团结互助，增进了同学间的友谊、增强了班级的凝聚力。学生会在加强思想建设、组织建设、学风建设的同时，积极配合学校做好校园文化建设，通过主动举办丰富多彩的活动，坚持在校园内弘扬健康向上的主旋律，服务同学、活跃学校气氛，同时倡导校园文明新风。学生会全新的工作得到了全校师生的赞扬和好评。

可爱的学生，我的弟弟妹妹们

学生们说："刘老师在课堂上是一丝不苟而严厉的老师，课下是关心我们的大姐姐。"

说到这里，我不禁为学生们的艰苦生活而伤心流泪。高原上的寒冬比平原上要冷得多，但很多学生还穿着单薄的衣服和鞋子，离家远的学生一个月才回一次家，从家带的馍馍已经是又凉又硬了。记得有一次已经到了熄灯休息的时间，我班上的学生肚子疼得在床上打滚儿。我带着她连夜赶到县医院，经过检查诊断是急性阑尾炎，需要留在医院里治疗观察。当时学生疼得厉害，我也焦急万分。父母不在孩子身边，我就是她最亲的人。那一夜我没合眼，看着学生的病情一点一点地有所好转，我的心也放了下来。天亮了，学生醒了，眼角流下了泪水，只说了一句："老师你太好了！"我的声音也颤抖了："身体好了就好，不用担心，老师一直在你身边！"

回学校的路上，我看到了在寒风中坚强绽放的格桑花，它们耐得住雪域的风寒，美而不娇，柔弱而坚强。

别了，湟中，我的家

支教生活给我最大的收获就是更深刻地理解了教师的责任和荣誉。与学生之间的交流和感情让我感动，也让我感受到教师身上的担子很重很重。正如我的老师所说："当有人叫你老师时，你所应该感到的不仅仅是荣誉，更多的应该是责任。"是啊，老师不仅仅是授业解惑，更重要的是传道，要教会学生怎样做人。要真正做到为人师表并不是具备知识就足够的，这里面所蕴含的内容，值得我去深深体会。

渺小的我并没改变什么，但我尽了自己最大努力，用我的热情、我的执着带给孩子们一个五彩缤纷的小小世界。生活就这样一天天过去，平淡而充实。没有那么多的轰轰烈烈，有的只是脚踏实地，一步一个脚印。

看呀！又是格桑花盛开的季节了。再过几天，我们就要离开这片热土——生活了一年的湟中。微风中，那一浪接着一浪的小花在对我们微笑呢，我想我也是这样一朵美丽坚强的格桑花吧，永远以饱满的热情绽放在祖国最需要的地方。

李文韬：煮了又煮的酥油茶

> 李文韬，男，第 10 届研究生支教团西藏分队成员，曾在西藏自治区拉萨市西藏职业技术学院支教。

2008 年 9 月 4 日　星期四　晴

上次在敦煌喝茯茶，味美淳厚至今难忘。没想到酥油茶竟比茯茶好喝若干倍，中午吃藏餐，一人喝了七杯酥油茶……香、淳、厚。还有糌粑，淡淡的青稞面的味道，咬在口里酥酥的，很有感觉，尤其蘸着酥油茶，味道极佳。他们说糌粑一点味道都没有，但我觉得那种淡淡的甜甜的青稞面的味道很香，淡淡的清香。

终于看到了正面的布达拉、大小昭寺和八廓街。见到无数的前来朝拜的人，一步磕一个长头，身体紧紧贴着地面，虔诚之间似乎周围的一切都消失了。身体接触大地，不，是灵魂，灵魂虔诚地贴紧大地，把纯洁的灵魂与浑厚的大地相拥，卑微的生命在瞬间得以崇高和永恒。渴了，喝几口酥油茶，饿了，吃一口糌粑，日复一日。站在布达拉前面，看着磕长头的人们，忽然想到某人说过一句话："人走得太快的时候应该停下来，让灵魂跟上。"或许一年的高原生活就是沉静下来思考，让灵魂跟上。我不会像他们那样让灵魂触摸大地，但我会努力让内心平静，平静到能倾听自己灵魂深处的声音。

2008 年 9 月 5 日　星期五　晴

习惯了早上八点起床，洗漱，出去买包子，顺便打了壶酥油茶，还是那种清香淳厚的味道。卖包子的阿姨是位四川人，来这好多年了，见我要一壶酥油茶，

本文摘自《西藏支教日记》，清华大学出版社，2011 年。

很是惊讶，说他们来了这么多年也喝不惯酥油茶，我没来几天就这么喜欢酥油茶，她老伴儿开玩笑说，我长得很像西藏人。记得刚来的时候，很多老师也这么说，昨晚给团委的同学开会，有同学也问我是不是藏族。看来在这地方，我不光生活上、心理上、精神上习惯了西藏的生活，连这张脸也真正融入了西藏的高原红。真的，越来越喜欢这里的一切。就像聊天时给祎绯说的："真的发现这地方的生活就像电影，一帧一帧的，很慢很清晰，清晰得能看到很多内心深处东西。每个人都很纯朴，纯朴得几乎能看到内心，人际关系也很简单，每个人做事几乎都是出于心的，尤其是藏族的老师和同学。"从布达拉宫前磕长头朝拜的信徒，到周围无数援藏的或老或少的人，再到随处可听到的天籁般的高原歌声，我深深体会到了什么叫豁达、平静、自然。或许人只有在这种环境下才能接近最自然的状态，贴近内心深处的灵魂，用心去生活。越来越觉得自己的选择无比正确，一年的经历肯定会弥足珍贵，在高原做一年的老师，与藏族学生朝夕相处，我相信自己从他们身上学到的东西会比自己给他们的多得多。无愧于心，无愧于自己的选择，用心去与他们交流，做到无怨无悔。

2009年4月13日　星期一　晴

晚上次仁玉拉非要问我最喜欢西藏的什么，我知道她要给我准备离开的礼物。酥油茶——我开玩笑说。她说酥油茶没法带，出了西藏就不好喝了。是啊，其实喜欢的是酥油茶背后的韵味和文化，是西藏这片神奇的土地和淳朴的人，而这些，又怎么可能带走呢。"煮了又煮的酥油茶，还是当年那样浓"，带不走什么，却把牵挂和思念留在了这里。

刘满君：青海札记

> 刘满君，男，第12届研究生支教团青海分队成员，曾在青海省西宁市青海大学支教。

好吧，我开始怀念上学的日子了。来青海两个月，初来时的新鲜感渐渐化成了对现实生活的理解，慢慢地冷却了热血，冷静了许多，却时不时躁动着……

到班里收回学生的第一期项目研究学习报告，主题很丰富，民族问题、道德问题、影视文化问题，看着这些文字，突然间回想起大一时的自己，也曾这般。随后带着学生做英语四级练习题，更正答案时，学生竟然不再像之前那样小声议论，而是安静的一片，这使我着实有些不安。我不得不承认，来青海两个月，带学生两个月，慢慢被周围的一些消极因素影响，开始感觉到乏力，我们的力量也正是这样的薄弱，我们极力做着改变，然而现实中他们又能接受多少呢？又能为之改变多少呢？从管理层面，到学校的制度建设，到学生的学习安排，都存在这样那样的不合理，虽然正视了问题，可是改变起来，却是难上加难，就连自己的学生也很难去改变。的确，青海需要人才，更需要管理型人才，青海大学需要的不仅仅是一个清华大学送来的校长，还需要更多处于院系主管层面的管理者，需要有魄力去面对能力一般的人群而坚持做改变的管理者。现在看着自己的学生，总有很多矛盾的想法。一方面自己很想给他们设计一些探究性学习的环节，安排一些讨论的环节，可是另一方面每每想到他们的学习境况，自己又给自己抽了两个耳光。作为学校因材施教经济示范班的学生，他们面临比别人更大的学业压力，一个学期要上别人近两个学期的课程，课程学时短，而内容却更丰富。事实上，因材班的教学计划还没有制订出来，竟然是暂时使用上一届的版本。没错，学校的好多工作都是滞后的。只好面对这些现实，做好本职工作。

本文摘自人人网《清华大学研究生支教团日志》。

今天上午家教完去超市买些生活用品，我看到有特价豆角卖，于是便在一堆80%都是冻坏的豆角中挑剩余20%的"优秀分子"，周围那些老大妈、老大姐看到我应当是什么样的心情啊，她们会说"好年轻的爸爸"还是说"好孝顺的儿子"啊？这两个月来，我的确对生活有了另外一番认识，不当家不知油米贵啊！

正因为看到以上这些问题，才使得我们对要坚持的东西越来越执着，也正是这些我们所坚持的，正在一点一点尝试改变着，潜移默化！面对生活中令你感到乏力的事物，依然去努力拼搏，这不更好吗？至少有这样清醒的认识。希望大家都来了解一下青海，多一分认识，多一分责任吧。

孙碧波：告别日志

> 孙碧波，女，第12届研究生支教团青海分队成员，曾在青海省西宁市湟中县第一中学支教。

离开青海湟中已经有一段日子了，好些东西不记录总结总归觉得有些难受，只是还没有调整好，慢慢来。独处的时候许多回忆会静静流淌，顺势先记一点流水回忆吧。

7月15日新闻时间，独自坐在我们宿舍里，听着革命歌曲，想着每一个学生的样子，为他们写下明信片，然后贴上那张好玩的Q版大头贴。此时的湟中，只有我一人了，所以我听到的空旷楼道里的脚步声不再会是小严回来了……很想知道离开的大家是怎样的心情。

晚上7:35，马小妹打电话过来，让我第二节晚自习去跟大家告别，想到明信片也还没写完呢，我赶紧拿出孙老师的威严"义正辞严"地说："不是说了不要占用其他课吗，明天早自习来。""明天的英语早自习我们班被安排去劳动……"坑爹的劳动啊，之前各班风风火火劳动的时候没用上我一节课，最后倒好了，把我支教生涯最后一节课给霸占了……

最怕那种正儿八经的告别场面了，我总是能闪就闪能欢乐搞定就欢乐搞定，所以在班上一直只上课对于离开闭口不谈，这会儿真的是躲不过了……火速赶工把大家的明信片写完冲到教室，想着我是老师是课堂氛围的主导者，争取把告别的伤感气氛淡化淡化再淡化。思宇和昊昊在班上告别的时候把主题放在完美假期即将开始，于是职校的娃娃们都很欢乐地畅想着未来，我们就不行了，眼前就是期末考试、分科和分班，单是想想自己，我们的娃娃们都该有一阵悲伤了，怕是

本文摘自人人网《清华大学研究生支教团日志》。

告别会难免一阵悲伤。

　　冲进教室前一秒，我透过门上的玻璃往里望了一眼就发现气氛不对，这帮娃娃太能搞气氛了，前排的灯关着，黑板上花花绿绿写着各种"昵称"和英文字母什么的，多媒体里放着去年9月给大家教的 Auld Lang Syne（《友谊地久天长》）。Should auld acquaintance be forgot, and never brought to mind？（怎能忘记旧日朋友，心中能不怀念）熟悉到队里的人都快听吐了的一首歌（因为这一年里和一些领导还有老师们吃饭的时候他们总是载歌载舞，我这五音不全的人只能拿英文歌唬人了）……

　　去年刚来的时候在9班教这首歌，一方面是正好契合课程内容，另一方面也是旋律脍炙人口，大家可以更多地 focus on the lyrics（关注歌词）。青涩的"歌唱"老师当时很是紧张，第一次让那么多人集中注意力认真听我唱歌，"要是唱不上去岂不囧死了"，抱着这样的心情忐忑地把歌唱完，还算顺利，保住了我这个新老师的尊严。

　　趁大家还没给反应，我赶紧转移话题让大家拿出笔来 take note（做笔记），然后开始解释歌词："这首歌的词不长，简洁、直接但是很美，认真读可以体会到歌唱者对老朋友真挚的感情，'老朋友是否应该被忘记，然后从此不再忆起？……'配上深情悠扬的旋律，我们就能深深体会到这一份对友谊的珍惜，所以大家要在唱歌的时候体会歌词内涵并且用感情表达出来。"当时巴拉巴拉说的一大通现在都还印象深刻，再就是对于大家唱得不给力的一些愤慨，刚上讲台的老师总是不淡定的。

　　还是回来接着讲总结会吧，在煽情地勾起我和70个人回忆的旋律中，我一边告诉自己淡定、淡定，一边迈步上讲台，突然想到，这个讲台我闭着眼睛都能知道方向，这个课堂让我欢喜让我忧，最重要的是这70个娃娃，平常老师们都叫大家娃娃我也就跟着这样叫，不过他们更像是我的一群弟弟妹妹，有的乖巧刻苦我喜欢，有的没大没小还不认真学习我也喜欢，给他们写明信片的时候脑海里就不断过着和他们每一个人相处时候的种种情形，课上课下的交流、抓到办公室听写、叫到墙角站着、在校园里各种风格的打招呼。这些东西铺天盖地冲进脑子里，一转过身面对大家的一瞬间，我已经说不出话了，为了不让这情绪再往下掉，我赶紧说："太悲剧了，我们大家一起的最后一节课变成了劳……动……课……"话没说完，我竟然神奇地"哗"一下停不下来，后来想想感觉像是冰棍儿被人抢

第四章：日志　　163

走之后的委屈……

最害怕的是离别，一直说自己不会在别人面前哭，小学、初中、高中和大学班级的聚聚散散甚至大一第一次离家，爸妈把我独自留在这个大园子里都没有在人前掉过泪，压抑着压抑着，那些原本要迸发出来的忧伤和热情就郁结成一团黑黑的好像地上的头发丝团一样的恶心东西堆在心里，很难受。这一次，就像雅伦说的，去年本科毕业时候的离别温温的闷闷的，于是研究生生活开始得也不那么豪迈，所以这次不再压抑了吧，干脆痛痛快快地哭一场，让情绪统统宣泄出来。

想必我把大家吓坏了，老师怎么可以这样不淡定呢……接下来的这几十分钟做了些什么我也记不清了，好像还是在老调重弹鼓励大家好好学习吧，在这个时候，也只有这个话题能稍微有点逻辑了吧……

7月17日半夜到了家，24日又回到了北京开始实习，把13届送上火车目送他们奔赴那片我深深热爱的土地，开始安顿一切、重新调整状态适应环境，充满热情和希望地投入新生活，可以穿短裤穿裙子穿各种衣服不必害怕为人不师表，又回到了一个又热闹又寂寞的"大圈子"，遥远的西北方向那个小小的县城、小小的校园好像地图逐渐缩小缩小缩到最后只剩下一个小小的写着"湟中"的标签，那些人那些事都好像被玻璃隔在了另一边，想必我是拜那几场前所未有的大哭把情绪理顺了、淡定了吧。

本想谈谈收获，却一下陷进回忆里，就让搁置的思念逆流成河吧。"Should auld acquaintance be forgot, and never brought to mind？"老朋友或许不会常联系，但是一定长相忆。

严晗：再见了，湟中；再见了，我的学生们

> 严晗，女，第12届研究生支教团青海分队成员，曾在青海省西宁市湟中县第一中学支教。

在来到湟中前，总觉得一年是很长的时间，好像过也过不完，离开了熟悉的校园和朋友，我会过得好吗？没想到一转眼，今天就是我在湟中的最后一天了，等到要走的时候才发现原来一年这么短暂，原来对这里的感情已经这么深了。

刚开始上课的时候总觉得力不从心，学生非常不听话，我很烦，经常批评他们，没想到要走的时候，他们会哭得那么惨烈——总觉得他们欺负我，不喜欢我，不好好上我的课，可是孩子的心里好像并不是这样想的。在7班告别的时候，全班都泣不成声，那首《送别》从一周前他们就每堂上课都给我唱了，这次却断断续续，怎么也唱不出来。7班有个特别调皮捣蛋的藏族小男孩，叫曲奔尖措，平时上课不听，作业不写，老师经常抓他来办公室，他每次来不管是挨打还是挨骂，都只吸鼻子，博取同情，干打雷不下雨，这次他又把头埋在了手臂里，抬头的时候，我吃了一惊，简直可以改名叫泪奔尖措了。看着大家红红的眼睛，断断续续地对我说着祝福的话语，我确实有点忍不住，但是我知道我是老师，我不能哭。

回到宿舍看着他们给我的礼物和给我的信，我忍不住又乐了。

"老师祝你青春永驻！"（敢情我是有多老啊）

"老师，你的音容笑貌永远留在我们心中！"（噗……这真的是祝福吗？）

"老师，这是我一个住校生攒了一个礼拜的钱给你卖的，以后会给你卖更好的。"（语文功底不扎实啊，买卖分不清）

"老师，你上次问我生物记住了没，说以后会提问我，我记住了，你看……（此处省略200字，默写的全是生物知识点）"（有前途啊）

本文摘自人人网《清华大学研究生支教团日志》。

还有 8 班一个女生给我的信，她在信里说，当我一走出班级的门，他们都忍不住哭了。原以为 8 班那帮小没良心的，居然让告别沉浸在欢乐中，没想到……还好我没看见，不然又该不知所措了。晚自习下课后，住校生回宿舍，大概晚上 10:30，我已经躺在了宿舍的床上了，没想到疯狂的住校生们又闯进了我的宿舍，站在我的床边，一脸哀伤地看着我，一边说着告别的话。我实在忍不了了，这搞得像我在重症病房一样，她们来送我最后一程，太诡异了，于是我让她们先回去休息，明天我在办公室等，她们这才回去了，给我留了很多礼物，有的是亲手做的，很感动，都不知道怎么打开。

10 班和 9 班的告别课还没有上，心里已经没了之前的淡定，之前告别的时候都在说，别哭了，我还没走呢，之后也会在办公室，可是今天，我不能再这么说了，我要说，我要走了，下午就会走，可能在你们上课的时候走，等你们下课之后就再也不会见到我了。要怎么说出口？唉……已经有点想哭了……怎么办？

很多学生给我写信，说我可能不认识他（她），说他们很后悔没有好好学生物，其实我都认识，你们是我的第一批学生，可能也是我的最后一批学生，是我永远的学生，本来想跟你们合影的，但是后来我又觉得不用了，因为你们每个人的脸都会留在我的心中。

再见了大美青海，再见了湟中一中，再见了我的办公室，再见了孩子们，再见了我一年的支教生活，再见了……

李雨萌：支教日记之碎碎念

> 李雨萌，女，第12届研究生支教团青海分队成员，曾在青海省西宁市青海大学支教。

突然发现我的日志变成"半月谈"了，好久没有写日志，害怕被人遗忘了，所以闪现一下，在这个偏僻的地方，偶尔收到电话或者短信总是很激动，因为人变得容易感恩了。

秋高气爽，中午很热，早晚很冷，天气干燥，嘴不停地爆皮，和我老家的天气很像，尤其是小草枯黄的样子，让我想起了小时候在姥姥家平房的那段很无邪的日子，然后人就开始恍惚得好像回到了那段时间。

自从"十一"中了一台冰箱后，就好运不断，比如吃饭发票会中奖；比如给学生讲题就会遇见书记查自习，不想表现都会表现了；比如偶尔出去逛下街，就会偶遇林海，然后顺回来两桶洗洁精。每当我值日的那周，就会中午买菜，晚上做饭，半夜刷碗，繁琐的事情充斥着生活，虽然简单，但也充实。不当家不知道柴米油盐贵，在食堂的日子总是那么的幸福，比如现在单买鸡蛋就发现比清华的熟鸡蛋还贵，更别提其他随着物价上涨飙升的各种必需品的价钱。

每个月三分之一的生活费都花在了买书上面，开始喜欢看常识类的书，但是一次不能看太多，要不有点营养过剩的感觉，于是床头始终放着两本，一本梁文道的《我执》，一本《佛祖在一号线》，每天午睡晚睡之前看上一两篇。很多以前在光合作用抚摸过很多次的书，在这里过着贫瘠的物质生活的时候，竟然开始不心疼地买来看了，比如《小姨多鹤》，怀念在学校图书馆勤工助学的日子，保持着每周一两本看书的速度，那种不用花钱，又能看到想看的书的感觉真好。

然后是学生，有的时候看着不给力的学生，气得不知道怎么办。我带两个班，

本文选自人人网《清华大学研究生支教团日志》。

在有限的时间有限的能作为的事情中，努力做到对得起自己的良心，其实这是一件挺难的事情。比如两个班，我就不能很公正地做到一碗水端平，终于明白了中学时代，老师说的，你顶撞老师，其实是害了整个班的同学，因为老师心情不好，就不会多讲东西，你们损失惨重。确实，当老师是个良心活儿，1班有两三个学生处在叛逆期，我在上面说一句，他们会在下面瞟你一眼，然后小声嘀咕一声。因为劳动是义务的，所做的事情是我自己要求的，他们过不过四级和我一点关系也没有，没有任何人要求我做这些，我做仅仅是因为觉得这件事情是有意义的。一天批80份四级卷子，没有答题卡，翻卷子让自己抓狂，但想起上课时那样的眼神，想起40个班级，有10多个人的模拟卷子是乱写，10多个人是做了一半不做的情形就更加心寒。话点到为止，毕竟那是一群成年人了，自己要为自己负责了。而另外一个班级，虽然开始的时候也是一样的有人迟到有人早退，但是自从我说了下一次不许有迟到的话后，他们迟到的人就减少到了一两个人。这个班的学生虽然能力相对有限，很多的学生四级的听力只对两三个空，但是他们会在你问他们怎么错那么多的时候憨憨地笑一下，说"老师，我真的听不懂，一句都听不懂"，看到那样诚恳，你都会不由自主地耐心一些，想去尽可能地多帮他们一些。

  当了老师，才知道，真正能够决定你的人生的只有你自己，老师只是引路人。

李博洋：驻步支教路，躬耕三亩田

> 李博洋，男，第12届研究生支教团西藏分队成员，曾在西藏自治区拉萨市西藏职业技术学院支教。

今天看到几个支教兄弟姐妹的照片和日志，细细想来短短的一年已经在不知不觉中过去五分之一了，正合了那句"蓦然回首，已是光阴如风"。如果把8月25日凌晨的W楼作为起点，把首都机场T3航站楼、成都机场、贡嘎机场、藏职院、纳木错、日喀则作为一系列的驿站，这条"有始无终"的支教路在我的生命里已经辐射出来了一条长长的，让人难忘、感动、纠结、劳累、充实的绚烂光彩。

踏上拉萨的土地时，那种亦幻亦真的亲切和激动让我怀疑是否已经真正来到雪域高原，晶姐说我的高山反应就是过于兴奋，我傻笑，"看来我真的属于这里"。进藏当天就放开喝了几杯（之后的事实证明这仅仅能叫作小小酌……），既感觉到这边人民的纯善质朴、领导的和蔼诙谐，又隐隐意识到将来工作巨大的强度和来自前几届学长的压力。没错，我们很快便有了这样的共识：无论在学院的哪个部门，都希望我们和上一届的各种工作无缝衔接，甚至一来就要拿出超越前人的干劲和想法。顶着这样的压力，我们一直小心翼翼地走到现在。

雨萌说我们在拉萨比他们幸福，而我倒觉着我的这份幸福更多地来源于一起吃一起睡的11个兄弟。离开学校之前我也曾忐忑，这一届光西藏职业技术学院就有12个志愿者，大家凭什么听你的？带着这份小担心我见到了西交、央财、海大的兄弟，在主动"脱离"清华与海大兄弟合住之后这份担忧也略略淡了，特别是经历了一个兄弟住院，大家日夜不断轮流看护的波折之后，我们的感情铁到了"一个境界"，在团区委的培训会上兄弟们的鼓励和力挺更让我感动得一塌糊涂，从那个时候起我就知道，这一年支撑我的最大动力来源于他们——五湖四海相聚

本文摘自人人网《清华大学研究生支教团日志》。

于此的兄弟们。

也许兄弟们日常的精力都毫无保留地投入到了各自的工作中：亮亮、铁本、俊庭有自己班的学生，萝卜、小猫、山河、小伟、教主有自己科室的活动和任务，帅哥、华仔、老包和我总在职能部门里忙忙碌碌……但每当从西校区开回北郊的班车停稳当了，当风尘仆仆的 7 个离群的汉子将那亲切的"12"再次拼凑完整，一群带着三国杀的饿狼就开始席卷学院门口的一个个已经和我们很熟的餐馆——偶尔我们也自己开伙，精打细算地买菜买肉，粗手粗脚地用高压锅煮饭，然后再不失豪气地开一箱拉啤——总之，慈松塘路的小窝已经是我们最温暖的家，在这里，12 个汉子没有忧虑、没有掩饰，有的只是真诚、发泄、欢笑和快乐。

刚开始时，我常会感到这一年工作的艰难，既要做好学院的工作，也要完成好团区委给的任务，还要带给清华好的反馈……不怕事情多，但就怕事情杂，有时候我甚至觉得理不出一条完整的工作主线，仅仅混沌于烦冗无尽的细枝末节中——海报、简讯、文件、培训……，好在这些看不见的、看得见的工作都有该死的 deadline（底线），我就一度这样被动地揶揄着，直到把手头所有的小事都解决后，静下心、沉住气重新安排近期工作时，才稍稍扭转了这一局面。

作为一名雪域教师，我们很大的快乐来自所教的学生。其实因为我教的是《计算机基础》这种几乎都在机房上的课，所以我的备课压力可以说是所有人中最小的，而学生的反响则是较好的。我每天削尖脑袋思考的就是怎么样吸引学生愿意去学枯燥的 Word、Excel 和 PPT，该准备什么样的电影和游戏与他们互动，怎么样在营造轻松的课堂氛围的同时保证授课质量，而课本——对于经受了 THU（"清华大学"英文缩写）小红楼近 4 年社工锻炼的我来说，讲清楚什么是 Word "首字下沉"、怎么搞个图文混排还是不成问题的。学生们的肯定是最大的快乐，当从"小道"听说我的学生"很喜欢计算机老师"时，我的心里顿时升腾起一种满足的快感，持久而充实。

在学工处和团委的工作让我时常会后悔，为什么没在清华培养成一块"人见人爱、花见花开"的万金油。从文案撰写到活动筹划，从制作海报展板到给打印机、复印机换墨盒硒鼓，从跑腿送材料到包揽了所有的摄像任务，我恍然大悟：原来人力也可以这样用的。但是回过头去看，前辈们都很好地挺过来了，我咬碎牙也能很好地完成之，这样想来，一切的劳累也就不算什么了。况且在这里我有很"人性化"的工作环境：无微不至的书记，笑容可掬的处长，体贴可爱的老乡……，这些让我的工作变得充满温情,虽然累、虽然苦,但是其中渗乐、其味非凡。

刚结束的这一周是来到拉萨后活最多、事最杂的一周,首届辩论赛、院队培训和带队、团区委农民工调研的万字报告、四五个团情快讯、四块展板和两幅海报、华仔给我的院报任务……当我把这些写在计划本上时,真的跳楼的心都要有了。没辙,事到临头,还是得一件件做,虽然不是地球离了我就没法转,但却是我不做它们就得被当陀螺转。转到周五,猛然意识到这是小弟我在拉萨过的唯一一个生日啊,就在我"木鸡"般慨叹时光如水的时候,书记的一声吆喝把我都快融化了:"中午给小李过生日去!"随后便上映了那将被史书所铭记的一幕:饭馆里,书记给我倒酒、处长给我舀汤……石化了的我结结巴巴问书记:"这种待遇让我情何以堪?"

晚上和兄弟们吃饭,几杯酒下肚后,大家还在无拘无束地 high(兴奋)着、聊着,讲几个笑话、互相损几句……勾勾搭搭回到家里,躺在床上,回想两个多月来的朝朝暮暮、酸甜苦辣,一切如在梦中,一切又是如此清晰。

好了,也算是把这零零碎碎的所见所感做一个小结吧,没有逻辑,但是满怀激情。

整理一下我到岗后撰写的第 21 期团情快讯,也就要心满意足地睡了。说了这么多并不是要标榜我们在这里做了许多,而是想记录下支教一年最动人的点滴以及这背后远多于付出的收获,这些确是说不出、道不明的。

白浩浩：日记节选

> 白浩浩，男，第18届研究生支教团西藏分队成员，曾在西藏自治区拉萨市西藏职业技术学院支教。

2016年10月29日　星期六　晴

  清华附小的韩冬老师今天请我们吃饭。韩老师也是来援藏的，8月到这里，现在拉萨实验小学当一年级班主任，兼两个班的语文老师。

  异乡遇到清华人，倍感亲切。虽然他长我们10多岁，但丝毫不增加交流的拘束。早些时候我因为在国旗仪仗队，去清华附小升过国旗，认识了那里的梁营章主任。梁主任得知我来西藏支教后，立马介绍我说，附小也有一位援藏的老师，也在拉萨支教。微信上加了韩老师后，他好几次联系我们见一见，但因为工作原因，总没有机会。好不容易这次约了个时间，晋美还在西校区加班，八一校的田浩和史恩赐周六也要上课，只能我、昊庆和曾兴去了。路上我们还聊，北郊四少今天凑不齐了（我们四个出去时衣服经常穿的差不多，要么全部是黑色外套，要么是团里统一的皮质棒球服，偶尔还戴个墨镜，走在路上，自以为拉风得很，起了个诨号叫"北郊四少"）。

  韩老师约我们到东郊的洲际酒店。我们仨也从未来过这里，这可能算是拉萨最好的酒店了，餐厅里装饰得非常有藏族特色，阳光透过玻璃顶恰到好处地照射在身上，暖烘烘的。与韩老师的交谈持续了两个多个小时，话题总是绕不开支教。过段时间，韩老师要去那曲地区轮岗支教，那曲处在藏北高原，平均海拔4000米以上，条件比较艰苦。他告诉我们，与他同一批来拉萨的还有10多个人，分布在不同的学校。刚来时候，身体上还是有诸多不适，到现在也没完全适应。他还特地问我们宿舍里供暖怎么样，需不需要帮忙，提醒我们千万不要感冒了（高原上感冒容易引起一些并发症）。所以当我们说起仨人已经轮着感冒过一次的时候，倒是把他吓了一跳。

  我们教的学生，虽然一个是小学，一个是大专，但共同点还是有的。通过交流，我也才知道了曾兴前段时间感冒的时候，到教室里本来准备让学生上自习，但进门后又过意不去，坚持把课讲完……其实在藏职院这样一所职业技术学校中，对学生学业水平的要求并不严格，很多教师也对教学质量不甚追求，他完全可以把教学放一放，先把自己的病养好了再说。可以说，我们到这里后，每个人都承担着超负荷的工作，在教学之外还要兼顾大量的学生管理工作（我做班主任，也是建工学院学生管理干事；吴庆更是学工处学生资助中心主力，整个学院学生资助材料都会在他手里过一遍；晋美在西北两个校区来回跑，同时是动物科学学院的团学干事；曾兴是校团委干事，来这里不到三个月，已经去内地出差三次），加班到深夜是极为正常的，有时候，自己也没有意识到，一看时间，就已经很晚了。说到这些，不得不提的是，一起的这三位仁兄都是非常靠谱的兄弟。虽然干得多，但他们从未抱怨过什么，多数时候还会乐在其中。我们四个当时在选择支教地时，都是强烈申请来西藏的，初心坚定了，就不会轻易被外物干扰，也不会特别在意干了多少、得到了多少，更多是沉浸在一种价值实现的快感中。有句话说：与靠谱的人共事，找温柔的人结婚。对后半句还没有体会，但前半句正是我们到西藏以来状态的真实写照。

  下午回学校之前，韩老师又开着他的那辆小蹦蹦，把我们拉到他的宿舍，从冰箱里拿了些牦牛肉让我们回去吃，又拿了两盒大米，硬塞到袋子里。送我们回到北郊后，他忙着有事要走，临别之际，他又摇下车窗，探出头来说："在这边工作和生活上有任何问题，一定第一时间通知我……"

  看着他开着那辆小黄车离开，我不禁想，是什么让素不相识的我们如此亲近？是简简单单的意气相投吗？是出自同校的缘分吗？是老乡见老乡的惊喜吗？是对一件事的相同的认识吗？答案就在风中飘着。

2016年11月3日　星期四　晴

  自从近两个月前下了最后一场雨，拉萨的天就再也没有阴沉过，永远是透彻的蓝，偶尔有几片弱不禁风的白云。

明天就是学校合唱比赛，时间已经到了刻不容缓的地步。每个学院 2 支代表队，共 14 支。建工学院是我和德央老师各带一队，她带 2015 级，我带 2016 级。2015 级参加过上学期合唱比赛，所以这次就是原班人马再上，每个班有五六个人。2016 级新生刚来，因此要从头组建。最终，38 人的合唱队，有 30 人是我们班的，其余 8 人来自剩下的 5 个班。我是有私心的：我不想看到班里有部分人练、有部分人不练，与其每个班都抽选一部分人，倒不如我们班（30 人的小班）全上，再从其他班选个别人来。这个方式在两周以来的练习中，被证明是高效的：一方面是因为不用专门开辟排练场地——就在我们班练；另一方面是我对班里人熟、学生对我也熟，沟通起来也更加方便。

按照惯例，藏职院历届合唱比赛中每个代表队都唱一首歌，这虽没有明文规定，但各个学院也都默契遵守。我列了五首歌，几经对比，最终选了两首——《毛委员和我们在一起》和《走向复兴》。这两首歌我们高中唱过，承载了中学时代的诸多记忆。当时我作为班长，组织班里排练这两首歌参加比赛。虽然我五音不全，对乐理一知半解，但现如今，我心里有把握带好这支队伍。

过去两周的排练是极为艰苦的，全队 38 个人被我骂了个遍……经常出现的场景是，班久次仁——那位今年退伍回来读书的老兵——正在指挥，班里同学站着正在唱，我阴沉着脸在走道里来回踱步，突然间听到哪里不对，气急败坏地吼道："停！停！停！有你们那么唱的吗？"然后毫不客气地针对某个人或某几个人劈头盖脸地指出问题。等完事了，我就再吼一声："重来！"

我不晓得过去一段时间大家心里是怎么看我的，应当是畏惧居多？但我知道今天的排练只会更辛苦、更苛刻、更难熬。

周四下午是没有课的，我早就安排好下午 2 点在楼下集合，到时间却只来了一半的人。我正想发脾气，副班长格桑措姆打电话过来，说有一个女生家里出事了。我跟那个女生聊，她只是哭，只能断断续续地说"老师"，根本问不出话来。我无可奈何，只能让格桑措姆先在宿舍安慰她，等情绪好了再跟我说。一会儿她回电，我才知道她母亲被别人打了，事情发生已经过去一整天了。她家在藏北那曲地区巴青县的一个村子里，像这种地方，从县里到村子往往都需要走一天。事情是她妹妹偷偷打电话说的，她还有一个弟弟，弟弟妹妹都在上小学。自从她父亲去世后，家里情况越来越差，亲戚也越来越看不起她们一家，这次打她妈妈的竟然就是她家的一个亲戚……她在电话里还是哭，说要回家去。哎，家里除了妈妈，她就是最大的了，回家的心情怎么能不强烈呢？可路途遥远，回去一趟极不容易，再说她回去能解决什么问题呢？合唱排练这里我走不开，只能让她先过来再想办法。

她来的时候，情绪已经缓和很多。我原本打算问她有没有村里干部的电话，但转念一想，藏族村里一般都是藏族干部，很少有能把汉语说得很好的，何况是在电话里沟通。于是就问有没有驻村的汉族干部，幸运的是她在念书之前专门存了一位驻村汉族干部的号码。我拨过去后，了解到的情况和她所说的基本一致。但像这种事情，在藏族观念里，有"家丑不可外扬"的性质，同一个村子，又是亲戚，她母亲宁愿忍，也不愿依法维权。同样，肇事者也不会轻易接受处罚，更重要的是，村干部也更倾向用调解的方式解决问题……这时候我只能嘱托这位驻村干部首要照顾好她母亲，务必安排去县里住院。好在这位干部告诉我她母亲伤得没那么严重，也让学生放心，他会妥善处理好这件事。

排练继续。练习的地方是楼下一排长长的台阶，台阶上长了几株茂密的杨树，深秋季节，叶子金灿灿。我口袋里揣了一盒金嗓子，他们唱的时候，我嘴里吃。刚解决了《走向复兴》第二段女生独唱音调太低的问题，这时另一首歌《毛委员和我们在一起》又出问题了——越唱越快，根本和配乐对不上！我气得几口咬碎含片，大声叫停。先是点出班久次仁的问题，指出他控制不住节奏；又把台阶上的一帮人的问题一一说明，并告诉大家再这样下去就不用参加比赛了。正说的时候，一阵风吹来，树叶哗啦啦掉下一片，看看时间，已经下午 5:30 了。

傍晚 7:00，德央老师借了比赛场，院里的两个合唱队过去熟悉场地。按计划，彩排也就是走个台，再唱一遍。可等到唱的时候，我又没控制住情绪。"停！声音太小了！""停！女声跑调了！""停！太快了！""停！朗诵没跟上！""停！嘴巴张大点！""停！指挥！你出错了！"……我不知声嘶力竭地喊了多少个"停"，最后干脆不让他们唱了——整个体育馆只有我在咆哮。德央老师的孩子多多也在，他刚上一年级，开始还跑来跑去地玩，见我这样，便静悄悄地坐在观众席不动了，不知他怎么看待这个往日在办公室和他玩耍的哥哥。到最后，2015 级的学生走了，德央老师走了，学生会留下来的同学也走了，只剩他们和我还在。晚上 10:30，有人已经开始打盹了，我才放大家回去。

出了体育馆的门，班久次仁跟上来，说再一起琢磨一下指挥。我们俩径直到办公室，就着电脑里的配乐，一遍遍开始捋。好几次我又没忍住打断他，可班久次仁每次都真诚地说:"是!老师!"我不禁开始佩服这位老兵。论起年龄,他和我一般大;论起体格,他揍我10个也绰绰有余;论起指挥,他在部队里时就是一把好手。可现在他这么心甘情愿地听我叨叨,时不时还忍受我的责难。晚上11点多,从办公室出来的时候,他嘿嘿一笑,说:"老师你早点休息吧,我回去了。"看着他在夜色中模糊的背影,我说不出话来。

2016年11月8日 星期一 晴

晚上给系里的入党积极分子上党课,本来是打算讲中美关系的,还准备了一集《颜色革命启示录》。但一讲就收不住了,90分钟里的前一个小时,我从"两会"讲到"党代会",再到民主集中制与西方民主制度的比较;到了后面半小时,才开始切入正题,涉及了中美关系。其实我对这些东西的理解也是很浅的,但令人极为欣慰的是,底下的学生听得非常认真,眼睛瞪得老大,一副知心听众的样子。这倒是鼓舞了我继续讲下去,到后来越讲越激动,晚自习下了也没反应过来,到了要放视频的时候才发现已经来不及了。

这堂党课算是给今天一个不错的结尾。但稍早的时候,也就是下午,却在教室里生了一肚子气。周一我是6节课,早上4节、下午2节。做了老师才知道,精力充沛、情绪饱满地上一节课是有多难(所以早上来的时候我向丹妮和李莎两位老师开玩笑说,我现在是一周上一天,一天毁一周)。周日晚上列周一计划表的时候,除了上课,还有十来件事躺在笔记本上,看着这么多的事,我的头有些大,可也只能是一件一件地干。中午上完课,我得知下午系里要召开一个创新创业方面的会,也要求我参加,不得已只能先让学生上自习。会议结束后,也快到放学时候了,我就顺便去班里去看看,一推门,正好看到有3个人坐在讲台边上的凳子上,一边聊天一边晒太阳,讲台插座上还有3个手机在充电。

看我进来,他们赶忙下去。但我早已怒不可遏!

就在昨天晚上,我们班刚刚开了入学以来的第二次班会(第一次是选班委),班长向巴土丁和团支书扎西拉姆做了发言,我在下面听,当时就非常惊讶和感动。惊讶是发现他们竟然每个人能做半小时的发言,而且每句话讲的都是非常在理的,讲话时也旁征博引,看得出做了很多准备,举的一些例子我从来也没听过;感动是因为他们思考的问题特别多,也吐露了过去两个月在班级管理过程中自己的心路历程。特别是扎西拉姆，她说自己刚来这里的时候，因为北校区的环境太差，甚至多次想哭，觉得学的专业也没有什么前途（我们班专业是藏式古建筑，只有30个人，是今年新开的专业），感到特别迷茫，是我多次在班里讲话鼓励大家，才让她觉得在大学里学的不仅是专业知识，还有其他方方面面的东西，因而重新认识了大学生活。班会最后，安排了我做总结，我在底下听他们讲的时候，写了3句话，上台也讲的是这3句话。第一，希望同学们做一个有理想信念的人；第二，希望同学们做一个有纪律意识的人；第三，希望同学们做一个热爱学习的人。三句话一展开，就又说了一小时（晚自习已经下了半小时，我在学生面前讲话总容易搂不住，一副好为人师的样子，已经是常态了）。

然而，就是在班会刚开完的第二天，就发生了这种无组织无纪律的事情！

三个坐在凳子上的当事人当然是被罚站在讲台上了，自习时间给手机充电的三个家伙也被拎了起来，五个人一排站着（这里面唯一的女生——次仁央加，同时犯了这两件事）。

在我看来，充电虽然违反班规，但还不是特别严重的事，关键是自习时间乱跑是无法忍受的。更可气的是，班长向巴土丁告诉我，在我来之前已经说过他们了，但是这些人没听。这在我怒气冲冲的情绪上又浇了油。我当场把不听管的两个男生严加训斥，次仁央加是女生，我也没有手下留情。接着当着全班的面再次强调纪律。直到下午5:10自习下了也没停。

哎，这像个大学吗？哪个大学的班主任会每天叨叨叨在学生面前说个不停、会把学生骂得狗血喷头，甚至还强制学生在没课的时候来教室自习、不允许自习课玩手机？但每片叶子都有自己的脉络，每个地区、每所学校也都有自身情况。如果我无所作为，在这种环境下，他们会发展成什么样子呢？

我想现在对这帮学生的严格要求，有时是必需的。他们很多来自农牧区，学习习惯、交流习惯、做事习惯，都与现代社会所要求的格格不入，特别是自主思考和自主学习能力，更是差到不行。如果大学就这么混下去，走向社会也只能从事最简单的职业。我现在要做的，就是拖着他们、拉着他们往前走，也许一开始拖不动，他们自己也觉得别扭，但只要能坚持，就应当会有成果。

听其他代课老师讲，我们班学生已经是非常不错了，上课时候听讲很认真，老师上起课来很轻松、很有心劲儿。但这只是相对于其他班级的一种比较，绝不意味着同学们真的就达到了优秀的水准。我只能做他们一年的班主任。时光逝去如流水，转眼这一学期就过去一半了，这就意味着能与他们朝夕相处的时间只剩四分之三！我希望一年后走的时候，能留下一个团结向上、奋发图强的班集体，以及30个确立了自己理想并能为之不懈奋斗的同学。

2016年12月21日　星期三　晴

下午去查荣乡的班车3:30出发。今天还要输一次液，要3个小时。我估摸着时间，一觉睡到中午11点，收拾好行李，吃了碗无比清淡的牛肉拉面——特意让厨师除了葱花什么都别放，然后拉着箱子去了诊所。

今天我已经轻车熟路了，先是挨了一针，然后开始输液，整个过程相当配合。团里有两篇新闻稿要发，我要抓紧修改，于是就一边输液一边用电脑。呵，如果要评个敬业奖，我感觉还是可以参评的。

时间快得很，输完液、吃过药，感觉身体已经明显好多了。打心眼里感激医生，临走前再三道谢，又看了一眼招牌，三世诊所。

班车就在扎什伦布寺附近。扎什伦布寺是藏传佛教的大寺，可以说是后藏地区的大昭寺，地位极高，但我早已对逛景点没了任何兴趣，来这里三次，也没想进去看看。

班车师傅是坚参叔父的朋友，知道我今天要乘车，特意把最靠前的位置预留给了我。车上都是藏族老百姓，天然带着一股酥油味道，再加上车子破旧不堪，污垢也多得很，所以车上味道很重，好在这些我都能适应；再者，我怎能嫌弃这些可敬可爱的乡亲们呢？

车子出发了。开始的一小时，都是在国道上行驶，到了一个岔路口，拐向沟里面，就是水泥的单行道了。天色逐渐暗了下来，沟也渐渐窄了起来。又走了一个小时，水泥路没有了，只剩土路。再前行了一个小时，班车到了目的地，停在了村子里。这里离我的目的地还有一段路，天已经完全黑了，我也没法走。好在坚参他们知道我快到了，提前叫了村里两个小伙子，骑着摩托车来接我。就这样，一个小伙子拿我的行李，一个小伙子在后座带着我，一路尘土飞扬地朝着沟的深处继续进发。

临到村子里有一个大陡坡，摩托车上不去，我只能下来走。翻过那道坡，马上就到村里了。

贡嘎坚参和旦真旺扎听到摩托车声音，已经提前出来迎接我，大声喊着，老师你终于来了！

我此时也无比激动，翻山越岭，一路吃土，终于到了目的地。虽然只是一天没有见到同学们，但心里却是亲切得很、温暖得很。

进了屋子，看到所有同学都坐在一块儿，才知道他们今天已经在山上的一个村里进行了文艺演出。山上的村民很热情，演出效果也很好。

这间屋子是专门给女生住的，按照藏族传统民居，一楼是放牛羊和杂物的地方，二楼是起居室。卧室也是客厅，床沿着屋子放一圈，白天可以当作沙发。男生住的地方在村子的另一个地方，德吉家。德吉是15级技术2班的学生，也是这次实践分队的成员。

吃饭的地方在德吉家，我到的时候，大家都还没有吃饭。德吉家爸妈都在，我们一去，他们立马热情地招呼我们坐下喝茶。先是喝清茶，所谓清茶，就是用茶和盐熬的茶水；然后喝酥油茶，一碗碗酥油茶喝到肚子里暖乎乎的。为了照顾我，他们特意做了米饭，其实德吉的爸妈都是不吃米饭的。

吃过饭，就到了聊天的时候了。屋子不大，不到20平方米，坐了我们和德吉一家20个人。白炽灯光线昏暗，但气氛却是其乐融融。德吉的阿爸弹起了"堆谐"（一种类似于琵琶的藏族乐器），曲子响起的时候，旁边德吉的阿妈就唱起了歌。唱着唱着，女生们也都唱起来了，男生也开始哼着曲调，只有我什么都不会，如痴如醉地听着。

喝过清茶和酥油茶，德吉阿妈拿来一大壶青稞酒（日喀则地区号称西藏粮仓，盛产青稞，家家户户都会酿青稞酒，这种酒酸甜清凉，是一种极为普遍的饮品），马上就给我倒满。青稞酒太冰凉了，我病刚好，按理不该喝，但盛情难却，不喝也失了礼仪，于是就满饮了三杯。德吉阿爸向我献了哈达，他虽不会说汉语，但我却能感受到那种真诚的欢迎。

藏族同学都是天生的歌手，他们一个接着一个唱歌。那些平时看起来害羞得不得了的男生女生，一声唱出来总是让我大吃一惊。很多歌是日喀则地区的民歌，只要唱一句，大家立马都会跟着唱。就这样，我们唱着歌、喝着酒、说说笑笑，度过了难忘的一夜。

直到两点多，每个人都唱得尽了兴，大家才各自散去。

我和七个男生住在德吉家，可这里只有四张床。贡嘎坚参和旦真旺扎就在地上铺了一层垫子，他们俩睡在地上；扎西次仁和次仁桑珠睡在一个被窝里；平措扎西和罗布睡在一起；我和另一个男孩被特殊照顾，各自单独睡一张床。

睡前去外面放水，漆黑一片，唯有天上星星无比清晰，猎户座、北斗七星这些星座更是一眼就可以看到。在这个最落后的地方，可以看见最美的星辰。

2016年12月22日　星期四　晴

昨天是冬至，是黑夜最长的一天。

早上8:30起来，外面还是漆黑一片，等收拾好床铺，洗漱完了后，山里才被照亮。今天要去山下的村子演出，按计划晚上就要住在那里。我们要去村子另一头（女生住的地方）吃早饭收拾行李。临走的时候，德吉的阿妈在我的肩上抹了一把青稞粉，后来我才知道，这是祝愿一路吉祥如意的意思。

到了女生那里，大家抓紧时间吃饭，这里的早饭，就是喝酥油茶吃糌粑。糌粑是炒熟的青稞粉加上酥油茶，用手捏成一团一团地吃。我吃这个没问题，但技术不行，拿着筷子搅了半天，最后搅成了浆糊，逗得大家都笑了。

吃过早饭，一辆小型卡车就在村口等我们了。后来我才知道，卡车司机是白玛卓嘎的哥哥，白玛也是15技术2班的学生，她家在山上的村子里，坐车上去还要半个小时。

大家把行李放在卡车斗里，已经占去了多一半地方，同学们随后上了车，坐在行李上。我也要上车斗里坐，刚爬上车，就被同学们给拉下来了，他们决不允许我坐在后面，说风太大了，对我身体不好，愣是把我推进了驾驶室。我不想太特殊，但无论如何也拗不过他们，只能作罢。

车子又是一路尘土飞扬地奔向山下。

山下的村子叫松多。邻近村庄的老百姓有的徒步赶来，有的骑摩托车过来，有趣的是他们都拎着一大壶青稞酒。村委广场上坐满了男人女人、老人小孩，演出还没开始，他们已经席地而坐喝起了酒。

同学们调试好各种设备，中午12点多，演出开始了。

一开场是一段藏族舞蹈。身着演出服装的小伙姑娘们用心表演，底下观众也相当配合，每个节目结束后都传来一阵阵掌声和呐喊。贡嘎坚参担任主持人，串场词都是临时发挥的——当然是藏语，和观众互动得相当好。

十几个节目下来，已经过去了一个多小时，几乎每个人都参演了四五个节目，唯有我这个老师，一个节目都没上，坐在下面傻傻地看。

下午演出结束，因为住宿的问题，我们只能兵分两路。旦真旺扎和次仁桑珠一拨9个人，先去了山上的一个村子，随后我和贡嘎坚参一拨10个人，准备去白玛家里住。

白玛家在山上最高的村子里的最高的地方。她的哥哥开着车，带我们走了好长时间，翻了一座山，又越过一条沟，走了好多险路，才到她的家里。

白玛家是典型的农牧民，既种地，又放牧，家里有300多只羊、60多头牛。不过我询问后才得知，他们养牛羊并不是用来卖钱的，而完全是供自家吃。日喀则的少数地区至今仍有几个兄弟共娶一个女人的情况（法律上是一夫一妻，实际是一家人生活在一起），白玛家也是如此，她有三个父亲（或者说是一位亲生父亲和两位叔叔），一个母亲，加上爷爷和哥哥一家，这是一个有14口人的大家庭。

黄昏时分，大家相约去爬山，我自从上次在驻村点爬山后生了一场大病，就对爬山心有余悸。不过这次和这么多同学一起，我心里也就不怕什么了。

我和白玛一边走一边聊，她告诉我，别看这里现在这么荒凉，等到夏天来临，漫山遍野都是绿草，美不胜收。此时太阳快要落山了，我们一帮人终于到了山顶上，夕阳正好落在我们头上。那是我终生难忘的场景——女孩子们背靠着背坐在山冈上，男孩子们看着远方给我说他们家乡的方向，山冈下是一片村庄，牛羊在牧人的驱赶下正往圈里移动，再往下是雪山融化的河流。我们的影子被夕阳拉得好长好长，大家欢声笑语，谈论着这两日的事情。就这样，天色渐晚，直到太阳完全隐没在远方的山脉中。

回到家里，白玛的家人已经准备好了晚饭，是面团炖羊肉，我连着吃了两碗，那种满足感无与伦比。晚上外面没有城市里的灯火辉煌，也没有内地村落的星星点点，因为居住得偏远，外面只有一片漆黑，抬头向上才能看到星光。

吃过饭，去旁边房间找白玛的爸爸（白玛告诉我她叫他是爸爸）聊天。他是附近一个教学点的民办教师，在学校里教授藏语，因此也会一点汉语。虽然如此，交谈过程中，我发现他对我说的一些话也表现得似懂非懂，同样他也表达不清一些意思。好在旁边还有贡嘎坚参，在交流不畅的时候他总能充当翻译。

白玛家有两个卧室，今晚一间睡的是他们一家，一间提供给我们。但我们的房间里只有四张单人床，睡不下十个人，白玛和她哥哥就去储物间里搬空床去了。

趁着这会儿，次仁曲吉找我聊天。她是 16 级的新生，曲培老师班里的。我和曲培老师整天在一起，他们班我也经常去，但对她我却没有印象。次曲（很多藏族同学名字是四个字，会用第一个和第三个组合起来作为简称，或者前两个字或后两个字也可）给我说，她来藏职院后非常失望，发现不是她想象的大学的样子，而且一开始对专业也不满意。但她说很开心能加入藏文社团，在这里找到了志同道合的人，她的理想就是做一名藏文老师，不让藏文面临越来越小众化的境地。她还说，如果能做老师，她不会选择城市的学校，而是想去乡村里，因为那里的孩子更需要知识，更需要知道外面的世界，她在那里才会发挥更大的作用……我猜想次曲的这么多话应当是第一次对人说起，她说的时候，眼神中有一种憧憬，嘴角带着一丝微笑，这种向往是发自内心的。

房间里没有炉子，夜晚明显觉得冷。想保暖，就只能盖得多一些。

我整理了自己的床铺，一层被子两层毯子。白玛看了看，说我弄的不行，侧面晚上会有冷风进来的。她帮我把被子打成个筒，又在上面裹了三层牦牛毯——用牦牛的毛织的，主要是防风，特别重。我又把外套搭在毯子上，再钻进被窝里，立马就感觉被上面的这些保暖措施压得气短。熄了灯，我笑着说，同学们太热情，给我准备这么多盖的东西，岂不是要把我闷死，大家哈哈都笑了。

洪旭：有清华梦孩子的几个问题

> 洪旭，男，第18届研究生支教团湘西分队成员，曾在湖南省湘西州吉首市民族中学支教。

我能考上清华吗？

下文中学生简称生、老师简称师。

生：老师，考上清华大学很难吧？

师：是的，要付出很多努力。

生：我觉得你们都好厉害，如果是我的话，再怎么努力都考不上的。

师：其实在老师看来，老师不一定比你聪明，但是我们确实是很努力，我觉得我读高中的时候比你们现在更努力一些。

生：那您觉得努力就能够考上清华吗？

师：（笑）我可没那么说。我们能够考上清华也是有很多幸运的成分的，我的老师和父母一直都很耐心地引导我，给我提供了很好的学习环境，使我从小就热爱学习，这些外部的因素也是对我帮助很大的。

生：我有时候觉得自己再怎么努力也没办法做好，就会觉得灰心。

师：这个世界上有很多很多比我们厉害得多的人。老师考上清华的时候也遇到了好多非常厉害的人，但是老师却不觉得灰心。一方面，我认清了自己的位置和能力，意识到重要的是完善自己而不是羡慕别人；另一方面，每个人的生命都非常宝贵，一定要努力发挥自己的天赋、不断完善自己，而不要在消极之中虚度了光阴。

教师心语：我自己曾经是一名农村留守儿童，经过努力幸运地考上了清华大学。大二那年，我第一次听说"清华大学研究生支教团"的事迹后下定决心加入这个光荣的团体。对我而言，支教的意义不仅仅是传授知识，还在于用清华人的精神去感染学生。我希望一年之后，我的学生对于"清华"的理解不再停留于"学霸""大神"这样的标签，而能够看到努力与坚持的力量，成为一个积极向上的人！

努力也考不上大学怎么办？

生：老师，既然有那么多人比我们更厉害，那万一我们努力了还考不上大学的话怎么办？

师：在老师看来，学习的意义不仅仅是为了考大学。我刚刚说了，人无完人，我们要发扬自己的天赋、不断完善自己。而做到这一点的前提是你要充分地认识自己。而读书恰恰是认识自己的过程。随着学习的不断深入，学习的难度自然也越来越大，学习能够一定程度上帮助你判断自己擅长做什么和喜欢做什么，每个人都有自己的特点。

生：我的语文学得比较好，数学学得不好。

师：是的，首先你可以通过学习来认识自己的思维特点。其次，学习的过程中你们能锻炼思维，也会掌握很多处理问题的技巧，所以学习会不知不觉让你变得聪明能干。从个人的角度来说，教育使作为个体的人更加完善；而从整个社会的角度来说，教育对于我们人类的重要意义就更加不言而喻了吧！所以一张大学的录取通知书并不是学习的最终目的，它只是学习的一个阶段而已，即使没能被心仪的大学录取，我们的书也没有白读。

教师心语：高中阶段，考试和排名难免是老师和学生最关注的问题，基础较差的学生因为成绩不够好在学习上表现出不自信、动力不足是常有的事情。在学习上，我鼓励学生"跟自己比"，每天进步一点点。哪怕再烦再累，我始终给自己定下"不能放弃任何一个学生"的师德底线。

老师，我上课听不懂

师：你今天上课为什么一直昏昏欲睡？

生：我从初中开始就没有好好听英语课，英语基础差，所以现在一直听不懂，上课一直犯困。

师：你已经意识到，如果不好好听课学习就会落后了，但是更重要的是改正你的坏习惯。不能因为原来学得差你就拿它当借口让自己继续放纵，而应该亡羊补牢。高中的学习跟初中有很大不同，一开始不适应很正常，不只是你，我相信很多同学都会有一些不适应，所以不要害怕和逃避。我觉得你现在上课总是没办法集中注意力，我经常看到你上课的时候眼神很空洞，像是在走神。

生：（低头）嗯。

师：老师希望你能够把学习也当作一个修身的过程，在上课的时候把其他干扰你学习的思想都放在一边，学会专注地听别人说话。这是一个很重要的能力——假如你现在上课不能做到认真听老师说话，那你能保证你以后上大学了能在那种相对宽松的学习氛围里从课堂中学到知识吗？往远了说，以后工作了领导开大会，你如果不能集中精神，还能准确理解自己应该做好哪些工作吗？养成好习惯是受益终生的事情，老师之所以严格要求你们，是希望你们能够有所成长，不因为以前养成的坏习惯耽误了自己。

教师心语：专注力是成绩较差的学生普遍缺乏的能力。在来到支教地之前，往届支教团的师兄师姐叮嘱我一定要记得严格要求学生。随着工作经验的积累，我自身也越来越意识到"严师"的重要性。多与学生交流，加强学生的积极性；辅之以严格的课堂纪律，监督学生逐步养成好习惯！

哭泣的"优等生"

师：为什么在英语课上哭了呢，是遇到什么难事了吗？

生：（抽泣）没有。

师：那老师猜一下，是不是因为之前身体不好请假了一个礼拜，所以现在上课听不懂有些着急？

生：（沉默。注：该生期中考试成绩排名是全班第一名，但是比较焦虑，情绪不稳定，期中考试之后请假了一个礼拜。）

师：老师猜对了吧？其实呢这种心情老师小时候也有过，那时候因为听不懂好着急好想哭。现在呢，老师很喜欢《庄子》里的一句话："吾生也有涯，而知也无涯；以有涯随无涯，殆已！"我是这么理解的——人生是有限的，而知识是无限的，如果用有限的生命去追求无穷的知识，那就危险了。所以知识总是学不完的，我们现在所学的知识其实只不过是知识海洋里的一滴水，哪怕我们耗尽一生的精力，恐怕也只能掌握一点点知识。你们是不是觉得我们五位支教的老师很厉害？

生：（点头）

师：可是我深深地感到自己在知识面前是无知的，是渺小的。特别是我们考上了清华之后遇到了好多好多非常厉害的人，可是我被这么多厉害的人全面碾压的时候可没有天天哭鼻子哦。

生：（笑）

师：（心里暗暗舒了口气）我后来慢慢懂得了，我不是为了超越所有人而活的，我必须承认自己有很多事情目前做不到，但是没有关系，我努力学习是为了让今天的自己比昨天更好。学习知识也是这样，现在没有掌握这个知识点没关系，毕竟你之前请假了整整一个礼拜，只要之后找时间慢慢学会它就可以了。老师们都很喜欢你，但是老师们最看重的不是你学会知识之后能考第一名，老师喜欢的是你做事认真、脚踏实地，哪怕你学不会了、考差了，你还是你，我们还是喜欢那个认真做事的你。你要允许自己失败，允许自己不及格，这是人之常情，老师相信你一定能够用博大的胸襟看待人生的得失。好好加油！

生：谢谢老师。

期末考结束之后，该生没有继续保持班级第一名，而是取得班级第三的成绩。

师：（笑）你这次考到班级第三名了呀。

生：（微笑点头）嗯。

师：你看，老师没有骗你吧！就算你没有考第一名，爸妈还是爱你，老师也还是很喜欢你。更重要的是，你的生活也还是和原来一样。努力学习、快乐学习吧！

教师心语：许多青春期的孩子还没有形成对自己的认同，甚至有些成绩好的孩子反而对自己很不自信，他们在学习上承受着巨大的压力。也许对于"好孩子"来说，多"输"几回也是一种成长，既要拿得起，也得放得下。

读书是一种幸运

第一学期，班上学生甲退学。利用假期，我通过 QQ 与之交谈。

师：去哪儿打工了？

生甲：没有工作，还在混社会。

师：老师建议你回学校读高中。

生甲：老师，我不想回学校读书了。

师：你现在还小，出社会之后想要凭自己混口饭吃也没有你想象的那么简单，一定要自己想清楚哪些该做，哪些不该做。

生甲：知道了，自己赚钱，凭本事。

师：老师还是希望你能够回到学校，再更加纯粹和安全的环境里成长，等到更成熟一些之后再踏入社会。不要意气用事，老师相信你！

经过沟通，学生甲还是对回校学习表示抗拒。尽管无奈和担忧，但也只能接受现实。

第二学期伊始，班上的学生乙请假两周之后才回校报到。

师：你前一阵子请假干啥了？

生乙：跟我爸出去打工一阵子。

师：你能够回学校继续学习老师很高兴，是你自己想要回来继续学习的吗？

生乙：是的。

师：既然你选择回学校学习，那么老师希望你拿出干劲，认真对待自己的学业，否则三年转瞬即逝，如果没有收获和成长的话反而是浪费时间——比出去打工还不如！

生乙：（点头）嗯。

师：另外，老师觉得你爸爸很明智、也很爱你！在你屡屡违反学校纪律、无心学习的情况下还愿意给你后悔的机会，让你继续学习，老师希望你要记得感恩你的爸爸。

生乙：好的，谢谢老师。

师：新学期希望你好好努力！

教师心语：一学期过去，班上已经有学生辍学。这些孩子才刚满十六岁，甚至在我看来很多学生心理年龄还不满十六岁。每一个孩子最终都必须走向社会，但是作为一个老师还是希望看到他们在为人处世上养成好习惯再走进社会迎接挑战。面对那些做事马马虎虎、对师长没有礼貌、缺乏自制力的学生，我不敢想象他们走进社会之后将会怎样。哪怕老师再累也不忍心将他们推进社会的熔炉。在学校的象牙塔里，不仅要教知识，还得教做人。

第 18 届支教团湘西分队：边城记事

> 第 18 届研究生支教团湘西分队，成员为：陈致佳、洪旭、石雪薇、孙凯丽、吴彦琦，曾在湖南省湘西州吉首市民族中学支教。

竹竿舞

陈致佳 2016 年 11 月 30 日

今天由于调课，我参与了 228 班的第八节课——民艺课。

在民艺课上，我是第一次看见我们班级同学以集体的形式（到老司城去的时候，由于队形散乱，并没有形成明确的"集体"的样子）统一活动。同学们分组进行"竹竿舞"，一组同学负责在地上撑起竹竿，其余同学轮流跳舞。就在"开合开合开开合"的口令声中，同学们在竹竿中穿梭，好不热闹。

如此反复数次之后，同学稍微觉得腻味了；班主任田老师和我在旁尝试引导，同学们即变化花式，创作了新式的加急版竹竿舞。在这个过程中，大胆、有表现欲的如彭同学、黄同学先尝试过关，而较为害羞的石同学、龙同学等，在田老师的点名下也陆续过关。

田老师后来和我说，很多同学都是在旁看着，内心想尝试，但是又不敢在众人面前出头、上前，而老师点名的时候，他们会觉得"既然老师点名了，好吧，没办法啦"，于是上前尝试。跳竹竿舞并非难事，无论成功与否，在众人面前尝试几次之后，即会增长他们的自信心，这对他们的成长是有帮助的。我非常同意田老师的看法。

大部分同学都轮番尝试后（可惜，还有马同学、张同学等当时站在一旁，未被点名，跃跃欲试但又未去尝试），班主任田老师让几位男同学收好竹竿，准备下课。从收拾竹竿的过程又可以看出，马同学是比较愿意为集体做事的，而彭同学、杨同学又是对班级事务比较热心、愿意主动承担的。

收好器材后，同学们就站在篮球场边上，看着其他年级的学生在体育课上打篮球。

虽然只是随意地站在球场边上，但从同学们三三两两的组合中，依然可以看出班里大概形成了三四个圈子：相熟的同学站一边，不相熟的同学则隔了一些距离。我和田老师站在学生背后，看着"正在看着篮球赛"的同学们，我内心不禁生出一些感慨。

六十多名同学，实际上已经是社会学上的一个小型组织了，若是具备社会学知识，研究这六十余人团体中的人际关系、人际与成绩的关系等，一定很有意思。只恨自己在这方面所涉甚少，而亲眼看着这六十多名学生成长，真是极有趣味的事情啊！所谓教书育人，大概教书是方式，而育人是真正发生在当下的过程。同学们每天都有点滴的成长，如果愿意付出足够的精力，去进行非常细致的调控、引导，相信学生能够更容易地找到自己的路子，在未来更好地发挥自己的长处。

以前，学生坐在教室里，他们就像是一个个"抽象"的学生概念，只是等待我单方面的知识传授；而现在，他们一个个站在我面前，好像才一下子具备了实体。他们性情各异，喜好各不相同，但又同时被分配至这一个班级，不能不说这是某种缘分使然。我渴望去看着他们成长，渴望看见他们在寒窗苦读后，飞散各地，去各自成就自己的人生，去各自选择自己的道路。

田老师在提起自己的学生时，总是用吉首话说："我的儿"。我现在多少能体会那份心情了！

又一个孩子走了（于晚自习没收的一张小纸条）

洪旭 2017 年 3 月 20 日

今天下午下课后，刘同学来办公室，哭得稀里哗啦。我猜到是怎么回事了。今天早上田老师跟我们说，刘同学也要去泸溪一中读书了。她给每个老师写了一张明信片。我鼓励她到了那里努力学习，在民中想考个好大学还是不容易啊。学生基础太差，老师也只能教得很简单，对于天分还不错的学生来说，转学是个明智的选择。相比于苗苗的不辞而别，刘同学郑重地和我们告别，并表达了感谢之情，还是让人欣慰。前两天又打开苗苗的QQ空间看了一下，发现他把QQ空间清空了，看来是下定决心好好努力学习了呢！看来换一个学校对他还是很有促进的，相信他两年之后一定能够考上好大学。相比之下，杨同学却经常在QQ空间里喊苦闷，有时候晚自习还会偷玩手机，应该是还不大适应新学校的节奏吧！

晚自习的时候，缴获一张纸条：

×××：

我知道你初中的时候喜欢我，虽然那个时候你不敢向我表白！我也不敢主动去问！现在虽然还是到三中，但也没有和你讲话，我想你下次见到我能和我说说话！可以吗？虽然你胖胖的，也让我喜欢，我要向你告白，×××，我喜欢你。

——你想到是我了

临近期末

石雪薇 2016年11月29日

不知不觉又是五天过去了，好快啊……之前在学校很多时候都会觉得日子过得很慢，也许真的是过得太闲了，没有很好地抓住每天的生活。到了吉首之后还没啥感觉呢，就又是一周过去了，感觉飞快，可尽管充实但是心里也有了一种空荡的感觉，为啥呢？现在静下来想想也许一方面是不能想象自己未来职业生活过成这个样子吧，家、单位、家、单位……周而复始的三个月就过去了，也很少出去玩儿什么的，总感觉累，有空就总觉得不如休息会儿。另一方面是来支教的原因吧，支教工作很多是以好好完成的姿态去做的，对我个人来说还是缺少些享受的过程在里面，有时候看办公室的老师，上课备课之余，唱歌、聊天儿、唠家常、吃零食、各种干自己想干的，混进了很多生活元素在里面，看起来就丰富些。也许自己现在体会的所谓"工作状态"还是会跟以后实际到了工作岗位有些差别。

还有两天就要到2016年最后一个月了，回头想想支教三个月自己付出过什么，收获了什么，其实还挺清楚的。那天高二地理梁老师说的一席话听着很有感触，他说："你们来支教一年对个人成长是非常有帮助的，拓宽了眼界，思考问题和看世界的方式也在不断完善，不断成熟着，等回了北京会有更加广阔的舞台等着你们去发挥。但是你们来支教也看见我们三中的孩子了，跟你们岁数差六七岁，但大多数人未来的人生会与你们千差万别，他们也许一辈子也走不出吉首这座城市，看不见外面的世界什么样子，但他们现在这个处于玩耍的年龄段，还意识不到如果现在不努力那么未来面对的生活将会很艰难。所以你们这一年尽力改变能改变的，有些改变不了的也只能接受，因为你们要知道人跟人是不一样的。"听完还真是难受了半天，这些孩子因为从小生长环境及家庭问题，导致现在很多行为习惯不受管控，思维模式也异于常人，所以有些时候他们做错事都不知道自己错了的时候，除了生气更多的是心酸难过。那么这剩下七个多月时间里，尽全力改变能改变的吧，哪怕能让一两个人变好呢？同时心理上也逐渐去接受不能改变的，因为自己毕竟不是万能的，对吗？等明年回了北京，支教真的会是一段深刻体验，其中也许记忆最深刻的会是三中这样学校学生的学习和生活状态、农村教育事业的发展、精准扶贫下农民生活的现状等一系列，而也是因为这些真切的了解会给自己的人生增添别人一辈子也许都不能体会的感受与经历。

回头再说说教学，我自己刚开学的时候买了一本《新课标图文详解》，这本书综合了各种版本地理高中三年的必修和选修的所有内容和知识，讲得非常清晰完整，全彩页。地理学习如果不看图，不理解，不死记硬背还真没办法学好，可恰好之前的书图编辑得太少，知识量也少，所以最后还是想推荐他们买。一本25元，我还是有点犹豫，想着这钱会不会对有些学生来说是一种负担。后来在班级我把买书原因讲了一遍，另外建议资金紧张的同学可以两个人买一本，所以有些爱学习、爸妈给零花少的同学选择两人分享一本，我觉得也挺好的。除此之外昨天两个班我还特别说了，两包槟榔小二十块，你只能放进嘴里吃了，可一本二十多块钱的书你看透了，读透了，以后能给你创造两千甚至两万块的价值，这时候很多男孩大声地说，老师我不吃了，我要买书，好好学习！不管他们是否在打趣，在我看来这三个月他们都是在进步的。所以等下周书到了，又要对他们开启新一轮狂轰滥炸了，希望他们能挺到期末，考个好成绩好好回家过年。

上体育课的生物老师

孙凯丽 2017 年 4 月 8 日

起了个大早，说真的，我从清明假期出行中还没休息过来，没补够觉。一路又去了古丈县的坐龙峡和红石林，戴着手套拉钢索，觉得之前爬的大概都是些假山。爬着爬着也明白为啥这里叫坐龙峡了，这个名字就霸气，山石急湍穿插交叠又十分刺激。果真，美丽的风景是不会辜负你的付出，跋山涉水想要见到的神秘和惊奇总会在一个瞬间出现在你的眼前，让你惊叹。虽然这里主要还是以景色为主，自然山水让人心里纯净，可历史文化也不是完全没有，只是相比起北京那种地方来说少了一些。可以去除许多让人紧张不安的心绪，在这一片山水中安静下来，而每一次到往过的山水，又总都是第一次会面，装扮不同，心情不同，所见所想其实也有差别，这样一来，也并不觉得枯燥乏味了，每一次实践都是人生新的体验。

近来觉得227班比228班的班级氛围要好些，可能也是227班刚开走了三个学生的缘故，给班里其他喜欢调皮捣蛋的孩子起了一个警示的作用。说起来，学校相比于社会而言的确是一个能够包容你犯错的地方，但也只是犯了错付出的代价会小一点，能够给你知错改正的机会，并不是无限制地容忍你去放肆。

而这些责任感不强的孩子，容易受到环境的影响远远超过他们内心能够被触动得想要改变的决心。我们这一年来总是希望做些什么说些什么，来刺激他们的内心，了解他们，从而通过某些方式来改变他们，而他们一个个也是想要去这样改变的，可我们都忽略了这个环境造成的巨大影响。

上周在228班上课，他们表现非常差，这种评价并非是我对他们有太高的期望造成的，也是跟227班最近学习的氛围有着对比，包括上课问问题、检查作业、上课的姿态和表现，都不太理想，不是浮躁，感觉死气沉沉的。停掉了他们这一周的体育课，吓唬他们通通改成生物课。今天下午第一节上课前，徐某福还来问我这节课上什么，回了一句"上生物啊"，他哦了一声就走了，心想他们还是以为我在闹着玩，临了心里还是会可怜他们的。不过其实想想这些孩子也是怪不容易的，天天自己管不住自己，又被别人这样管教着。拿了三根跳绳带着他们出去上了一节充实的"体育课"。当了一回体育老师才发现，他们平时身体素质不好也是有原因的，体育课就撒丫子了，基本全都是自由活动，老师根本不管，连最起码的热身运动也不带着学生做，我在前面带着他们从"头部运动"一直做到"弓步压腿和侧压腿"，他们一个个都跟傻了一样不知道咋做。然后分成几个组进行接力跑，进行小兔跳，各种比赛，还是想要通过这样的方式让他们体验竞技精神，让他们在运动中感受团队合作的精神，感受永不放弃和坚持的精神，知道什么叫作责任感。当然，还有一个很重要的目的，提高他们的身体素质。

看见他们有的连双脚跳的协调性也掌握不好，有的不小心摔倒了就要准备从一边退场，团队活动却总是整理不好队形，稍微一动就容易乱。体育课一节也是45分钟，想到我们中学的时候，体育老师总是带着我们进行各种活动，每堂课都换着花样做运动，关键的是能在这些活动中体会到各种乐趣，能够体会到大汗淋漓之后的那种畅快，能够感受到在体育运动中也总是需要智慧的，并不是发挥蛮力，还有就是团队合作精神以及互帮互助的精神。活动完了之后，给他们顺带着也讲了讲这些道理。

我是能够在操场上看到他们需要发泄出来的"剩余精力"，而且毕竟也都是些青春活力满满的青少年，这些活力总要通过一定的方式体现出来才是好的。身体越锻炼越有能量，那么也可以激发出他们本身做别的事情的潜能。想来，有时他们的那种死气沉沉的状态，也可能是"剩余精力"没有通过积极的方式释放出来，导致"积食"了吧。

辍学的孩子

吴彦琦 2017 年 5 月 20 日

"520"，真是一个美好的日子。但由于高考放假，最近的周末都要补课，所以今天仍然是正常上班的一天。晚上旭哥和致佳很贴心地买来了三朵玫瑰，给我们的家增添了几分浪漫的色彩。

早上按照惯例，每一周的最后一节课小测，必修三的内容难度骤减，内容不多，但知识点零散，也不好教，有了点教文科的感觉。周测试卷再次改得我一肚子火，学期初还能斗志满满地去批评他们，逼着他们做作业，到现在该说的道理都说过了，已不知道再说些什么。自己不想学，老师再怎么努力也没用。没人督促就原地不动，实在不是长久之计。

今天下午旭哥给我们看了他在 QQ 上和石某的聊天记录。石某已经有一些日子没来上学了，上学期后半学期有了一些好转，这学期初他做手术耽误了三个星期的课，回来跟不上节奏，就越来越适应不了学校的生活，前不久挪用了生活费，学校和家里都找不到他，现在决定不读高中了。旭哥劝了他很久，他都还是一副赌气的样子，最后终于被说动，晚上致佳和旭哥就一起去和他吃了顿饭。据他们说，他精神状态还不错，不过已经很确定自己不想再读书了，想要去职业学校学建筑或者汽修。

在旭哥出发之前，我们几个人一起聊了一会儿，不想读高中我觉得倒是合理的决定，按照他现在的状态和自身的能力，的确很难坚持下来拿到毕业证。主要是担心他在混社会的时候被欺负，被利用——石某虽然有点固执，但并没有坏心眼，只是有点一根筋，情绪波动比较大，比较容易被煽动。好的情况是混几年之后安定下来，找个能养活自己的工作，成个家。若是交友不慎，染上什么不好的毛病，或者进入难以脱身的组织，耽误的可能就是一辈子。读不读书并不是最关键的，能不能以一种有尊严、有幸福感的方式在社会立足，才是我们关心的问题。

再想想他的家庭环境，还是忍不住唏嘘。在228班的家长群里，石某的父亲常常在发给女儿拉票的链接，他家应该还算条件不错的，但家庭矛盾没有处理好，给孩子留下了比较深的阴影，现在石某已经很难约束住了，干脆把更多的希望寄托在妹妹身上，家庭关系就越发疏离。前几天和胡老师聊到这边离婚率高的原因，他说情况很多，比如外出打工长期分居，或是有一方赚了钱就有一些不妥的行为。当然，我相信这只是很小一部分情况，但不可否认，很多社会问题最终将归结于每一个小家庭，而这影响又是一代代人积累的，具有长期效应的，不免让人难过。

这一年，接触到了很多之前没有机会遇到的人和事，在报告文学、新闻播报里看到的，和你站在他们面前，看着他们的眼睛，感觉是完全不一样的。看着朋友圈里大家秀着高大上的生活，吐槽的烦恼看起来也像是强说愁。虽然生活在同一个国度，同一片土地上，但有的时候真的感觉就像《北京折叠》里写的，是几个平行的、互不干扰的层，让人感到虚幻，虚幻的真实。

向虹霖：支教杂记——一些碎碎念

> 向虹霖，女，第19届研究生支教团西藏分队成员，曾在西藏自治区拉萨市西藏职业技术学院支教。

这是由不同时间点的日记组成的一篇关于学生的碎碎念。他们给我带来的体验来自多个方面，上课、培训甚至游学，总能给我带来不一样的感觉，即使有些让人不顺心的地方，也总是很快就过去了。

能够有这样的一年，我想此生该是无憾了。

2017年10月5日　我的第一次教学尝试

这一天是藏职院十月的第一个工作日，也正是我来到这个学校后第一天教课——第1、2、3、4、5、6节。我早早地来到北校区，找到了所谓的上课教室坐着，直到上课前十分钟，才得知自己走错了教室，真的就感觉很囧。可能还是有点紧张，竟然还没有说清楚自我介绍和课程考核情况，我就开始正式讲课了，后来等学生们都自我介绍完毕才想起来这事儿，假装自己没有忘记然后继续强调上课纪律和考核方式。

本来在我的预计中，学生的基础是不太好的，但我实在没有想到其中90%的人快捷键用得还挺溜——我真是没有料想到。但也正是因为这种假象，所以我讲得极快，直到下午最后一节课挨个询问，我才知道还是有学生以前从来没接触过电脑。学生们的基础差距实在太大，思考许久，我也只能就着基础薄弱的学生来讲。

藏职院的学生大多数都是藏族，但我的班上至少有1/4的汉族学生，来自甘肃、四川还有山西等地方，交流起来也就相对容易。相比藏族学生，记汉族学生的名字和长相对于我这个脸盲来说就简单多了。而印象深刻的几个学生也都加了我微信，有问我作业题的，有给我发视频看他在写作业的，还有给我推荐歌的，都是极好极好的小孩子。其实想一想我也比人家大不了几岁，但也还是要有一个老师的样子，所以下一次要怎样才能看起来严厉一些呢？我陷入了沉思。

我想尽我最大的努力让他们真正能够在这门课上有所收获，无论他是否曾接触过这些，无论他和身边的同学有多大差距，只要我愿意拉他一把，就不会是什么很困难的事情吧。希望我能是一个好老师。

2017年10月20日　关于学生的一些可爱的事

上课其实是一件很有趣的事情。为了第一次上课我准备了两个星期，毕竟我自认为有点像街上算命的半仙，如果课上遇到什么问题我能够顺利解决，一定不是因为我很厉害，只是我运气好而已。"重启大法好"是我一贯的宗旨，凭借着Ctrl+Alt+Delete打天下，说的就是我。

我的课代表是个十分可爱的姑娘。上节课我让大家自由发挥自由练习，我在教室程序端偷偷看大家又都在干啥，姑娘大概是给班上两名"蓝"同学做了一个婚礼请柬，配色贼拉可爱。其实做"大喜之日"的不只她一个，其他两个我下去巡视一周也没能找到作者，可以说是有点遗憾。这些都挺好的，只不过我觉得他们可能需要学习一下颜色搭配……

班上最近有两件事情让我感到开心。第一件事情是第一周跟我说她以前从来没用过电脑的那个姑娘渐渐地跟上了我的上课节奏，每次讲完我都会问每个人听懂没有，从什么也不会到能够听明白，她只用了两周。我发现她总是默默地把每节课上讲过的操作一次又一次地重复，那种渴望学习的心让我感到十分幸福，这大概就是当老师的成就感吧。第二件事情是班上有个男生总是喜欢用Word画一些有趣的画，这周他画了一个操场。怎么说呢，并不是说他画得有多好，而是他没有任何参照自己默默地创作，那么平时的观察一定是很细心了。而且在某些方面他也帮我了一些忙，能够有这样的学生本身就是一件很开心的事情了。

教学工作总的来说并没有什么太大的难度，上的课自己也不知道能够有什么创新和改变。但是每次一想到可以对着这些带着笑容的面孔（以及他们的电脑屏幕）看一整天，还是很开心的。只要是能一直被这样一群孩子喜欢着，就十分值得了呢。

2017年10月25日 矛盾的教学心态

上课到现在都还有一些矛盾的心态。

第一种是一开始就有的，害怕学生们什么都懂，而我这个老师会的又不是那么多。我怕露怯，更怕砸了学校的招牌，特别害怕因为自己让他们心中这所神秘的学校变得"也没什么了不起"。

第二种是最近才出现的，那就是我每节课讲了的东西，我都会挨个问一遍懂了没有，结果基本上99%的人都会跟我说懂了，我的焦虑就出现了。"他们真的懂了吗，会不会是为了怕老师说自己笨而不愿意承认不懂？"眼看着下周我就要给他们进行第一次形成性考核了，思来想去找了作勇当年屋顶农场实践的组织工作报告作为素材，用来论文排版，考察关于插入目录等方面的知识点。并不是很难的东西，但是就害怕他们还是一问三不知。

今天跟办公室老师说，在我看来我们班学生能有10个人看着教材自己就能学会操作，另外10个人听了我的讲解就能够掌握，还有10个人需要我走下讲台手把手地去教才能明白，却还有剩下将近10个人，今天讲明白的东西明天就忘记了，却又不承认，所以一周又一周这些花过的时间仿佛都是白费，着实让人担心。

这两种矛盾的心态却都指向了同一种焦虑，那就是害怕自己不是一个好老师，没办法把学生们教好，这也是我一开始十分渴望分到职校的缘故（个中缘由可能也与我怕生有关系）。我害怕我的半吊子知识库会误导初高中的学生，毕竟我一直以来都认为自己没有什么拔尖的才能，稍微有点用的就是我的应试型大脑，能够小小地揣测出题老师的想法，这么多年来也算是没怎么失手过。这样投机取巧的学习办法我必然是不能骄傲地向学生传授的，所以现在的状态已经是最好的结果了。

但我还是很希望能成为一个好老师，把我认为的力所能及之事都做到，这便是万幸了。所以就算是一门不需要写教案的课我还是会"偷偷地"备好久的课，之所以是"偷偷地"，毕竟还是想让自己看起来很轻松吧。

做一个看起来和用起来都很靠谱的人，就算是目前的一个定位了。就像我考驾照一样，我真的是一个很害怕考试的人，就算是简单的科目一，明明知道就提前复习一天就铁定能过了，但我还是连续准备小一个星期，每天做一套模拟题，看看自己今天进步了没有。有些法规或者是手势，到后来不看题就都知道选什么，终于在考试的那天早上最后一次模拟考 5 分钟内 get（得到）了 100 分，可以说是大大地满足了我的强迫症（即使最后因为手滑还是只考了 99 分）。

这实在是很能体现我内心对自己的不信任，谁劝也不管用的那种。所以最近一听到本科同学说考试啊，实验啊，我就开始提前焦虑了，不知道回去的我还能不能适应学生的日子。不过一想到当时决定跟现在的导师读研时做出的保证，自己说出的话就跟泼出去的水，既然收不回来那不如就试着让它成为种子萌芽最重要的一环吧。

2017 年 12 月 7 日　北校区最后一天课

这一天没有写日记，姑且让我补上这样一段。那一天依旧是普通的一天，只是，我突然告诉大家我下一学期就不会给他们班上课时，他们抬头看我的那种不相信的眼神，我终生难忘。我发自内心地不舍，和他们拍了一张合照，班上有个小姑娘噙着泪花让我别走，弄得好像我再也不回来了一样。

那一刻我是真的很幸福，原来我可以在他们心底埋这么深呀。回到家里收到了很多表达不舍的短信，被学生们惦记可能就是作为老师最大的成就感了。

2017 年 12 月 30 日　游学活动圆满结束

回来北京本来不是一件大事，但是经过 40 小时的长途火车使得与帝都的此次相见变得尤为珍贵。一开始说带"启创计划"来北京游学的时候，我是有一些私心的——不只是想回京与同学们聚聚，更多的是不想让自己在这个团队里的存在感变得很低——总是想为学生们做些什么，以弥补我往日与藏职院孩子们过于简单的接触交流，终归是希望能够发挥自己更多的力量。

正式行程结束后的那一天晚上，也就是去玩长城回来的路上，旁边豪哥和团长都因为疲惫而睡得很香，车厢里极为空旷，即使全身都很疲惫但我的大脑异常清醒。"终于结束了……"我这样想着，"等明天一定要好好睡一觉犒劳一下自己"。自己好像很久没有这样累过了，感觉比这过去一学期经历过的都要忙碌。

从一开始定青旅的心累（没房的订不到、有房的不愿意收，其中原委我想大家都能猜到，又只能搬出清华的名号，才勉强让老板收下了这群孩子住下），再到安排敲定日程纠结得很。最重要的还是宣传相关的工作，写推送发新闻稿，带着他们一点点做，搞不定的我又只能一个字一个字地改，有的时候让人生气得很，但还好我这个人记不得隔夜仇，转天又都忘了。团长把带学生们玩的那几天都安排给了我，买票预约生怕因为我的问题让大家错过了好机会。因为是三个人其实我们不必要每天都跟着，有一个人就够了，但我这该死的责任心让我不忍心留他们一人，大约是跟下来了80%的日程，其余的时候特别感谢团长和豪哥的担当，大家都辛苦了。

  众所周知，我是个脸盲。刚开始团长说让我带他们上火车的时候我觉得我要疯了，就我这眼神那要是丢一个怎么办。很努力地记下了每个人的名字，临到上火车的时候已经可以把车票"对号入座"地发到每个人的手上，真的是很欣慰了。

  车上的生活单调了些，孩子们打牌而我看书。最感动的是几乎每隔一个小时就会有人问我"老师你饿吗"，后来听太多了都变成了我调侃他们的话，其实是真的很暖心的。有的时候他们因为推送什么的惹我生气，还会开玩笑逗我开心。当时我都会在气头上不开心，但等到想通了又觉得自己好笑。他们都是多么单纯的孩子啊，生他们的气真是太傻了。

  说起发推送，其实在学工处的公众号上我差不多把想说的"官方"的话都说过了，对整个行程再没什么可讲的。但还是废话很多，特别是我在跟青旅老板解释我为什么要住在这里的时候，大概要把我这一学期都说一遍才能说明白，每次谁谁谁说个啥我都能接一嘴，现在住的这里可能里里外外都知道我是个在西藏支教的学生，怎么说呢，"自豪"就能概括我所有的情感。

  抛开刚刚离藏时的想法，此时此刻的一些感受才更为真实。能够为他们付出的实在太少，能够把更多的东西带给他们也许就是我现在最大的愿望了吧。

  一学期的时光过得实在太快，等到藏职院开学时间便会更短了，相处的时间不多，就更要好好珍惜了。期待更好的未来。

韩储银：我的陕北支教日记

> 韩储银，男，第 21 届研究生支教团陕西分队成员，曾在陕西省延安市清华大学附属中学文安驿学校支教。

2019 年 8 月，我以一名支教老师的身份来到了陕西延安，开启了人生的新篇章。支教一年，自教一生，我把汗水、理想和青春播撒在了陕北这片土地上。如今已结束支教，但我每天最思念的，还是我的学生们，和那一方小小的讲台。

2019 年 8 月 24 日　星期六

深夜抵达延安火车站，刚出站就看见对面山上"延安精神永放光芒"的巨大标语。乘大巴辗转两小时到达目的地——延川县文安驿镇，有同事热情地到校门来迎接，心里暖暖的。这就是我支教的地方，也是自己未来的一年里的家了。我在心里默默告诉自己：韩老师，加油！

2019 年 9 月 2 日　星期一

开学第一课。我带的是高一两个班的数学，课程内容已经熟稔于心，毕竟提前两周就开始准备了。

我向学生提问："我们为什么要学习数学？"大家叽叽喳喳讨论，突然有一位同学站起来说："学习数学是为了更好地理解宇宙万物的本质。"这种思考的广度和深度让我惊喜不已。我意识到，陕北连绵的大山没能阻挡住孩子们思维的眼神。他们的脑海中装着星辰大海，而他们所需要的，正是一个引导他们打开思维的人。能够成为这样一个人，是我的荣幸。

2019 年 9 月 30 日　星期一

在延安，告白祖国。明天就是 70 周年国庆了，歌声嘹亮，红旗招展，校园里洋溢着一种浓厚的节日氛围。党中央当年从延安走向全国，最终建立了共和国。在这里为祖国庆生，意义非凡。

2019 年 10 月 14 日深夜　星期一

作为一名老师的幸福，大概就是在夜深人静的时候，听笔尖划过纸面沙沙的声音。半夜改试卷，好几次被气得要死，讲了多少遍还是做错了，我恨不得立马冲进学生宿舍，从被窝里拉起他们来再讲一遍。不过整体是进步的，有几个同学答得相当漂亮，这让我非常满足。作为一名老师，所有的幸福感和收获感都来自于学生。当老师，痛并快乐着。

2019 年 11 月 8 日　星期五

班会上，跟同学们分享了我在国外学习交流的经历，同学们认真地听着，眼里泛着光。有一位同学站起来说："老师，我可以跟你拥抱一下吗？你居然去过日本，那是我最想去的地方，你是我的偶像！"身在陕北大山中，但我们的心却一定要飞出去，追求诗和远方。

2019 年 12 月 31 日　星期二

2019 年的最后一天了，下午站在窗前沉思了很久，陕北凛冽的风刮过，突然思念起了远方的亲人和朋友，心底也泛起一股孤单和冷清。

支教这半年，远离繁华的都市，扎根闭塞的乡村，意义何在？晚上被拉去参加元旦晚会，看着学生们一张张欢快的脸，我突然就想明白了：因为这里有人需要我呀！正是因为这里偏僻，正是因为这里落后，所以我才要在这里坚守，通过教育让更多孩子走出大山。这里的学生和老师，都是我的亲人和朋友，这里就是我的家啊。我立马豪情万丈，给大家唱了一首支教团团歌《与你西行》，跑调了，但学生仍然热烈鼓掌。

2020 年 1 月 3 日　星期五

结课，撒花！本学期课程全部结束啦，感谢大家一学期的陪伴，LOVE YOU ALL（爱你们），期末加油，开心过大年！

2020 年 1 月 25 日　星期六　除夕

今年的除夕很是冷清，新冠肺炎疫情给所有欢乐蒙上了一层阴影。很担心我的学生们，发了好多消息，提醒他们注意防疫。

2020 年 3 月 15 日　星期日

今天家里网不好，录制好的课总是传不上去，心里很焦急，就怕耽误了同学们听课。自从 2 月 18 日开始上网课以后，几乎每天都要录制视频课程供同学们观看。最开始一堂 30 分钟的课，从备课、录制、剪辑、上传，往往需要三四个小时，现在熟练了，录制起来效率高了很多，但家里网老不好，有时候需要抱着电脑爬到山上去找网络。不过只要有利于学生学习，我的所有付出都是值得的。

2020 年 4 月 6 日　星期一

我已经返回文安驿，但需要隔离，倍感无聊，便和同事相约去爬山。黄土高原群山莽莽，蔚为壮观。回来的时候看到一条标语：扶贫先扶志和智，帮人先帮技和艺。深以为然，支教半年，亲眼看到了脱贫攻坚的巨大成效，感受到了基层工作的重要性和复杂性，也愈加感到老师这份职业的神圣。再次庆幸自己当初选择了支教，要继续努力，让青春之花绽放在祖国最需要的地方。

2020年5月17日　星期日

今天和同事再访梁家河。我支教的地方距离梁家河只有五公里远，经常步行去参访，既是教学之余的一种放松锻炼，更是追随总书记的脚步、感受总书记为民干事的初心。今天天气很好，道路两旁开满了芍药，地里盛放着油菜花。心情很好，度过了一个有意义的周末。

2020年5月19日深夜　星期二

今天心情很是沉重。一次测试下来，同学们考得一塌糊涂，惨不忍睹。最近学生表现很好，我原以为他们能考得不错呢。一颗滚烫而充满希望的心，被打破、击碎了⋯⋯

在办公室改完试卷登好分，已是深夜11点了。一个人走在空旷漆黑的校园里，微风吹来，心凉到透。我是一个好老师吗？迷茫，怀疑，无助。哎，天好黑，今夜注定无眠。

2020年5月24日　星期日

上次测试失败以后，我反省了很多，也约了很多同学谈心。问题的重点在于"虚假繁荣"，学生表面学得不错，其实知识压根没学懂，还想方设法来欺骗老师。作为老师还是要对学生严格要求，狠抓典型学生，以优带差。我重新制订了教学计划，距离期末考试还有一个多月，拼了这条老命，也要把成绩带上去！

2020年6月21日　星期日

今天有百年一遇的超级日环食，下午有四节课。课间赶紧打开直播，刚好看到了短短几十秒日食成环的过程（西藏阿里地区）！何其有幸！又为学生们讲解了日环食的原理，带领大家用小孔成像的原理来亲自观测。科学素质的养成非常关键，关乎学生的成才、国家的发展和人类的进步。

2020 年 7 月 10 日　星期五

数学出分，两个班成绩都相当不错，心里满是欣慰和喜悦。想想自己过去两周，中午放弃一切休息时间来备课，跟每一个同学一对一辅导，同学们的表现终于没让我失望，也算是给自己的支教画上了圆满的句号。教书育人，无愧我心。

来到班里，突然发现有一位女生在哭，啜泣地跟我说："老师我没有考好，对不起……"我安慰道："没关系的，你这学期一直很努力，老师都看在眼里。这次没有发挥好，下学期考好就行了。"学生说："可是我下学期考好了，你也看不到了。"听到这，我心里满满的都是感动。

2020 年 7 月 11 日　星期六

送别晚会，同学们送的礼物堆满了一桌子，我也拿出提前给同学们准备好的礼物——一枚精美的定制印章，发给大家。这是学生的第一枚印章，意味着走向成人，要保守诚信、勇担责任。和每位同学都合影留念，好多女生都哭了，我自己也差点抹眼泪了。我的亲爱的学生们，文安驿这片热土，我一定还会回来的，等着我！

后记

一年支教行，一生支教情。陕北这一年，我辛勤耕耘，收获成长，拥有无数美好的回忆，也有幸扎根基层一线、为教育扶贫做出贡献。到西部奋斗，让青春出彩，这一年，终生难忘。

第五章：回首

与你西行，永不相忘。支教的日子里，汗水也散发着幸福的味道。同甘共苦的战友之谊、教学相长的师生之情、同心同德的民族之义，共同构成了属于支教团的美好记忆，并成为每位志愿者一生中的难忘时光，在他们的人生道路上写下浓墨重彩的一笔。

杨海军：支教是做一块垫脚石

> 杨海军，男，第1届研究生支教团青海分队成员，曾在青海省海东市民和回族土族自治县民和回族中学支教。

我很荣幸能回来参加支教团二十周年的活动，也非常感谢筹备组对我的邀请。实际上，上台之前我准备了很多想讲的内容，后来到了现场，我又有新的想法。

在一次聚会中，有人提了这样一个问题：如果有一天你忘记了自己的姓名，忘记了自己的荣誉、职业，你认为你马上能说出自己做过什么？我想了半天，我和其他人不一样的地方，我与众不同的地方，就是我曾经是一个支教人。

对我来说，支教的这一年印象深刻。我们是第1届研究生支教团，和现在的支教活动有所不同。现在参与支教，大家可以交流和参考以往的经验。但在当时，我们并没有像现在这么好的条件。我就总结一句话，那是一次勇敢的出发，但是我却得到了一生的永恒信念，它无意中成为了我人生中最骄傲的一个资本。这是我想说的第一点。

第二点，我认为无论是对于我，还是对于其他人而言，支教就像是一块垫脚石。上个月，中央电视台《等着你》节目中讲了第1届支教团的故事。我们第1届研究生支教团全国一共101人，其中联系上了86个人，还有15个人联系不上，因为那时候通信没有像现在这么发达。我当时在节目现场，特别感动。在参加《等着你》这个节目的过程中，很多人都表示，其实面对第一次的出发，我们并没有做到如现在这般充分的准备。在那时，我们有什么想法呢？老实讲，很少。那时候，参与支教可能就是一种简单的尝试。但为什么说支教是垫脚石呢？因为在《等着你》节目录制过程中，坐在我旁边那个同学告诉我："杨老师，你知道吗？虽然你没有教过我，但是我就是你们第1届支教团教过的同学，后来考了北京的

本文摘自杨海军在"清华大学研究生支教团二十周年座谈会"上的发言。

研究生，现在在北京的人民法院工作。"当时我们到青海去的时候，当地的人问道："你们是从北京来的，是不是毛主席派来的？"在我们离开时，我们曾认为，这里的孩子们几乎不可能走出来，更没想过他们能到首都北京生活。而这时候，我和我身边的人才发现，其实我们当时想错了。我们曾认为当时自己做不了什么，曾认为我们当时在苦苦地挣扎，或者说我们在和自己拼搏、和自己搏斗。但是那些我们曾认为没有太多作用的举动，其实已经在孩子们的心里生根发芽。而这些幼芽，经过十几二十年的发展，已经长成了一棵茁壮的大树。

所以我说支教是一块垫脚石，这个垫脚石可能在无意之中为他人的发展打下了一个非常好的基础，给他们了一个良好的激励。同时这块垫脚石也对我们自身产生了很大的影响。1994年我在清华读本科，2000年攻读研究生。在研究生期间，我发现我和身边同学有一个非常大的区别，那就是我非常珍惜清华的学习资源。2014年，学校选派青年骨干，去美国访问学习。尽管对于我而言，美国是一个人生地不熟的地方，但我第一时间报名参加了。为什么报名参加呢？因为我不怕困难，真正支持着我的就是支教这一年的经历。在经历过这种困难的日子后，我会觉得不会再有什么困难可以难倒我，而我只需要去付出、收获和成长。所以我认为支教不仅对那些孩子们有所影响，对我们支教人也有很大的影响，这些影响让我们人生前进的步伐更加坚定。

好，我讲完了，谢谢大家。

刘振江：一不小心，做了一件伟大的事情

文 / 姜丹巧

> 刘振江，男，第 2 届研究生支教团甘肃分队成员，曾在甘肃省武威市古浪县土门镇初级中学支教。

1977 年，刘振江出生在河南省郑州市的一个郊县。1995 年，18 岁的他考入了清华大学精密仪器与机械学系学习，但因为一些"浪漫"的情怀，被当时的辅导员和老师认为是一个"问题"学生。1999 年本科结束后，刘振江选择报名参加了团中央第二届扶贫接力计划，开始了他在甘肃的支教生活。离沙漠只有两公里的甘肃省武威市古浪县土门镇初级中学，就是刘振江度过一年的志愿支教地。对于这一个从未见过沙漠的中原男孩来说，土门镇的环境是一个相当难得的景致，但也同样是个挑战——一进到三月份，土门镇常有沙尘暴天气，这样恶劣的天气状况，也是之前所无可预想的挑战。

支教的挑战不止这一点。刘振江刚到达当地，就被分配教三个班级的英语、两个班的地理和一个班的历史。尽管从小到大都成绩优异，但面对新的环境，要把输入于自己的知识输出，却不是一件简单的事情。凭借着自己的毅力与钻研，刘振江在当地的教学取得了较大成果，将所带班级英语平均分数从 20 分不到，提高到了 88 分。此外他还与当地学生进行课堂外的延伸知识的探讨，有效地拓展了乡村孩子们知识的深度和广度。

刘振江一行人刚到甘肃时，那一片沙漠地带非常凑巧地下起了一星期的大雨，这在干旱缺水的甘肃十分罕见。因此，当地老师笑称他们是沙漠中的"及时雨"，在未来的日子里，他们也愈发地认同、愈发想去做祖国西部的"及时雨"：祖国需要大家，需要有人带去一些地方以一些改变。也许一个人一年的付出会显得微不足道，但几十上百人的一年付出，就会形成沙漠中的甘霖雨势，就可能改变不少人的一生。他说："国家如果是一碗清水，我愿意成为一粒糖砂，我愿意

跳进碗里，也许我对这一碗水什么都没改变，我的梦想就是希望他能早点甜起来。"在他眼里，志愿支教实际上是在把更多文明与知识的种子播撒到更远的地方去，是在践行国家教育资源的公平配置。

回校后的刘振江，继续在学校里攻读硕士研究生和博士研究生学位，并在学业之余先后担任校团委实践部部长、定向生工作办公室常务副主任。有过一年支教经历的他，对社会实践产生了更加浓厚的兴趣。他曾组织起好几位同学，骑着自行车从北京到郑州，一路去走访农村；也曾带领研究生，到相关专业领域的下属企业去调研，使得实践与就业相勾连，提前让高水平人才熟悉各个产业，更好地在未来做出贡献。2003年，刘振江获得了团中央颁发的"中国青年志愿服务金奖奖章"。

刘振江一直记得，1996级有一位名叫侯贵松的同学，当时是清华大学到甘肃支教的支教团团长，两人一起在甘肃古浪县支教了一年。侯贵松讲述的一个关于馒头的故事让刘振江记忆深刻。侯贵松当年在去学生家中做家访时，发现有一个孩子的家庭状况非常差：明明住在青藏高原的最边缘，冬天气温能达到零下二三十摄氏度，家里却只有一面墙壁，另外三面都是用各种枝丫、废纸、塑料布搭起来的，家里也烧不起煤。这家里只有一个父母双亡的初二学生和他的奶奶。而对他们来说，老师是顶尊贵的客人，当学校老师去他们家家访时，老奶奶拿出了家里最好的食物——一块沾满沙土的馒头给老师吃。吃还是不吃呢？吃，就是在消耗人家冬天珍贵的食粮；不吃，那就是在嫌弃农民。最后侯贵松还是选择把这块馒头吃下去。

这件事给刘振江的触动非常大。那时候他深刻而切身地意识到了，在我们的中国大地上还有许多人非常贫困。见到很多勤劳而无助的农民和有所作为的政府机关以后，昔日不羁的刘振江加入了中国共产党，希望能和这些百姓们一起走出困境，也下定决心一定要为这些人、这些地方做点什么。

正是在支教事业中见证的这些故事、接触到的很多基层群众让他坚定地选择了走到基层去的路。只有首先从基层一步步做起，才能真的在未来的重要领域中做出一番事业。他认为个人与祖国的命运是紧密结合的，需要把自己的事业在中国深深扎下根，去为祖国做一些贡献。

一年的甘肃支教，开启的是刘振江一生的基层理想之路。正如他所说，"清华教育我们的，就是'不求做大官，但求做大事'"。他也一直坚定地行走在服务人民、奉献社会的道路上。

侯贵松：用一年不长的时间，做一件终生难忘的事

> 侯贵松，男，第 2 届研究生支教团甘肃分队成员，曾在甘肃省武威市古浪县土门镇古浪第二中学支教。

我刚才还想说自己是骨灰级的志愿者。然后我就发现，前面还有杨老师在。因为杨老师是第 1 届，我是第 2 届，但我刚才在这听了大家这么多汇报，发现自己真的应该成为骨灰。

2000 年，我从清华奔到甘肃去，一转眼 18 年过去了，我的孩子都快 10 岁了，但感觉支教的经历仿佛就在昨天一样。刚才看了支教团 20 周年的纪录片，我很感动，包括孔茗在西藏的支教故事，我们当时都经历过这样的过程，也都有泪流满面的时候。刚才杨老师说，我们那时候没有你们条件好，确实，那时候我们没有手机没有网络，我们当时要上网，只能周末从镇里跑去市里找一个网吧，然后看看有没有新邮件。电话手机根本没有，那时候用的最广的是 BB 机，也叫寻呼机。那时候呼机没有漫游，我们到了支教地把呼机拆开捣鼓了一下，改得可以接收北京的漫游信息。一看呼机，有北京的电话，就赶紧找公用电话给大家回电话。所以跟那时候相比，我觉得你们现在要幸福很多。我们那时候就看电视，看新闻联播，好多网络信息都看不到，也没有那么多想法，大家现在可以轻松获取很多信息，可以用微信沟通，非常便捷。

我为什么说我们是"骨灰级"的志愿者呢？因为觉得大家现在做得实在是太棒了。相比我们那个时候，第一是更规范，第二是有更多的想法，第三是起的作用也更大。我们那个时候就凭着自己的一腔热血去做，也不知道怎么去做。现在

本文摘自侯贵松在"清华大学研究生支教团二十周年座谈会"上的发言。

你们有学校的统一选拔组织，有规范的培训，跟前辈有很好的交流，自己也有诸如例会这样相互交流学习的机会。现在我们支教团的各项工作已经越来越规范，越来越有效，也做得越来越大。来之前铁强给我说，师兄你不用特别正式地准备。我也好好想了一下，我就别写稿了，就给大家说一些我的真切感受。

我觉得作为支教志愿者，第一个感受就是支教确实是一个一生难忘的印记或者印象。刚才大家都说"用一年不长的时间，做一件终生难忘的事"，我是很认同这句话的。从第一年开始就用的这个口号，我一直很认同，现在18年过去了，在向别人聊起我自己的时候，我依然强调自己是支教志愿者，在甘肃支过教。很多人对我这个经历也很感兴趣。2001年我回来之后，2002年我又回去了一趟，当时我担任经管学院的团委书记，带着经管学院大一的孩子们又去了一趟甘肃。从此之后，过了很长时间，直到2016年我担任大城县县长。当时因为甘肃的一个项目，让我去兰州，我出完差又回访了一下我当时支教的古浪县土门镇古浪第二中学。

古浪二中在腾格里沙漠边上，离腾格里很近，一片秃山。走在路上，我忽然发现，十几年过去了，这里已经发生了非常大的变化。原来我们从兰州到支教学校，需要坐一晚上的汽车，大概七个小时的大巴卧铺。但那次我去，车开了大概两个小时师傅就告诉我到了。我觉得放在以前好像连兰州都还没有出，现在就到了。因为现在已经通了高速，车子行驶的速度也很快，原来需要盘山而上，现在直接就可以过去了。

我回到学校一看，已经修起了很多栋教学楼，操场也建得很好。十几年过去了老师们都还在，大家见到我还很熟悉，学生们已经换了很多届了，但都充满了朝气。老师们说带我去看我们当时留下来的东西，然后带我走到一个楼前，说你看这是你当时的宿舍，现在已经改成小卖部了。还带我去看一口很大的水井，说这口水井还留着，你们支教团同学吃水的时候，都从这个水井里面提水。虽然过了那么多年我还是非常感动，我手机里还有当时的照片。所以我说这是我一生难以忘怀的记忆，我想对于我们每个人来说也都是一份非常宝贵的财富。

第二个感受是，我觉得我们作为志愿者去支教，更多的是一种收获。原来我们去的时候，大家都觉得我们是有情怀的人，是去奉献的。我们去的时候的确都是满怀着热情，但没有大家现在准备得那么充分。我们当时觉得自己要向太阳一样照亮西部，到了那里才发现事与愿违，因为有很多东西是你照亮不了也改变不了的，你只有改变自己去适应它，才可以把工作进行下去。所以到那里的时候，你会发现教了很多孩子。说实在的，我当年教了600多个学生，带了10个班的课，包括英语、计算机和地理。但你以为自己可以作为太阳照亮他们，却发现由于西部的先天条件等复杂因素，你不可能把他们都照亮。最后我发现我们也就只能做一个灯泡，我当时想能把我教的这些学生照亮总可以了吧。事实上，当我们离开的时候才发现，我们并不能快速改变他们，只是在他们心里种了一颗种子，而想要看到种子的变化是需要时间的。

后来我的学生有的考到了北京理工大学，有的考上了浙江大学，还有的读到了博士，我非常欣慰。因为我教了600多个学生，有些我也记不清楚。前年我去重庆，我的一个学生突然找我，说老师你来重庆啦？我在想我教过的学生也到祖国的不同省份工作了，非常好。就是这些，实际上是你给孩子内心播下的种子。所以回过头来，我完成一年支教做总结的时候，我说其实我们只是做了根火柴，照了那么一会儿亮，但是这一会儿亮，给了他们一颗种子。最重要的是这一年，你得到的比你付出的更多。你会发现这一年你很坚强，你能在那么艰苦的地方生活下来，像孔茗在西藏，我们当时没有安排去西藏，第1届支教团的成员是打散到全国各地的，不在一个地方。第2届支教团是成团在甘肃，我是团长，之后都是成团在各个支教地服务。这一年你会发现自己非常的坚强，你可以在那么冷的地方、那么艰苦的地方、一年只能洗7回澡的地方学习工作。我回来我同学跟我开玩笑说，你一年在那边竟然洗了7回澡，比你在清华洗的还多，当然是开我玩笑，但那边确实缺水，想天天洗澡是不可能的，也没有网络。2001年朱镕基辞去经管学院院长职务，我是通过收音机听到这个消息的。你想看世界杯，基本上没戏。这种情况下，你会发现自己很坚强。还有一点，就是你能读很多书，我当时没事就把学校图书馆的书拿来读，图书馆里的书基本都读了一遍。

另外，你会发现在处理问题的时候，你开始站在大人的角度去考虑问题了。因为出去前你是学生，出去之后身份马上就转变成了老师。当时我们的校长因为二中的条件不好，他往教育局去跑古浪二中的事，教育局总不批复，后来校长让我们支教团的同学去，说你们代表学校找找主管学校的教育副县长。当时我们觉得副县长是一个很大的官（当然现在我在管副县长）。我们怎么有资格代表学校去？当时就一直觉得我们还是学生，实际上你已经是一个老师了。在他们眼里，你就是一个老师。当时我们见到副县长，副县长说先别说事，你先喝杯酒，说着就给我们倒了杯酒（现在不让这样了，但当时就先喝杯酒）。当时一大杯酒下去后，副县长说你说事吧。一大杯酒下去我就晕了，我还说什么？然后我就不知道说什么了，也不知道要干什么了。当时就是这种情况。但是你会发现，你开始从成年人的角度来思考问题。当然我当时是成年，但是这种社会阅历是你在学校所没有经历过的。所以我觉得这一年的时间，你收获的东西，远比你给予的东西要多。

第三个感受是，做支教志愿者是一种选择。同学们也好，包括我们当年这些同学们以及历届支教团的志愿者也好，在选择去支教的时候，我认为是选择了一份情怀，就是把我自己的东西奉献给大家。当年支教团面试的时候，问我为什么去支教，我说我上学上烦了，觉得自己学的东西够多了，想把这些东西释放释放，教给这些孩子们。然后我去了，一年什么学都上不了，我才发现，能在课堂里面听课是多么珍贵。我回来后特别想上学，读研究生的时候，我一节课都没有逃过，有的同学在宿舍睡到11点的时候，我肯定是早上7点钟起床，正常上课，一节课都没有落过。因为你发现你在西部地区，一节大学课堂的课都上不了的时候，你会很寂寞。我觉得可能回来了的同学和我有共同感受，所以我研究生两年的时间，一方面担任经管学院的团委书记，一方面继续了我的学业。我觉得很可贵很珍贵，所以我说这样一种选择，你是想把自己奉献出去，但是你发现自己同时也选择了一条路，就是你了解了中国最广大的基层，了解了农村。我看现在很多同学是在城市或者县城学校支教，我们那时候是真的放到农村。正因为我了解了农村，了解了西部农村，所以我在回来之后，在毕业的时候我选择了去地方工作。

当时河北省组织部选调我的时候，问我你为什么要去地方工作。我就把自己的（支教）经历讲了，我说我是了解了中国广大农村，我觉得中国的希望可能还是在农村，如果农村不改变，我们的国家改变就很慢。所以当时省委组织部的人说你这个想法还真的是很不错，你这样想很可贵。我说我就是想将来用政府掌握的资源，为广大的百姓们做点事。省委组织部的人说，距离你做事的时间还很长，我说没关系我还年轻我可以等。当时选调到河北，到现在15年过去了，我从一个副职干到县长干到县委书记，我现在可以拿着我所掌握的资源为我的老百姓做事。所以这种选择是基于你对农村的了解，是基于你内心的一种付出。我在县里干了9年，当时去的时候我坚定去县里工作，学校说你再想一想，先去县里挂职一年，如果干不下来再回来重新就业。我想了一个星期，还是选择了去县里。因为我了解西部的状况，了解农村的状况，我想河北可能比那边好一点，当然也没有好到哪儿去。事实上我在县里工作了9年，都是在我们廊坊最差的一个县，但我从来没有觉得我这一个县差过，因为我在西部待过，我看过比这更差的县。我在的那一年，古浪的财政收入是2500万元一年，我去的这个县2010年是4.5亿元，我觉得这已经很好了。今年我们的财政收入是14.7亿元，我去了7年或8年的时间，县里财政收入达到了14.7亿元。所以说这种选择，也是基于我在西部这一年的经历，给了我在工作选择、职业选择时的更多空间和遐想，因为很多人都知道，经管学院的毕业学生，基本上都是去外企、金融部门、国企。我觉得当时经管学院选择去地方工作的，可能就为数不多的两三个人，我是其中之一。很多人都很奇怪，说人家挣的年薪百万以上，我挣的月薪200元以上（当然也没有那么少），我记得我第一份工作的工资是750元一个月。所以这些东西都来源于我在西部支教工作的这一年，对我内心的一种影响、一种触动，也是鼓励着我走到今天的重要动力之一。

今天正好赶上二十周年，所以我请假也要参加，以前咱们学校的活动我基本上没有参加过，二十周年的时候，一个是向我们完成支教的历届支教团志愿者，道一声辛苦；也向我们20届支教团的成员，送上祝福，预祝你们支教顺利，马到成功！

高宇宁：用青春丈量西部的广阔

文 / 孙明豪

> 高宇宁，男，第3届研究生支教团甘肃分队成员，曾在甘肃省临夏州和政县一中支教。

我来到清华大学公共管理学院，简单地在办公楼的大厅准备了一下即将要采访高老师的稿件，还有十分钟不到就要采访这位第3届研究生支教团的成员，或多或少是有一些紧张的。深吸一口气，想了想过一会怎么自我介绍，便转身几个大步走到了高老师的办公室门前。

"老师您好，我是今天来采访您的同学，可能会耽误老师一些时间，希望老师能够简单讲讲关于自己在甘肃支教的故事，谢谢老师。"

"好，你快坐吧，别站着了，很欢迎你啊，小孙同学。"这时的我放下了书包，坐在了正对着老师的办公椅上，拿出笔记本，正视着眼前这位第3届研究生支教团的成员。高老师很年轻，虽然按照他支教的时间推算他应该是一个中年教师，但实际上看起来反倒像一名青年教师。老师时刻保持着微笑，这种微笑看着很温暖，不会让人感到约束。他上身一件暖色的夹克，搭配着一条卡其色的裤子以及一双棕褐色的工装鞋，装束与整个办公室的气氛很搭。高老师给我的第一印象就是：正直、爽朗、谦和。

高老师本科是汽车工程系，毕业那年，恰逢中国加入世界贸易组织，开放了汽车市场，国内汽车市场受到了一定的冲击，很多从事汽车行业工作的人都对中国汽车市场并不看好，与高老师一届的同学多数选择了转行。高老师与大多数同学并不一样，他没有选择转行，而是选择了自己更喜欢的一个方向——研究中国汽车产业的政策。但是留在本系不能较好的从事自己喜欢的汽车政策的研究，于是高老师选择转系去到公共管理学院继续自己的研究生学习生活。

就在确定了前往公管学院读研的间隙，高老师又在思考：直接读研固然是一个不错的选择，但是实际上本科就读于汽车系的他并不太了解有关于政策制定的基本知识，直接读研看来并不是一个合适的选择。相反如果能够去社会上工作一年，最好是能去基层了解式地学习一年，一定会更加深刻地认识到国家制定相关政策的细节和落实政策的具体情况。这倒是一个不错的选择。这也是为什么高老师选择了支教，选择了加入清华大学第3届研究生支教团！"其实我一直也想去西北教书，只是这个理想对于自己而言有一些不好实现，可偏偏人生就是这样，很多事情就是在机缘巧合中实现了，并且来得那么突然。"高老师说完这句话，很满意地好似在回想着什么。

"支教，我想对于自己而言，这两个字已经是我生命的一部分。虽然一开始我是想着去基层研究政策，但是万万没想到的是，我最后全身心地投入到了支教中，这中间经历了很多自身的蜕变。即使现在已经成为了一名清华教师，这份精神也一直激励着我。支教，确确实实地改变了我本人。"

"支教，确确实实地改变了我本人。"这是高老师提到的一句让我记忆深刻的话语。

毕业那年，根据组织安排，他前往甘肃省临夏州和政县第一中学支教，与他同行的还有另外三名支教团的成员。他们来自南方沿海，对于大西北根本没有概念，唯一能想到的就是一望无际的黄土高坡以及那悠扬的信天游。带着对于支教地的憧憬与迷茫，四个大学毕业生就这样踏上了远方的征途。

和政一中是甘肃省和政县县属唯一的完全中学，当时全校师生加起来千余人，承载了所有周边乡镇的升学期望。那年是千禧年，新世纪，但这所高中的学生们还是使用着原始的土坯教室，教师们还是居住着简陋的土坯宿舍。

简单安顿之后，高老师就投入到了教学工作中去。与很多支教地一样，和政县中学同样缺乏任课教师，其中最缺的就是英语老师。高老师一开始并不是准备去担任英语老师，但是根据学校的需要，高老师决定重新备课，走上了学校最为紧缺的英语教师岗位。同行的支教团成员都担任了和政一中的英语老师。

"和政一中也会有英语老师，但是每当中学有了比较优秀的英语老师，周边的学校就会想方设法地把英语老师挖走，英语老师倒成了当地的宝。"

和政一中学生的英语基础很差，高老师准备的英语课程学生无法完全跟上，课程效果不是很好，这让第一次担任正式教师的他吃到了苦头。对教课方式的探索成了支教团成员们首要也是最难解决的问题。后来，经过与当地老师不断地交流以及更加深入地了解当地学生的情况后，他们重新制订了教学计划以及教学内容：将一开始的标准授课改成先补课再授课的形式，在补足同学们之前落下的英语课程的基础上，再进行日常的教学任务。这种方法虽然适应了当地的教学，但是无疑加重了高老师的负担，毕竟教学时间不变，但是教学任务加重了，这样一来高老师需要更为高效地备课，尽量在补足课程的同时又不耽误教学任务。

后来入冬了，日子变得平常了许多。每天上课下课，每天为同学们答疑解惑，高老师开始从一名支教团的"老师"变成了和政一中的"老师"，这是一个很大的转变。

一切看起来步入正轨，但高老师却总是不那么开心，因为他明白英语课缺的不仅仅是之前落下的知识，还有同学们的积极性。

"有时候吧，教课任务重让人感觉累是一方面，更主要的是你辛辛苦苦准备，下面的学生没有一个回应，这让我很是无奈。直到有一天有个叫虎珍的女生在课上发现了一个我犯的错误，这个情况才有所好转。"高老师说。

"发现了高老师犯的错误和这件事有什么联系？"我心中充满了疑惑。

虎珍是班上一个比较有想法的学生，经常会在课余时间找到高老师询问一些天马行空的问题。高老师注意到了这个特别的女生，积极地回答她的问题，两人一来二去建立了一种友谊。有一天，高老师在课上讲到贝加尔湖。他在课堂上说："贝加尔湖是世界上最大的内陆湖。"话音刚落，下面的座位就传来了一个熟悉的声音："老师，你说错了，贝加尔湖不是世界上最大的内陆湖，它是世界上最深的内陆湖。"高老师当时也不知怎么回答，因为他记得贝加尔湖是世界上最大的内陆湖，但他也不敢确定这个答案就是对的。但此时他关心的不是答案的正确与否，而是勇于发言的虎珍同学。上了那么久的课，终于有第一个学生敢于在课堂表达自己的想法，这个小小的互动让他找到了当老师的成就感。

"你知道吗，小孙，当你去教书的时候你也会体会到这个感受。当你的学生认真地听你讲课，当你的学生与你探讨问题，当你的学生与你交流着一些幼稚但伟大的理想的时候，你会感觉作为一名教师是多么自豪。其实在生活中，找到一个欣赏你的人，很难。"

高老师给全班同学说："等我回去查查，明天给虎珍一个答复。"当晚他回到宿舍上网查阅了资料，发现贝加尔湖的确是世界上最深的内陆湖而不是最大的，虎珍同学并没有说错。第二天一大早，高老师来到教室里，第一句话就是："同学们，昨天是我错了，贝加尔湖是世界上最深的内陆湖。在这里，我向大家道歉！"同学们还没反应过来，紧接着高老师又说："在这里我向虎珍同学提出表扬，她大胆地表达自己的想法，指出了我的错误，我要向她学习，大家要向她学习！"这时同学们才明白过来高老师是在为了昨天课堂错误道歉，随之而来是全班同学的掌声。这掌声不光是给敢于表达自己想法的虎珍同学，也是给敢于承认自己出错的高老师。

在这之后，高老师宿舍的访客多了起来，他们向高老师提问，向高老师倾诉，与他聊人生、聊理想、聊彼此。有几名同学在聊天的时候跟他说，他们从来没有想到一个老师会给他们道歉，他们觉得很奇怪，但也觉得很佩服。他们觉得高老师好接近，愿意和高老师说话。从那之后，高老师开心了不少，每天上课下课都带着温暖的笑脸。

"虎珍同学是我最重视的一个学生。她积极向上，有着自己的想法，敢于表达，我至今都还记得贝加尔湖是世界最深的内陆湖，至今还记得同学们听见我道歉时那茫然惊讶的表情。"高老师说这句话的时候，仿佛眼前出现了当时的画面，脸上洋溢起幸福的表情。

"老师，最后一个问题。能否请您来定义一下支教团？"我干脆地抬起头，向老师望去。

"我以前生活在陕西，认为大西北就像陕西一样。来到清华，等于一直在城市生活。我是为了研究政策选择加入支教团，但到了最后我发现我真想成为一名教师。一年的时间让我认识到了祖国的广阔，走到了甘肃省和政县我才知道大西北的黄土高原是这样的漫无边际。当老师的一年，我改变了很多，这都是支教一年带给我的。在我改变了之后，我开始去改变他们，去履行一个教师的神圣职责，教书育人。感谢那些老师、学生，感谢支教团为我的人生打下的烙印。当个老师，挺好。"高老师认真地告诉我。"我的定义可能与很多人不一样，我的定义有点长。我对支教团的定义是：改变了自己才能最终改变他人。"高老师坚毅地说完这句话，脸上洋溢着温暖的笑容。

"好，谢谢高老师，今天的采访到此结束。"我合上了笔记本电脑，同时也对今天的采访画上了句号。

几天后，高老师给我发了一条短信：

"我有一句话送给现在的支教团：希望你们也能像我一样用青春去丈量西部的广阔，用心支教。加油！"

王永瑞：携火种西行，伴信念前进

> 王永瑞，男，第 6 届研究生支教团青海分队成员，曾在青海省西宁市湟源县大华中学支教。

站在这里其实特别激动，和刚才贵松学长一样，我毕业后参加支教团的活动这是第一次。之前十五周年的时候，因为有事没有参加，非常遗憾。今天二十年，在这里见到了一些新老面孔，也非常感动。

首先表达三个感谢吧，站在这里很难得。第一个感谢，我觉得应该感谢学校、感谢团中央。2004 年我本科毕业，2003 年的时候选拔，当时机缘巧合地了解了支教这个计划，就毅然决然地参加了这个志愿者计划。当时也经过了重重的选拔，其实本科的时候我一直在做志愿者方面的工作，一直对志愿、志愿者工作，有一种特别的感情。2003 年我们经历了非典，当时学校组织我们担任一些校园秩序维护的工作，我当时也带领系里的同学一起参加了。当时出发点很简单，就是觉得，这些事情是一定要有人去做的。我从小到大接受的教育也是这个社会一定要有人去奉献，所以还是很感谢学校能够提供这样一个机会。

第二个要感谢的是我们服务地的这些学校。就像刚才两位学长讲的，你在支教这一年收获远比付出多。你不要想着就通过这一年，你一定要给你的学生带去什么。经历了一年之后，你会发现，其实这一年你收获得更多。它带给你的改变会更多，它带给你的影响会更大，这个影响是一生的。当然这个影响是相互的，你也会给当地老师、你的学生、你的朋友带去新的东西。但对我们大家自身来说，以一个非常务实的心态、踏实的心态去做一件事情，不要觉得自己高高在上，什么都懂什么都会。我觉得我们更多的是去学习，去跟当地的领导、老师甚至是你的学生去学习、去请教。我想经历了这种心态，经历了一年的时间，你一定会有

本文摘自王永瑞在"清华大学研究生支教团二十周年座谈会"上的发言。

很多的变化。所以我觉得要感谢我们服务地的领导、老师和我们的学生。

第三个感谢，其实特别想感谢的是在座的各位，以及没有到场的各位前辈和战友们。我觉得其实你们是最值得感谢的，是因为你们一届一届把这件事情坚守到现在。我现在其实跟很多青海的朋友们还常有联系，我当时是在青海湟源支教，所以现在碰到青海的老师都非常激动。我们跟青海大学有很多交流，每次遇到青海人，我都觉得特别亲切。我觉得这样一年一年接力下来，非常不容易，我看到我们现在的支教工作，远比我们2004年好很多。我看到有一个支教的培训手册，太专业了，完全是一个专业化的培训手册。我觉得这可以让我们将我们的本职工作——教师做得更好，真的是给后辈提供了一个非常好的条件。以上内容就是三个感谢。

另外，我想说一点感受。之前两个学长也都讲得非常好，我感受最深的有几个事情。我们当年在青海湟源中学，学校在一个山坡上，一个村里，当时我们做了几件事情，其中第一件事是我们给学校建立了一个广播站。然后每天要提前帮学生准备广播稿，要指导学生怎么发音、怎么样讲好普通话、怎么念新闻。第二件印象比较深的事情是，我们通过跟北京、跟清华附中的联络，给当地学校搭建了一个图书角。当时这个图书角是用一个仓库，然后摆上几个课桌，尽管课桌有些破旧，但是不影响。我们在桌子上放了一圈书，这些书籍都是我们从全国各地筹集然后从北京运过来的，大概几千本书，什么样的书都有，因为都是各地爱心人士捐的。印象特别深刻的是，每次图书角开门的时候，应该是上午下课之后，学生吃完午餐（几个馍馍加一个小菜），之后很多学生会聚集在图书角门口等老师开门。开门进去之后，老师就会给他们说，图书你们拿回去一定要爱护，尽管它们有的可能捐来的时候就有些残破。大家翻起来都特别小心，从学生的眼神中你可以看到学生对于知识的渴望，这可能是大城市里很难见到的。第三件事情是，我们当时拉了一些赞助组织湟源的贫困学生去西宁，去青海大学交流，让他们长长见识。当时没条件组织他们来北京来清华交流，但当时他们很多连县城都没有去过，所以组织他们去西宁。我们把他们带到青海西宁——省会城市，让他们看看大城市是什么样的，去青海大学看看大学是什么样的，当时青海大学和清华在做共建，时任校长是李建保老师，建保老师帮我们联系了去学校参观，包括参观实验室。

为什么这几件事给我触动最大，因为它们是我最想做的。我们这一年教给学生知识，其实很难去改变他们，或者说很难快速地去改变他们，因为有很多你改变不了的因素。我看到很多父母不在身边，必须去打工的学生。初一升初二，我们当时要和老师挨家挨户去找学生来上学。但你会发现这些东西是你很难去改变的，走一圈下来，没有几个学生会回到学校。虽然九年义务教育阶段上学不要钱，但现状就是如此，很多学生还是要去打工。这种时候你会发现，确实很难去改变。但我们可以改变的是什么呢？我们可以改变这些学生的视野、精神，让他们了解到外面世界的精彩。原来在他的生活圈子里面，他是看不到的，通过你的传授，你可能给他看了一张图、一本书，带他看了一些新的场景，给他介绍了新的人让他去认识。我觉得这些都是很好的事情。我觉得这是支教团最重要的使命——你把光带过去。刚才学长说我们也许照亮不了很多，但我们把光带过去，哪怕照亮一点点，让他们看到一点点希望，我觉得也是会有作用的。

所以去年广鑫找到我，说希望带西藏的孩子们来北京，我毅然决然地支持了。虽然有个人原因，但是这个事情是好事，我还是很希望可以支持支教团把这件事做下去。个人原因是我是支教团的成员，同时公司作为清华校企，从事的又是服务社会的科技转化的事情，本身带有公益属性，所以我给公司领导汇报了这个活动并得到了认可，所以提供了一些力所能及的支持。相信后续如果有类似的活动，我们也很乐意支持，包括提供一些资金或者是其他方面的资源。我希望我们这些"过来人"也能继续发光发热，为孩子们带去一些光亮。

最后想预祝：第20届的团员们在未来一年的时间里面，能够充分发挥你们的才能，利用好你们的时间，做出自己满意的事情来！谢谢大家！

吉·青珂莫：西行路上，永不相忘

文／陈梦妮

> 吉·青珂莫，男，第 7 届研究生支教团西藏分队成员，曾在西藏自治区山南地区第二高级中学支教。

吉·青珂莫是清华大学第 7 届支教团成员，2005 年从清华大学工业工程系毕业后，他选择到西藏山南支教一年。在回想起大学生活时，吉·青珂莫说道："大学四年的成长，最大的收获就是基本树立了自己的三观。尽管没有走上公务员的道路，但立大志、入主流的观念是学校教给我的。"吉·青珂莫现在从事金融工作。因为对自己没有继续从事基层工作抱有遗憾，所以他现在空闲时间也会做一些志愿工作。"在金融行业内部，我们有很多人都是长期的志愿者，走到一起就会非常亲切。"回忆起曾经一年难忘的支教时光，吉·青珂莫便滔滔不绝。

在大学本科期间，吉·青珂莫一直坚持做社工，曾担任校学生会副主席。对于加入支教团，成为第一批去西藏支教的志愿者这件事，吉·青珂莫没有作太多的考虑。在他眼中去西藏支教是一件"义不容辞"的事情。面对西藏的两个支教点——拉萨和山南，他选择了山南："我自己身体比较好，并且作为团长，就应该以身作则去相对艰苦的地方。"除此之外，他也觉得自己是少数民族，到了山南地区可以更好地与少数民族学生交流。怀着想做些贡献的朴素愿望，吉·青珂莫开始了在山南一年的支教生活。直到现在，他依旧不后悔自己当初的选择，反而很庆幸这一年山南支教的时光让他收获了更多的人生体验和积淀。这些真实的基层感悟在他后来的人生道路和未来选择中也发挥了重要的作用。

刚到西藏时，难免有很多不适应的地方。对于吉·青珂莫来讲，当时生活上最大的困难不外乎三个：第一是缺氧跑不动，第二是学生们交流起来有障碍，第三就是吃不饱。面临这些窘境，大家就一起想办法克服。他们先尝试减少运动量，慢慢把体力练上去。生活了一段时间后，困扰大家的高原反应逐渐消失了，他们就把更多的精力放在了和当地藏族老师们一起交流上。"多向他们学习，有助于我们更深刻地理解教育教学方法，更深入地了解学生的具体情况。"和前两个困难不同，第三个困难的原因是当时学校给的补助是800元一个月，这对于一个年轻小伙子来说完全不够。所以大家常常没有肉吃，经常蹭饭。后来，学校了解到了大家的难处后，补助涨到1200元一个月，大家的伙食就改善了不少。

在这一年的支教历程中，教学和生活上的困难远不止这些，而让吉·青珂莫坚持下去的最大动力就是当地的孩子们。每位支教老师初到支教地时，都怀着很多想法和愿景，总想着通过自己的力量尽快为支教地带来一些改变。但随着对当地的了解慢慢深入，掌握了当地的教育环境和学生情况后，大家却发现其实支教对于当地、对于学生们来说，是一种长期的、潜移默化的作用过程。吉·青珂莫突然间明白，其实自己并没有那么大的能力可以改变他们。"就我而言，我在这里最大的意义，就是告诉孩子们他们的历史是什么样的、他们的家乡是什么样的，西藏有多美、祖国有多大，我要尽我所能，去告诉他们所不了解的东西。如果通过我的努力，能够有一些孩子燃起闯荡的理想、强化了自己的民族自豪感，这就是我最欣慰的事情了。"

十多年过去了，对吉·青珂莫而言，那一年支教的时光，很多场景、学生和老师依旧历历在目。说起他印象中的当地老师和学生，吉·青珂莫仿佛有说不完的故事，直到现在还能清晰地记得他们的名字。

"嘎玛江才，这是一是个古灵精怪的小男孩，虽然学习成绩不算突出，但骨子里透着一股聪明劲儿，假以时日好好教育培养，将来在生意场上肯定是个弄潮儿。"

"尼玛卓玛，这是个漂亮小姑娘，学习非常用功……"在吉·青珂莫支教结束返校后，她考入了拉萨师范高等专科学校。"后一届支教团师弟恰好又成了她的老师，所以她与清华大学研究生支教团有着两届的缘分。她现在也成为了一名老师，对此我感到非常欣慰。虽然不知道她当老师有多大程度是受了我的影响，但看到她走到今天，我心里非常开心，还有一些小小的自豪感。"

除了学生，吉·青珂莫说："一年的同事，可能也是一辈子的朋友。"比如当时历史组的李欣昱老师，还有藏文老师达娃卓嘎，"不仅人漂亮，而且做饭也很好吃。"直到现在吉·青珂莫都很怀念她们的手艺，川味炖牛肉也算是他"一生的念想"了。

"在当地的时候不觉得有什么，但真正离开的时候却发现时间过得很快。"回忆起当时离开的场景，吉·青珂莫到现在都非常的留恋和不舍，"离开的时候孩子们都前来相送，而且平时批评最多的几个男孩哭得最厉害。他们送我的那些哈达，十几年了我走到哪里都带着，一直挂在家里。我，非常想念他们！"

支教团是个温暖的集体，让大家不仅收获了学生、朋友，还收获了锻炼与成长。对于吉·青珂莫而言，支教团对他最大的意义就如一直流传的这句话那般，"用一年不长的时间，做一件终生难忘的事"。

"确实，自己在这一年当中学到了很多，也找到了自己生活中的一种坚守。"从支教地回来之后，他担任了清华大学紫荆志愿服务总队的队长。他觉得"作为清华大学的学生，对国家、对社会都应该具备更多的责任感，而志愿服务就是对广大同学进行责任意识教育的一个重要而有效的途径，这是我们的职责，更是我们的荣幸"。"责任"二字，成为了他一生的坚持。毕业之后，虽然最终没能如愿前往西藏工作，但他依旧经常做志愿工作。一年支教的经历，让他至今都挂念着山南的老师、学生。"我还会再回去的，做我能做的一切！"吉·青珂莫的语气中带着深深的眷恋。

现在有很多高校也有研究生支教团，志愿者队伍逐渐壮大起来。吉·青珂莫认为在如此多的志愿者队伍中，清华支教团最大的特点就是低调和沉稳。"我们不是说走到哪里都觉得是要来'改变你们、帮助你们'，而是真正脚踏实地，从当地的实际需求出发，从身边一点点小事出发，不需要把桶填满，但一定要把火点燃。"吉·青珂莫眼中的支教也不仅仅是奉献，因为在他看来志愿者们得到的要远多于付出的。踏实、勤学、从小事做起、从实际做起、承担起师者的责任，这是他眼中的支教精神。

"我期待咱们的支教团能够走得更远一点，走到更需要我们的地方去，这对于志愿者们可能有点艰苦，但是我觉得我们真的应该离开拉萨、西宁这样的大城市，深入山区农村，服务基层教育。"

格桑花开，清华学子将继续用自己的行动诠释支教精神。从北京到支教地，志愿者们最大的价值是为孩子们打开一扇窗，让他们读懂手中的书，看清脚下的路，然后朝着未来的方向坚定地迈步。

张晶：一年支教，激扬青春千秋积淀；三尺讲台，春风化雨润物无声

> 张晶，女，第 10 届研究生支教团青海分队成员，曾在青海省西宁市湟中县湟中职业技术学院支教。

缘起

2007 年的夏天，我有幸参与到第一届"两岸同心"大学生志愿者西部行活动当中，和清华大学派出的 9 名代表及 30 名来自台湾的同学一起，第一次踏上青藏高原。短短两周时间，给我留下了人生最美的画面：莲花山连绵不绝的经幡，蚂蚁沟金灿灿的油菜花，比家乡还清澈的美妙星空，湟中县城"幸福街"边怒放的格桑花，卖老酸奶的阿妈洁白的牙齿和深邃的皱纹，职校学生花三个月时间手绘的唐卡，学生巴登动人的歌舞和《卓玛》悠扬的旋律，塔尔寺八个塔前滔滔不绝给我讲历史的藏族学生羞涩的笑容，分别晚会上和校长的拥抱还有学生献上的哈达……。那时的我，没有想到，我还有机会回来。

2008 年本科毕业，保研的同时，我和其他 22 名同学一起，成为了光荣的研究生支教团的一员。大四一年在校的培训不断勾起我美好的回忆，而支教前辈的经验教训又时刻提醒我扶贫支教绝不是我曾想的那样简单。

西行之前，全国志愿者集中在上海培训，我们看了支教题材的电影《志愿者》，也听过了"在变老之前远去"的马骅的故事，但一切的兴奋和期待，没有告诉我们，接下来的一年，将会面对怎样的挑战。

高天厚土

"响应团中央号召,清华大学自 1998 年开始组织青年志愿者扶贫接力计划支教团,自 1999 年第 1 届至 2008 年第 10 届研究生支教团,共向祖国西部贫困山区选拔输送 116 名支教志愿者。支教受援地覆盖河南、甘肃、山西、陕西、湖北、青海、西藏等省区的众多贫困县乡(自 2004 年至今在青海和西藏支教)。志愿者们秉承'自强不息,厚德载物'的清华校训,将清华精神与志愿服务精神充分结合,用他们的实际行动践行着'到祖国和人民最需要的地方去'的诺言,得到了受援地区省、市、县各级领导和人民群众的广泛好评。2009 年 8 月,23 名新一届志愿者即将接过支教接力棒,奔赴青海和西藏,继续书写无悔的青春乐章。"

这就是我们第一次登上清华新闻网的页面。责任,就这样开始,"光荣的人民教师"和"支教队长"两个身份给我这一年的人生以无尽的收获和成长。

人民教师——战战兢兢,如履薄冰

我带领的青海湟中支队一行 10 人,县一中 6 人,我服务的西宁市湟中职业技术学院 4 人。在近年来国家大力发展中职教育的大背景下,职业院校发展得特别迅速,专业教师资源极为缺乏。于是,环境工程背景的我被分配到了电子教研组,因为"工程"背景似乎总比语数外的普教背景更适合那里。在短短两个学期当中,我先后担任《维修电工》《电工与电子技术》《电子信息基础》《单片机原理与应用》《机械制图》5 门专业课程的教学,带班学生包括电信、机械控制、电气自动化、汽车维修 4 个专业、9 个班级,很荣幸地被学校授予"教师示范岗"。现在看来,作为教师,也许我可以问心无愧于专业课程上的教授,也许我可以自豪于课程转换与跨学科学习的适应能力,相信这对于每一个来支教的清华学生都不是难事。但是,学生们的学习状态,并不让人乐观,这也是西部学生普遍存在的问题。不过,通过师生不懈的努力,我们也看到了学生在职业道路上的可塑发展。

职校的学生绝大多数都来自农村,绝大部分学生享受国家每年 1500 元的资助和各种项目的补贴,全校 3 个年级,全日制上课的是一年级和二年级,三年级安排实习或直接就业,在校生(也就是我们支教志愿者接触到的学生)以"80 末"

和"90后"为主，小部分学生年龄比我们都要大一些，同级年龄跨度较大，其中大部分是中考落榜或者干脆连初中都是勉强毕业的，也有一些学生是外出打过工又转而回来念书的，还有一小部分是上过高中甚至高中毕业的——学生文化基础比较弱，综合素质相对较差。他们身上还会有这样那样的小毛病让我担忧，比如不写作业，比如上课走神，比如课上聊天，比如不懂得做笔记，甚至算不好四则运算，甚至每个本子上的姓名都同音不同字……但是，学生虽然调皮，也会在上课前用袖子帮我抹去讲桌上的粉笔灰，会在晚自习下课后说"老师晚安"，还会在周末见到我时和我熟络地聊天，帮我提手里的东西，邀请我一起打球，甚至连我不带课的班级的学生，在校外见到我也会腼腆一笑，说一句"张老师好"。这些小细节总是深深地感动着我。职校学生在社会上的风评有的时候很糟糕，但是每天和他们生活在一起，我看到了学生内心的纯真，也在教学中，感受到他们对于改变自己命运的渴望。经过一年的培训，我经常很骄傲地跟别人说，就是这样一群学生，现在可以听懂看似艰深的专业术语，会自己做笔记查工具书，会接电动机控制线路，会编小程序……。他们每一个小小的进步都鼓励着我，学生努力学着抛弃畏难情绪，学着克服困难，而他们的每一点成长，也都伴随着自信心的增强。自信心的建立让他们变得坚强，不怨天尤人，开始寻找自己的理想并为之付出努力，外出打工、养活自己、开小店、养父母、建设家乡……他们最爱听的就是我们讲外面精彩的世界、所学专业的发展、职业道德和求职技巧等话题，还有种种有利于学生树立自信，培养能力的第二课堂活动等"软课程"，也许这些才真的体现了我们支教教师的意义，所谓教书育人，育人的意义也就在这里吧。

这一年，是我这一辈子第一次上讲台做正式的教师，台上台下，"战战兢兢，如履薄冰"。因为站在台上，清华人的光环和刚毕业的青涩都会给学生极大的影响，这是"教师"这个特殊的身份，这种责任，这种榜样作用，这种潜移默化，都是可以直接影响学生未来的因素。学生毕业后，可能不会记得老师所教的知识，但这样特别的老师对自己想法和态度的影响不会消失，学生会记着老师的鼓励与期待、训诫与教诲，这，也许是我们支教志愿者最大的收获和成就。

学生活动与扶贫工作——百变身份，清华模式

支教服务的另一个重要内容就是参与学校行政工作和针对服务地的广泛性

扶贫工作。出于服务地和服务学校对清华支教团的信任,我们都成了"变形金刚":团委副书记、学生处干事、教务处干事,再加上讲解员、接待员、朗诵演员、主持人、记者、宣传员、晚会导演、美工、文员、修理工、运动员……这样的百变身份让支教工作丰富多彩的同时也变得异常繁忙。我一直都很庆幸在本科积累了不少社会工作的经验,无论是社会实践、志愿服务、大型活动的组织策划,还是团委、艺术团、代表队,等等,在支教工作中,无一不派上了大用场;还有清华好的育人模式,无论是主题教育还是党团活动,也是支教团带给当地学校的一笔财富,我们总说,不光支教老师要形成接力服务,能够带动当地老师一起形成工作接力,才是真的有效服务。

一年中,我最为骄傲的事情是和团县委、教育局一起,启动了"青春励志,成才奉献"全县完全中学巡回讲座活动,这也是我们为数不多的可以扩大支教服务范围的机会之一。讲座立足于高中学生的生涯规划与成才教育,分享志愿者的高中学习经验,让全县各个高中的学生都有机会面对面地与清华学子接触交流、积极投入学习、树立人生目标、改善生活状态。在一个月的时间内,我们10个人分组在湟中一中、多巴中学等7所完全中学开展了以"把握高中,健康人生""理想决定高度,行动成就梦想""拼搏高中,走出山村"等为主要内容的专题讲座,听众总共近万人,讲座配合充分的互动与问答交流,气氛活跃,是这边的学生很少有的经历,我们成为了湟中县中学生心中的明星。我的讲座被安排在多巴中学和湟中二中开展。初冬的寒冷和室外的大风并没有熄灭学生们求知的热情,我们走进校园,全校初高中六个年级的同学们都整齐地坐在操场上,那一瞬间我十分感动。我跟学生们,我的小弟弟小妹妹们分享我高中的生活,讲述我的学习故事,帮大家总结备考"秘籍"……,两个小时的讲座很快过去,我们收到了好多问问题的小纸条,但是由于时间不够无法一一解答,里面有学生们的期盼,有他们对自己未来模糊的憧憬,更有不断拼搏、走出农村、有所作为的志向。我们扶贫支教的意义,在这一刻被学生的信任和期待无限扩大。

特别能吃苦,特别能奉献,特别能战斗,
特别能团结,特别能奉献

我在青海支教的时候,正值清华支教团十年,湟中服务三年,不再体会得

到《酿了又酿的青稞酒》里前辈经历过的泥巴糊窗和凿冰取水，不再为冬日取暖和晚自习照明而头痛，生活水平有了极大的提高；从四处漏风的办公室搬到男生公寓的新楼住宿让我们感激不已，冬日里晚上加班熬夜后缺氧的头痛也成为习惯——当生活上的困难不再是困难，对于工作上的追求和思考便没有任何理由可以怠慢，"特别能吃苦，特别能奉献，特别能战斗，特别能团结，特别能奉献"就是我们的追求。而我们对于基层志愿工作的思考，从一开始的热情主导，在多年的传承和积累之后，逐渐向科学发展转变。我们对"奉献、友爱、互助、进步"的志愿精神有新的阐释，这也成为后来我担任校团委辅导员时，培训第12届支教团过程中所秉持的原则。

"奉献"，是在尊重志愿服务对象的基础上进行的，一切活动要基于支教地的实际情况开展，对当地的合理需求，要量力、尽力而为，这样才能最大限度地发挥支教的作用，要结合当地社会经济发展与当前政策，与时俱进，结合自身专业特长，寻找恰当的切入点，引进资源，树立精品项目，要在高质量的学校服务的基础上加强与当地相关各部门单位的合作。

"友爱"，要求我们胸怀一颗友爱之心，即使在对待一些不熟悉甚至不合理的人或事时，也能够冷静地用友善的态度去对待，同时要时时处处去发现、去满足当地的合理需求，与支教地的领导和同事结下深厚的战斗友谊，服务地的人文环境在很大程度上影响着工作实效，以友爱之心，既坚持原则，又融入地方，以恰当的方式表达建设性意见，是基层服务当中必不可少的能力，不论是于整体声誉，还是于后辈打开工作局面都不无裨益，这也更是保证生活在当地的良好精神状态的重要一环。

"互助"，要求我们时刻保持谦虚谨慎的作风，抱着服务和学习而不是施舍的态度进入支教地，虚心接受当地的意见和建议，不但做贡献，还要在实际的锻炼中受教育、长才干，要善于发现和继承一线教师和学校基层管理者的优良经验，还要以"有则改之，无则加勉"的态度来看待其中存在的不和谐行为。

"进步"，则是在坚持以上各点的基础上，长葆进取之心，在志愿服务中，全心全意为人民服务，为支教地的进步尽一点绵薄之力，也为自身素质的全面提高提供一个良好的平台，要克服惰性，不随大流，要时时鞭策自己在教学业务水平上、在自身专业学习上都保持进取之心，思想上要求进步，"又红又专"不放松。

"特别能吃苦，特别能战斗，特别能忍耐，特别能团结，特别能奉献"这句话，是我们学到的青藏高原精神，是在这块高天厚土不论平凡还是重要的岗位上，默默奉献的人们的特点和旗帜。它和志愿精神一起，是我在西部工作的一年所收获的珍宝。在青海，我有幸聆听多位优秀的师长讲述他们在这里的坚守和追求，也正是对母校的认同和共同的精神血液，让看似艰苦和枯燥的支教生活，成为了我源源不断的动力源泉。也正是这样的青海意识和青藏高原精神，使得我们平凡的工作被赋予不平凡的意义，不是我们用这短短的一年就可以完全体会的，但我们仍然可以用我们脚踏实地的工作，不辱使命，再用余下的一生的时间，去回味，去反思，积聚力量，让雪域坚忍的青稞魂指引我们，做出更大的贡献。

聚是一团火，散作满天星

还记得我们在当年"五四"青春诗会的朗诵中，这样的句子带来的坚定和感动：

"一年支教，激扬青春千秋积淀；

三尺讲台，春风化雨润物无声。

……

那是一种坚持，一种责任，一种对当初梦想的执着，

就像高原美丽的格桑花，

就像雪域坚忍的青稞魂！

始终如一地践行着一种精神，

脚踏实地，行胜于言，

能在一年后离开高原的时候说：

我无愧于当初的选择，无愧于清华人的承诺！"

自强不息，厚德载物——百年清华，以她广阔的胸襟和深厚的底蕴教会我们行胜于言；聚是一团火，散作满天星——"研究生支教团"传承的志愿精神教会我们感恩与奉献：这些，都将永远激励我和我的战友，为祖国健康工作五十年。

赵于敏：一年很长，一年很短

> 赵于敏，女，第13届研究生支教团青海分队成员，曾在青海省西宁市湟中县第一中学支教。

半年前的今天，打包完最后一箱行李，踏上离开青海的火车，我结束了一年的支教生活，从凉爽空旷的高原回到了闷热拥挤的北京。

2007年之后，我对于时间节点变得异常迟钝。唯独在青海支教这一年，我对于时间异常敏感。这是我大学以来，甚至是出生以来所拥有的最特殊的经历，以至于它和其他的事情如此截然不同，每个细节都铭刻在心里。

一年好短。2011年的7月，那天下着小雨，我踏上了青藏高原的土地，带着些许惶恐，惶恐于接下来的一年里所有的未知。在这片空气稀薄的土地上，满腔的热情和梦想能否支撑我完成使命？转眼之间，当这种惶恐终于被从容替代时，已是送别宴上的觥筹交错和互诉衷肠，辛辣的青稞酒中融着浓浓的不舍，流着泪的青年们抓紧最后的时间互诉衷肠，平日里的潇洒不羁全无踪影。终于，目送同伴们的车渐行渐远之后，在同样飘着雨的一天，我也离开了这个充满欢乐与忧愁的高原。

一年的时间又很长，长到我能够精准地计算出从宿舍步行到办公室的时间是两分四十秒，不超过十秒误差；长到已经适应了每周陀螺一样旋转、不厌其烦一遍遍地以抖包袱的方式将枯燥的书本内容传授给五个班的节奏；长到把学校附近的菜店、饭馆、小卖部的老板和老板娘们认识了个遍；长到抽身离开的那一刻，有一种突然剥离的痛感。在青海的日子里，相比付出，收获更多。我适应了高原不缺蓝天、白云、青山、绿水只缺氧的气候，领略了牛羊肥硕、碧草连天一望无际的风光，学会了在维持老师尊严的同时与学生为友，学会了买菜、做饭、刷碗，更知道了柴米贵……我开始发现自己的价值，努力给我的学生和同事们带去更多的正能量。

如今再回忆青海的时光，除了每天不断面对的教学挑战之外，还有和那帮志同道合的老友们在有限的条件下充分展开的自娱自乐活动。我们曾经在深夜围坐长谈，虽然经常是不着调的或者是思维完全在不同层面的胡侃，但偶尔看到平日里只会吐槽你的人突然变得眼神深沉而坚定，跟你说起他的理想或愿望，真的会被莫大的幸福感包围。经过一年的朝夕相处，我们这一群小青年相互扶持，给了彼此最宝贵的信任。在回京之后的聚餐上，我们说着只有这个小团体才能懂的话，关于那段日子的记忆从每个人的口中流淌出来，仿佛一张张照片，鲜活得几乎可以伸手触碰。我对那片土地，对那些孩子，还有这些朋友，付出了最真的感情，每每想到那段时光，内心便充满了柔软。青海这一年，可以用自己时常挂在嘴边的一句话来概括——"幸福的失落感"。这些美好总是带给我暖暖的幸福，而在结束时我总会失落于美好这么快便逝去。

如今，彼时的忐忑早已消去，我终于没有后悔自己在2500米的高原上豪迈地挥洒了一年的光阴，给自己的青春留下如此浓墨重彩的一笔。

用一年不长的时间，做一件终生难忘的事情。一年很短，短得令我还未有时间再将高原的美细细领略一遍；一年很长，长得足以使我和大美青海结下无法割舍的羁绊。

王展硕：大美青海，我们的青春之海

> 王展硕，男，第 16 届研究生支教团青海分队成员，曾在青海省西宁市湟中县第一中学支教。

"这一年就像做了场梦"，我们支教团的战友这样感慨。现在梦醒了，我们这一帮人又变回了学生。大多数人都成为了辅导员，跟学弟学妹说话时总喜欢前面加个"同学们"，开会的时候一发言 10 分钟就过去了，遇到事情总喜欢给别人讲道理……

今天湟中一中开学了，班群里学生们在叽叽喳喳讨论着假期作业如何写完，一些学生起哄跟我要起了红包。我估摸着时间拨通了我们班化学老师的电话，"刚刚开完教师全体会，王主任宣布了上学期期末统考成绩。你、曹文静、黄兵所带班的成绩都是第一名，我还看到了你们新一届支教团的老师……"听着最近的新鲜事儿和一个个熟悉的名字，思绪不由飞跃千里。

"你们是清华支教的？"这是我们刚到湟中时最常被别人问到的，那是一种虽然走出了家庭和学校的庇护但依然闪耀的光环，也是一种心向往之的试探和"清华学生的教学水平到底如何"的期待。初生牛犊的我们的确很想赶快干出一番成绩，赢得所有人的认可，但很快便发现有许多困难摆在我们面前——青海话听不懂，教学计划脱离实际，课堂节奏和学生情况把控不了，一周七顿的面片吃不下去……面对这些困难，黄成准备了一个"青海话词汇本"，每天在跟办公室老师谈话之余记录着一些难懂难说的青海话，并且经常在课堂上插一两句调节气氛，效果拔群；曹文静带两个班化学之余，还拜了一名当地老师为师，每天去这名老师的班里听课，晚上还会约后进生来办公室补习，等到学期末的时候，"曹文静补习班"已经能占据办公室 1/3 的地盘了；"诗人"黄兵正如他的性格一样，在语文教学上也延续着自己的诗意，融入了诗词创作、文学作品赏析等元素，他的课和他的大胡子都深受同学好评；罗秀婷虽然不会做饭，但也买了炒锅、炖锅和砂锅，周末挥舞起菜刀长勺，调剂着我们五个人的生活。

　　每天早上 8:00 到晚上 10:30，从宿舍到教学楼再到食堂，我们过上了"三点一线"的生活，一周、一个月、半年、一年，我们沉浸在这种简单、纯粹的支教生活中。"13 班上课的气氛太沉闷，应该怎么增加课堂互动""索同学的爸爸妈妈这两天又打架了，这个孩子每天都在想家里的事情""马同学参与昨晚的群架，今天被父母带回家反省一周"……学生，几乎是我们每天讨论的全部话题，带给了我们欢笑、愤怒、不解、无奈、悲伤。除了基本的教学工作，我们还辅导着 19 名高三的尖子生，课后分别在团委、学生会、社团、广播站、电视台指导学生活动。我们的身影穿梭在校园的每一个角落，也吸引着所到之处的每一个目光。

　　在青海的这一年，生活很简单，快乐也很简单。学生的一点点进步，同事的一句夸奖，教工灶上吃一回米饭，作业提前批改完成，都会成为让我们快乐的事情。这种快乐，也感染着我们接触到的每一个人。

　　前一阵子，我们英语组的贺晓玲老师给我发了这样一条微信过来，"你在青海的时候，我每天感受着你的充实，你的工作态度也一直影响着我。现在你走了，但你的精神和活力会继续影响我。我会一直对我的生活、学习还有工作充满激情，谢谢你带给我的一切。"贺老师是湟中县的全县名师，支教的时候我俩的办公桌是挨着的，在我们的心目中，她是一位冷静、睿智、经验丰富的女神，我们 5 人遇到了事情总会去向她请教。能得到她这样的评价，我感到不虚此行。

小麦一斤一块二，一年亩产七百斤

　　没有这一年的支教，我估计还需要再等很多年才能理解"乡土中国"，没有多次深入农村家访，我可能永远都理解不了学生的一些想法和行为。

　　湟中县的王艺枫副县长之前给我们讲过一个故事。咱们清华的几位博士生和导师一起来湟中调研"新型农村合作医疗"，面对医院就诊报销比例低的问题，有一位博士向王县长提问："为什么不加大财政拨款，提高报销比例？"讲到这一段故事，王县长一脸苦笑。湟中县是一个以农业和旅游业为主要支柱的贫困县，虽然是青海人口最多的一个县，但 2014 年公共财政收入只有 1.9 亿元，加上中央政府转移支付拨款，全县财力能达到 32.8 亿元，其中用于教育支出的比例高达 15%。提高医疗保险的报销比例，就势必要缩减政府在其他民生工程上的财政支出。我在多次的家访过程中学会了算这样一笔账：一个五口人的普通农民家庭，平均拥有五亩地。如果光种小麦，正常年景的亩产是 700 斤，一斤小麦收价是 1.2 元，卖掉所有小麦的毛收入只有 4200 元，相当于我国城镇居民的人均月收入。如果把小麦换成土豆，亩产 4000 斤，收价 5 毛钱，一年毛收入 10000 元，相当于发达城市的人均月收入。但是在这笔账里，我并没有算种子、化肥等中间投入，以及一个农民家庭一年到头的辛勤耕作。而我们湟中一中高中部农村学生的比例有近 70%，一个学生一年的开支少说也要 5000 元。农民培养一个高中生多么不容易！要想维持一家人的生计，农民只能出去打工。我们学生的家长出去打工做得最多的是小工，活最重、收入最低、最不安全。我曾经去了坦桑尼亚，感慨那里的人民饱受贫穷、疾病的肆虐，那里的孩子求学、成长之艰难。来了青海，我发现这里何尝又不是如此。我们有一些学生的家长因为打工致残，为了省钱，得了小病不去就诊，小病拖成大病，大病拖垮全家。

每一次乘车沿着或崎岖或泥泞的山路去贫困学生家里，翻过一座山还有一座山，趟过一条沟还有一个岭。再看看这些操劳的父母、凌乱的庭院和几十年的土房子，我总是抑制不住自己的难过。每次返回学校看到正在上自习的学生，我总是心生疼爱，希望能把我所有的知识都传授给这些从山里走出来的孩子。

我们教的学生在成长的过程中面临两个主要的难题。第一个是家庭教育的严重缺失。为了生计，他们的父母终年在外打工或在家务农，本身没有接受过什么教育，又没有时间陪伴孩子。家庭教育的缺失，导致学生不能养成良好的生活、学习习惯，从小缺乏鼓励、理解和引导，上了高中以后会明显感觉到他们心智上的不成熟、多愁善感、缺乏安全感等。

第二个是自身的矛盾性。这种矛盾体现在他们一方面希望通过不懈的学习和努力来让自己早日出人头地，帮助家庭分减负担；另一方面，基础教育的不足、家庭教育的缺失导致他们自身养成不良的学习习惯和行为习惯，比如周末不学习、学习不讲方法、上网、抽烟、谈恋爱等。这些因素严重制约他们去实现个人目标。

越是临近支教结束，我越是体会到孩子们求学和成长的不易，理解了一些看似令人费解的行为背后的根源，也真心地为他们坚强生活、努力学习而感到骄傲。希望国家经济发展的这艘巨轮进一步带动西部的这些农村的发展，也希望更多的有为之士能关注到农村学生家庭教育缺失的问题。

一盘瓜子，两斤青稞

"朋友你今天就要远走，干了这杯酒，忘掉那天涯孤旅的愁，一醉到天尽头……"那天是高一年级组欢送我们五个的晚上，从来不喝酒的贺老师举起了象征着吉祥如意的六杯酒，唱起了《干杯朋友》，歌声刚起，我们5个就哭成了泪人……

来到青海，我们收获了一群非常宝贵的朋友，他们有的和我们父母同龄，对我们这群从外地来的"孩子"总是充满了脉脉的温情。我们生病的时候，他们会给我们买药、送便当、帮我们上课；周末的时候，他们会开着车带我们去爬山、户外烧烤、看油菜花。他们有的像我们兄长，带我们去他们农村老家做客，做最地道的青海菜给我们品尝，也会教我们如何跟别人相处，如何管理学生。他们还有的跟我们同龄，虽然清华在他们眼中是一个高不可攀的学校，但是他们从来不会疏远我们。我们组成了一个15人的小分队，一同分享喜悦和难过，一起游玩一起疯。在没有酒吧、KTV、电影院的生活里，我们感受到了那种最简单、本真、基于人和人的快乐，以及浓浓的乡情。今年5月底，高一年级组织了一年一度的"野餐"活动。"野餐"之前，各个学科组会根据成员的酒量和男女比来分配工作，比如英语组女老师多就负责采购，史地组老师不喝酒所以负责做晚上的面片等。活动一大早，不同学科组的老师们就各司其职，有的布置桌椅、有的洗菜烧水、有的做熬饭，最有意思的是数学组的老师们，他们负责按清真的方式杀羊、卸羊、灌肠、烫羊头、羊蹄。这一天是老师们一年里最放松的时候，所有的事情都抛到脑后，肉不断、酒不断、歌不停、舞不停。

朴实、真挚，这是我最喜欢湟中人的地方。没有纷繁的娱乐方式，没有唬人的花言巧语，湟中人的情感就像他们当地的馍馍一样，饱满、厚实。刚到湟中的时候，我担心自己忍受不了这里简单的生活，临走的时候，我才发现自己早已变得简单。一盘葵花子，两斤青稞酒，夜凉知酒暖，句短觉情长。

离开青海的那一天，我哭了一路，为这里的人，为这里的故事。曾经被我批评过的一个学生给我留言："老师真的很感谢，即使离开了，我们也会在同一个蓝天下共同努力创造自己的不平凡，离别是另一个开始。"说得多好。

再见青海，再见，我们的青春之海。

毛雯芝：引责任之露，滋奉献之花

> 毛雯芝，女，第 17 届研究生支教团青海分队成员，曾在青海省西宁市湟中县第一中学支教。

今天是支教团二十周年生日。一直说支教团传承 20 年，我觉得很难定义具体传承是什么，但我觉得我站在这，可能就是传承的一个最好的体现。今天很高兴在现场看到了我高中母校的校长和老师，看到了曾经教过我的支教团学长学姐，也看到了我曾经作为支教团辅导员带过的第 19 届的志愿者们，我觉得非常开心。

支教团有一句话，叫"支教一年，自教一生"。其实就像刚才学长们分享的一样，我们带给当地孩子们的远比当地带给我们的要少得多。支教带给了我很多，带给了我师生情，带给了我友情，带给了我爱情。但是我收获的，可能远远不止如此。

我想说，支教教给我最重要的，是"责任"两个字。首先支教让我明白"责任"是对自己的选择，是有一份信念，有一种爱。其实很多支教的志愿者在出发前，去了或者回来之后，都会有同样一个疑问，就是"我们为什么要去支教？我们究竟能够为当地带去什么？"我也曾一样，曾经带着满腔的热情出发，但是在当地你给孩子们上完课，天天辅导他们却看到成绩难以提升的时候，你始终会在心中有一个疑问，我想这个问题每个人都会有不同的答案。但是我始终相信，不论是中短期还是长期的支教，每一位志愿者的付出都能为中国偏远地区落后的教育环境带去改变。这种改变不是立竿见影的，但是我想支教它作为教育的关键一环，它是有着一种过滤或者说净化的功能所在。而想让这种功效得以体现，就必须依靠志愿者长期的坚持。清华支教团 20 年来薪火相传，每一位志愿者都对支

本文摘自毛雯芝在"清华大学研究生支教团二十周年座谈会"上的发言。

教有坚定的信念，我想正是因为每一位志愿者的坚定和执着，才让支教团在当地得到认可。就像我的母校湟中一中，每一个学生每一个老师都知道支教团的存在。而支教团到一中去，也让每一个学生知道，有志愿公益这样一回事。在我高三的时候，第12届研究生支教团的学长学姐作为定向辅导的老师辅导过我，而我支教的时候也干过同样的事情，辅导过高三的学生。在我辅导的学生中，很荣幸有一个人上了清华，一个人上了复旦，一个人上了人大。我不敢说他们优异的高考成绩跟我有特别大的关系，因为我教学的经验肯定不如当地的老师，而他们自己也确实是天赋所在。但从和他们的聊天中，我知道在他们高三的焦虑日子里，我作为老师也作为朋友，给了他们一种向上的力量，给他们带去了一缕阳光。这种是我曾经在高三的时候感受到的，就是第12届学长学姐带给我的，我也非常幸运可以把这种幸福带给当地的学生。

其次就是，支教让我明白责任是奉献。它不是在重压之下的屈从，支教在一定程度上纠正了人的狭隘性，就像学弟学妹们刚刚提到的，我们在学校的时候我们会经历一年的培训。在2014年11月，加入支教团两个月后，我们第17届的战友一起去了长春的一所学校进行了三四天的支教，在那边我认识了一个学生叫韩某娜，她当时是三年级的小学生，现在是六年级刚毕业。在我从那边支教回来之后，她跟我一直保持微信联系。后来我到了一中支教，在我们正常的教学活动之外，我们也会做一些公益活动。当时为了支持一中的有音乐特长的学生发展，我们发起了一个活动叫"助梦悦音"，在网上进行了一个募捐的活动。发起这个活动之后，韩某娜通过她父母的微信给我转账500元，她说我希望可以支持当地你所教的这些哥哥姐姐的发展。其实我当时真的特别感动，因为我在长春只跟她待过三四天，我没有教会她什么，但是当我去教其他学生的时候，她却愿意来帮助我。我觉得这中间就是一个很好的爱的传递，很好的一份爱的体现。其实当时这个事情也纠正了我的一些想法，因为当时我们做公益是在教学任务之外的，我当时作为队长，刚开始是把它当作一种任务来做，也是为了提升支教团的成绩吧。但是当我看到韩某娜给我发微信的那一刻，觉得自己的这种想法是狭隘的。

我觉得做志愿做公益，就应该带着最纯粹的真心去做，不应该把它当作重压之下的屈从。它教会了我，人与人之间是真正有爱的传递存在的。

最后我写了一段话，想送给自己也送给支教团20周年："通过支教，我知道自己作为清华人，在很多事面前不再是事不关己的旁观者，不再是脱离大众的精致的利己主义者,而我也希望我所处的社会,不再是唯我独尊、赢家通吃、为所欲为的功利世界,而是几千年来无数人向往的那般——美美与共,世界大同。我相信促使这番景象形成的力量有很多种,但是教育是绝对不可少的。我很庆幸自己曾经用一年的美好时光去做了一件关乎教育的事情,我也相信以后的学弟学妹们会比曾经的我们更加优秀。最后,祝最亲爱的支教团,20岁生日快乐!曾经有你,我很幸运!"

刘淙：脚踏实地的理想者

文 / 张梓涵

> 刘淙，男，第20届研究生支教团青海分队队长，曾在青海省西宁市湟中县第一中学支教。

在一起去青海省湟中县田家寨中学进行"助梦讲堂"活动后，研究生支教团一行人坐在大巴车上，在乡间的小路上摇摇晃晃。趁着休息的间隙，刘淙讲述起了自己的故事。当老师久了，他整个人带有一种严肃感，他足够冷静和专注，对待每一个问题都回应以认真的眼神。跌跌撞撞的路况并没有影响他思索的过程，不论是沉思还是回忆，当谈到有关"支教"的话题，刘淙更是逻辑清晰，有着自己的想法。

"我是来到清华以后才决定加入支教团的。"

2017年，在北京大学读本科的刘淙正处在需要对自己的未来作出规划的时期。本科修读经济学双学位的他，对清华的经济管理学院产生了向往。后来，他来到清华，开始计划自己的未来和即将到来的硕士生涯。也正是来到清华后，他遇到了一生不会忘记的"研究生支教团"，成为了支教团的一员。

"结缘支教团，有两位学长对我影响特别大"，刘淙口中的学长，一位是曾兴师兄，本科在清华经管，硕士在五道口金融学院就读；另一位是侯志腾师兄，本科在北大光华，硕士在清华经管就读。他们的共同点，就是都在研究生支教团度过了毕生难忘的一年。刘淙与两位学长因为相似的经历而相识，也受他们的影响沿着前人的脚步走上他们走过的路：去青海省湟中县湟中一中支教，当一名老师。

在刘淙看来，最终选择加入"研究生支教团"是一个不容易的过程。"本科期间我有参加一些支教、实践类的活动，当时觉得，不管是对于我还是对于当地的孩子来说短期支教意义并不是很大"，刘淙直面着自己曾经对于支教的看法，剖析自己思想发生转变的过程,"但在听到学长的故事,仔细思考支教这件事之后,我找到了付出这一年的意义所在。"他目光闪动,告诉我们,加入支教团就是这个契机。

本科学制五年的刘淙,一年青春的时光,对他来说异常宝贵。"虽然别人的经历和故事给了我一些作出决定的勇气,但回溯内心,用一年的时间去扎根西部基层地区,带给学生一些知识和思想上的引导,也重新去认识一下我自己,我认为这是一件非常有价值的事。"并非老生常谈,这就是刘淙内心最简单的想法。

只希望因我的存在,能给他们带去哪怕一点点影响

刘淙出生于山东的一个小城市,后来有机会来到北京念书,他自己的过往经历让他深刻地感受到了教育的地域性差异。"觉得有什么东西在心里萌芽了"。也许连他自己也说不清,到底从什么时候开始想要用自己的力量做出一点改变。

美好的大学时光匆匆而过,大学本科毕业前的那个暑假,在紧锣密鼓实习的他,突然感到"生活差点什么东西"。支教这件事,已经悄悄地在他心里萌芽,在这样的人生境遇里,刘淙开始仔细考虑"去支教"的可能性。

本科期间参加过的支教实践经历,回首来看,确实给了他不一样的视野。"只有你去过西部的学校,对于差异的体会才是深刻的",刘淙说。历经山河才晓意义,如果没有支教这件事,他的人生会按照既定的轨迹一步一步走下去,甚至已经预见到了未来会是怎么发展,这样的生活太单调。

他要去,他要去那里,去西部,去感受一年不同的时光,去为当地的孩子带去哪怕一点点可能。"如果因为我的存在而对他们有一点点的影响,我觉得这就是一件非常有意义的事情,真的。"

去支教不是那么一件容易的事

作为青海支队的队长,刘淙坦言"这不是一件容易的事"。当几位壮志在心的青年踏上青海这片土地,真正来到学校,会发现一切都是从零学起。作为老师,他们要承担好几个班的教学任务,和当地学校的其他老师没有区别;同时,作为志愿者,他们还要积极准备团学工作、公益项目和实践调研工作。"现在看来,一开

始我也做得不好"，他说，"大家都很优秀，很有想法，热情特别高，但是要带着大家一起往同一个方向努力，把这群优秀的人聚拢起来，其实没有想象中简单。"

每个人都有自己的诉求，但刘淙通过工作中的一点一滴，将江河入海，把大家的力量都汇聚起来，不论是工作中的阻力，还是内部的管理，他们都用"团结"解决了问题。"平时我们经常会有深入的交流，不论是支教工作，还是思想层面。"

除了当好队长外，当好一名人民教师也给刘淙带来了无限的幸福感。

"对我而言，收获最大的是与学生之间的联系。"一周十八九个课时，在青海的时光，作为老师，他与学生接触的时间最多，刘淙也遇到了他发自内心热爱的这批学生。

课余之外，刘淙也会给学生们分享大学的精彩生活，讲述自己的成长故事。最让他震撼的是，每到这个环节，同学们的注意力会出乎意料地集中，"感觉讲着讲着，大家的眼睛都亮了"。只要能燃起他们心中对于未来的希望，刘淙觉得这比知识本身还要重要，"当时的状态就是我和学生之间有了某种联系的纽带"。

在青海发生的故事给了刘淙一股很强大的力量，他始终坚信，当完成支教任务离开青海以后，与当地的这种纽带联系也会源源不断地带给他前进的动力。在上个学期临走的时候，两个班的孩子都给刘淙写了满满当当的同学录。在最后一节课上，他走进教室，发现同学们都坐在黑暗中。突然某一处亮起了蜡烛，星星点点，一个一个的蜡烛被点亮。孩子们开始唱起歌曲，一个接一个，歌声纯真、嘹亮。"我的眼泪在眼眶里打转，但在孩子们面前，我强忍着没有哭。"平时最调皮捣蛋不写作业的男孩，在那个晚上，也变得柔软了起来，他们用歌声表达内心的情感，他们唱得特别特别好。

对于之后继续传承支教工作的同学，刘淙也有着一些期待。支教团一届一届在传承，湟中一中的队伍也已经到了第13年，这是一个漫长的传承过程。作为老师，最重要的是做好教学工作，这是志愿者们的本职工作。"毕竟我们大学刚毕业，在教学经验和管理经验上都有所不足，刚开始接手工作的时候，一定要付出努力。"因为去支教不是为自己，不是为了满足内心纯粹的理想，而是真真正正、切切实实地给孩子们带去思想上的改变，"教学能力是要不断提高和修炼的"。

说出这样务实的话，刘淙也开始感叹，不知从什么时候开始，虽然还没有真正进入清华学习，但一直代表清华与支教地的学校和政府部门建立联系，交流工作，他已经将清华的内核带入到了自己的生命中，这是一种很强的内在驱动力。

凭着这样的拼劲和动力,青海分队的志愿者们也收获了成长,为清华争得了荣誉。去年年底,青海支队代表全团申报的"助梦计划"公益项目,荣获了"100个全国青年志愿服务优秀项目",也是青海省唯一的入选项目;今年5月份,青海支队也获得了"青海青年五四奖章集体"这一重要荣誉。青海省仅有两个集体获得了该荣誉,这是对他们工作的肯定。

正如刘淙所说,"我们总是希望将自己成长经历当中积极上进的一面带给我们的学生,把指引我们成长的力量之源传递给我们的学生,以期带给他们正向的影响,殊不知这个过程也在潜移默化地改变着我们自己、完善着我们自己,让我们成为更好的人"。

杨钊：写给2017级管理班、2018级建技4班的一封信

> 杨钊，女，第20届研究生支教团西藏分队成员，曾在西藏自治区拉萨市西藏职业技术学院支教。

孩子们：

其实叫你们"孩子们"多少有些违和，我也仅仅是比你们虚长了几岁而已，但是这一年，我确实发自内心地把大家当作我的朋友、我的学生、我的孩子。

现在是2019年6月19日，我刚刚给17管理班上完了本学期最后一节课，也有可能是我此生作为老师上的最后一节课了。最后一节课上想说很多东西，想表达很多情绪，文字在口中翻了又翻，最终也不知道要怎么表达。我低头看着讲台下认真写字的学生们，这学期所有的好的情绪坏的情绪通通都没有了，我只是清晰地感受到了我内心对大家的舍不得。

刚开始给建技4班上课的时候，内心是很忐忑的，总担心自己讲不好课或者讲的知识会误人子弟。那段时间我每天晚上都会对着自己的课本一遍一遍地改课件，下班后在宿舍里把资料拿出来反复地看，常常会看到凌晨一两点才能放心地睡下，有时候半夜突然惊醒觉得不对还会拿出电脑看半天，第二天再早起顶着熊猫眼坐班车去上课。好在4班的同学真的很乖，我在上课的时候每个人都安安静静地睁大了眼睛看着我，问什么问题大家都说会，这让我觉得充满了成就感，每天站在讲台上就开始激情四射，感觉自己讲得实在是太精彩了。

直到有一天，我做了第一次小测试，全班同学的成绩让我开始怀疑人生，简单的测试能及格的人数寥寥无几，我才发现原来大家喊着懂的地方是一点都没懂啊……

我坐在我的宿舍里，盯着白白的天花板，开始了第一次深深的思索。突然反

应过来，我上课的时候只顾着自己讲了，一点都不管学生听不听得懂，他们看着我的时候，很多同学的大脑估计是一片空白，根本不知道我在干什么，也听不到我在讲什么，这样怎么可能会懂嘛。从那天开始，我尝试着把授课节奏调慢，把语速放缓，试着把一个知识点反复强调几遍，这么一来就觉得课堂的感觉会稍微好一些，学生也会给予更多的反馈了。

最感动的一段时间就是在上《制图实训》的时候，一整周的时间我每天都泡在北校区，教大家怎么画图。很多同学连尺子的刻度都不会看，但是大家都表现出了对制图极大的热情。无论白天黑夜，我什么时候去实训室里都是满满的学生，很热的天气，很晒的阳光，但是大家好像感觉不到外界的环境一样，近乎忘我地画着图。突然那一刻，我找到了我们在本科时候夜以继日做大作业时的感觉，就觉得，大学生活，就得有为了一个目标，为了做好一件事情而奋不顾身，拼尽全力的过程。

虽然我尽了最大的努力去教书，但是那个学期最后我带的班成绩并不在年级前列。这让我陷入了深深的自责当中，我不停责怪自己耽误了这些孩子，感觉如果其他老师带专业课你们可能能获得更高的成绩。寒假期间，我常常大晚上坐在家里的地板上，反复琢磨，为什么我的教学质量没有办法提升？为什么你们在我的课上不能更好地获得知识？经过无数次冥思苦想，我总结出了几点：

1. 藏职院的孩子以后是要走向就业岗位的，你们的教育也应该更加偏向职业教育，和未来的岗位需求所接轨。

2. 授课不是自我陶醉和自我满足，要根据藏职院孩子的实际学情来调整授课内容，一定要想尽一切办法让你们能听懂，并及时进行知识巩固。

3. 要把学生真正当作课堂主体，根据你们的需求和状态及时调整课程。

想通了这些东西，我信心满满的站在了17管理班的讲台上。每次授课之前，我都会打开课本，认真地筛选知识点，看看哪些是和未来就业息息相关的，哪些是过于理论的部分，删掉那些专业性过强并且实际应用不多的知识点，这么一来，我的教学内容就变得重难点突出，并且无论从数量到质量都让你们更能接受了。

接着，针对藏族孩子不敢开口说话，不愿意在人面前表达观点的特点，我为你们专门制定了模拟面试环节，每节课课前三分钟先让大家挨个上台，我按照面试官的标准去对你们进行面试，接着从衣着、仪态、内容三个方面对你们的面试进行点评，告诉你们需要改进的地方，并且教会你们如何在课下互相进行模拟面试。

我的最后一个教学尝试，就是在课前给你们讲新闻，把这段时间发生的重点新闻用讲故事的方式讲给大家听，通过这种方式引导你们学会去关心时事政治，去分析和思考身边的事情，并且帮助你们更好地准备公务员的申论题（藏职院大部分学生都想考公务员）。

最开始的时候确实有点尴尬，有的学生站在讲台上紧张得一句话都说不出来，只是摸着头站在讲台上，局促地笑着，眼睛紧紧地盯着地板。每当这时，课堂就陷入了恐怖的沉寂。其实这个时候我感觉我比你们还要尴尬和紧张，但是我告诉自己你们必须要迈出这一步，我绝对不能妥协，于是我很强硬地表达了如果你们不说我们就不上课的态度。终于在我的逼迫下，一个又一个同学被迫站在讲台上开始不情愿地说话了，从开始的一句两句，到后面成段成段的句子，渐渐地，我发现大家站在讲台上的状态越来越好，说的内容也越来越精彩。这种肉眼可见的成长让我感到无比欣喜，也为大家的进步感到骄傲。

回首当老师的这一年，真的是各中酸甜苦辣说也说不尽。我曾经因为建技4班去打篮球赛没上课在讲台上气得说不出话来；因为17管理班学生吃早饭上课迟到气得面红耳赤；因为上课有学生吵闹玩手机气得摔书、摔门无法继续上课；也曾因为你们上课说"让我不要挂科"气到发烧回宿舍躺了整整一晚上不能动弹。我曾经罚站过你们中的很多人，因为纪律太差把你们轰出过课堂，也曾经冲你们发火、大吼，这些在我前二十多年的人生中是想都没有想过的人生经历。

我是一个情感不够充沛的人，不喜欢也不会表达自己的感情，从没有想过会像现在这样这么在乎一群人，会因为你们的各种表现而引起自己这么大的情绪波动，有时候感觉自己每天大哭、大笑、大声生气像个傻子一样，一点都不成熟稳重，一点老师的样子都没有。

但这一年让我清晰感受到，教师这个职业是真正的作用于人和人之间的职业，需要用真心去换取真心，用温暖去感动温暖。和其他三个伙伴待在藏职院的这一年让我清晰地认识到每个人的独特和宝贵。我希望能给所有人足够的关怀和帮助，不希望武断地去给每个学生下定论，不希望因为自己性格上的特点影响我给予大家的温暖。所以我不断劝说自己、告诫自己、和内心中的自己打架，终于让自己尝试做了一些改变。感谢你们，让我在做你们老师的过程中，更加清晰地认识了自己，也在克服了各种困难的过程中收获了多方面的成长。

晚上坐在这里，看着17管理班给我写的纸条，脑海里面又浮现起每个人上课时的脸庞。讲台左边的女孩子们总是齐刷刷的转过来看着我，我每说一句话，卓玛措姆、央增、桑旦央吉几个小姑娘都深深地点着头，大声地回答我的问题，积极应和着我的每句话；我讲课的时候总喜欢在两边走廊走来走去，我走到哪里阿旺和达娃措姆的眼神就跟到哪里；白玛和德庆央拉不爱说话，但是起来回答问题的时候总是特别清楚又肯定；卓嘎听课总是特别认真，被点起来回答问题的时候总是特别惊恐；讲台右边彭琼、白玛拉珍等几个女孩子每天温温柔柔坐在那边，上讲台讲题讲得一个比一个好；格桑曲珍说最开始不喜欢我，因为我总是点人起来，后来站起来多了就觉得有自信了，我为你感到骄傲；多吉曲珍用藏、汉双语讲题讲得真不错，当班长真的挺辛苦的；扎西卓嘎总坐在最后一排冲我笑，做题的时候总是特别认真；索朗曲宗在面试了招投标岗之后招投标测试考了全班前十；多吉顿珠、旦增顿珠、洛松德青、米玛这几个男孩，我偶尔能从你们眼中看到一些因为听懂内容而出现的喜悦，这让我也很高兴；泽仁永宗、曲尼卓玛因为没能上成我最后一节课，专门给我发微信道歉，我感觉心里热乎乎的；还有去实习的唐浩杰、坚参，上课反应真的很快，我讲什么内容都能很快接受，给了我极大的鼓励；索朗次仁、仁青扎巴站起来回答问题的时候总是特别兴奋，我能感受到你们的认真；旦增旺堆在我生气之后请我去食堂吃饭聊天，和其他几个男生一起向我解释问题，这才是男子汉解决问题的态度。

　　说了很多，我们的故事哪是一两句能说完的。大家的人生中会遇到许许多多的人，我可能只是其中最微小的一个，只能陪伴你们走过短短一学年的人生路，但是我很感激我做老师这一年里能遇到你们两个班的学生，让我充分感受到了做老师的幸福与满足，让我支教的这一年充满意义。很幸运能成为你们的老师，很感谢是你们陪伴我走过这段珍贵的人生之路。

　　最后呢，18级的大家要成为大二的学生了，17级的大家则要离开学校走上实习岗位了，而我就要返回学校重新成为学生了，无论大家在未来走上什么样的道路，我都相信，你们会拥有光明灿烂的人生。

　　扎西德勒。

杨钊深夜书于西藏职业技术学院
2019年6月19日

王大为：初心所向，素履以往

> 王大为，男，第21届研究生支教团拉萨分队成员，曾在西藏军区拉萨八一学校支教。

从宇宙中心五道口到干燥缺氧的日光之城，只有一张志愿书的距离。经常有人问我填写这样一份志愿需要怎样的勇气，但在我看来这是一个对雪域西藏再简单直白不过的初心和向往。

我毕业于清华电机系，曾服务于西藏军区拉萨八一学校，是清华大学第21届研究生支教团西藏分队的一员。

西藏军区拉萨八一学校是一所颇具边疆特色的十五年一贯制完全学校，也是西藏自治区唯一一所纯汉文班学校（不开设藏语文教学）。孩子们大多是来藏务工人员子女，做好教育他们的工作对于治边稳藏有着特殊的战略意义。

这样的办学特色使得学校单个年级的生源并不多，因此我的教学工作需要涉及学校里的大部分学部，既有小学二年级科学的日月星辰，也有初中八年级物理的声光热力，还有高三物理的三轮复习。一年来的历练，这个1997年的我已经完成了从理工直男到全年龄孩子王的跨越——他们在一起成长。

教学固然辛苦，在2019年年末突发的疫情冲击下保障高三教学工作不中断尤其如此。以至于完成高三寒假补课后我是在除夕当天才回到河南老家，年后我又作为学校线上教学工作的技术骨干，在完成自身教学工作的同时辅导同事们快速掌握线上教学技能。耕耘得来的收获让一切辛苦都变得值得，在当年的全国高中生物理竞赛中，我所带的高三班上有四位同学获奖，我本人也获评"物理竞赛优秀指导教师"。班里有一名来自农牧区的藏族孩子，汉语基础不是很好，刚上高三的时候成绩也并不理想，因此在班级里一直表现很害羞胆怯，面对很多机会也缺乏主动争取的勇气。根据他的个人情况，我对他一对一开展了针对农牧区高考专项计划的报名备考辅导工作，最终该同学也成功被上海财经大学录取。

授人以鱼，不如授之以渔，我也致力于将清华"三位一体"的育人理念应用在西藏的教学实践中。除了知识传授，我还通过课堂互动将能力培养和价值塑造融入日常教学。任教小学二年级时，我在放学时需要护送孩子们回到家长身边，在等待家长接送的时候，总有一些小朋友会开启"十万个为什么"模式："为什么蜻蜓的眼睛这么大""为什么奥特曼会发激光""为什么黑洞是黑色的"……这时候，我会耐心地与小朋友交流，或是进行浅显的科学解释，或是与小朋友们一起畅想讨论，守护他们天真烂漫的童年；针对初二同学，我会结合课程内容设计一些新颖有趣的动手实验；针对高三同学，我会在课余同学们学习强度下降的时间交流讨论一些科技前沿的有趣新闻。潜移默化之间，各年龄段的孩子们都逐渐培养起了一些问题导向的思维方式和理性处理困难的能力方法。

此外，"了解西藏、服务西部"也是清华研支团服务的一个重要内容。一年多来，我和两位队友一起积极利用寒暑假等假期投身公益实践，从日喀则的扶贫调研，到昌都的"助梦冬衣"等活动，近万公里的公路里程，见证了我们作为党员的使命担当。我们走进喜马拉雅山脚下的云加村，为这里在外辛苦求学的大、中、小学生们送去了募集的学习用品和书籍，并与村委会制订了进一步的合作计划，以求更好地促进贫困地区的发展，鼓励当地孩子追求学业。

王大为说，作为一名志愿者，"奉献、友爱、互助、进步"是我支教感悟的真实写照。有人说教育是一棵树摇动另一棵树，一朵云推动另一朵云，一个灵魂唤醒另一个灵魂。这可能是激励无数园丁投身教育这一伟大事业的信条。但牛顿第三定律也告诉我们——"力的作用是相互的"，你在推动一朵云的过程中，必然也会受到它的反作用。这个过程可能不全是顺利的，甚至有些时候是痛苦的，但正是这个教学相长的实践过程使得教育者自身的教育理念和思维方式产生了与时俱进的发展。支教一年，自教一生。感谢西藏，感谢研支团。

附录A 清华大学研究生支教团团歌《与你西行》简谱

与你西行
清华大学研究生支教团团歌

作曲：严润晨 楼玉婷
作词：林宛婷 李斌
编曲：郝亦非

1=F 4/4 ♩=96

(1) 0 0 0 5̲6̲ | 1 1 1 1 1 2̲3̲ | 3 - - 2̲1̲ | 2· 2̲2̲1̲6̲5̲ |
　　　　　　想去 离太 阳最 近的 天边　　　　　　天边 有　格 桑花 盛放

(5) 5 - - 5̲6̲ | 1 1 1 1 6̲3̲ | 5 - - 3̲1̲ | 2· 2̲2̲1̲6̲2̲ |
　想去　养育 我的 黄河 源　　　源头 有　布 达拉 守望

(9) 2 - - 5̲6̲ | 1 1 1 1 2̲ 3̲ | 2̲1̲ 2 2 2̲2̲1̲6̲2̲ |
　青春　眉梢 隐隐 锋 芒　　　青稞 锅庄 和东山月光

(13) 2 - - 3̲4̲ | 5· 5̲5̲ 1̲̇5̲ | 6̲5̲4̲ 2̲3̲ | 4̲4̲ 3̲2̲1̲ 2̲1̲ |
　并肩 在　世界 屋脊 的中 央　　看格 桑花 样 红红 脸庞

(17) 1 - 0 5̲1̲ | 3· 3̲3̲ 2· 3̲3̲4̲ | 5 - - 0 5̲5̲ |
　　　与你 西行 文字 激昂　　　　在那

(20) 6̲ 6̲6̲5̲ 4· 4̲4̲3̲ | 2 - - 5̲1̲ | 3· 3̲3̲ 3̲4̲4̲5̲ |
　天边 唱格 萨尔 王　　　与你 西行 意气方

(23) 6 - - 0 4̲5̲ | 6· 6̲6̲ 6 1̲̇7̲ | 7̲6̲5̲ 5̲0̲5̲1̲ |
　刚　　　敢叫 雪域 换新 装　　　　与你

(26) 3· 3̲3̲ 2· 3̲3̲4̲ | 5 - - 0 5̲5̲ | 6̲ 6̲6̲5̲ 4· 4̲4̲3̲ |
　西行 文字 激昂　　　看西 宁拉 萨决 决日

(29) 2 - - 5̲1̲ | 3· 3̲3̲ 3̲4̲4̲5̲ | 6 - 7 0 7̲1̲ |
　光　　　与你 西行 意气 方 刚　　　遍染

(32) 2̇· 2̲̇2̲̇ 2̲̇ 1̲̇1̲̇7̲ | 1̇ - - 0 | 0 0 0 0 | 0 0 0 0 ‖
　桃李 尽 芬 芳

清华大学研究生支教团团歌(伴奏版)

清华大学研究生支教团团歌(合唱版)

清华大学研究生支教团团歌MV

附录A 清华大学研究生支教团团歌《与你西行》简谱

附录 B　清华大学研究生支教团团歌《与你西行》曲谱

附录 B 清华大学研究生支教团团歌《与你西行》曲谱

附录 C 清华大学第 1~25 届研究生支教团成员名单

时间及届次	姓名	服务学校
1999—2000 年 第 1 届	王 松	甘肃—兰州市榆中县马坡中学
	黄新刚	河南—信阳市新县八里高中
	郑吉林	河南—信阳市新县职业高级中学
	罗晓光	宁夏—西吉县什字乡什字中学
	何 欣	宁夏—固原市西吉县白崖中学
	杨海军	青海—海东市民和回族土族自治县民和回族中学
	向 辉	山西—大同市灵丘县上寨镇中学
2000—2001 年 第 2 届	侯贵松（团长）	甘肃—武威市古浪县古浪二中
	胡新舒	甘肃—武威市古浪县古浪一中
	张诗高	甘肃—武威市古浪县古浪一中
	刘振江	甘肃—武威市古浪县土门镇初级中学
	何振善	甘肃—武威市古浪县大靖镇初级中学
	韦 芳	甘肃—武威市古浪县大靖三中
2001—2002 年 第 3 届	陈林峰（团长）	甘肃—临夏州和政县一中
	董 智	甘肃—临夏州和政县一中
	高宇宁	甘肃—临夏州和政县一中
	李 平	甘肃—临夏州和政县一中
2002—2003 年 第 4 届	杨 洋	青海—西宁市湟源县巴燕乡巴燕中学
	王舜尧	青海—西宁市湟源县申中乡申中中学
	王 冠	青海—西宁市湟源县申中乡申中中学
	邓诗微	青海—西宁市湟源县申中乡申中中学
	沈 毅	青海—西宁市湟源县巴燕乡巴燕中学
	胡雨波	青海—共青团西宁市委
2003—2004 年 第 5 届	郝 强（团长）	青海—西宁市湟源县第三中学
	高 军	青海—西宁市湟源县第三中学
	战 涛	青海—西宁市湟源县第三中学
	史敏杰	青海—西宁市湟源县第三中学
	王 珏	青海—西宁市湟源县第三中学
	郭龙岩	青海—西宁市湟源县第三中学
	张瑞廷	青海—西宁市湟源县巴燕乡巴燕中学
	徐亿勇	青海—西宁市湟源县巴燕乡巴燕中学
	李 楠	青海—西宁市湟源县巴燕乡巴燕中学

续表

时间及届次	姓名	服务学校
2004—2005年 第6届	王永瑞（团长）	青海—西宁市湟源县大华中学
	王　惟	青海—西宁市湟源县第一中学
	孙　博	青海—西宁市湟源县第二中学
	王　耕	青海—西宁市湟源县第二中学
	萧　歌	青海—西宁市湟源县第一中学
	拜福君	青海—西宁市湟源县大华中学
	王　悫	青海—西宁市湟源县巴燕乡巴燕中学
	宋水泉	青海—西宁市湟源县巴燕乡巴燕中学
	李向达	青海—西宁市湟源县巴燕乡巴燕中学
2005—2006年 第7届	李长峰	青海—西宁市湟源县第一中学、湟源教育局
	巨　鹏	青海—西宁市湟源县第一中学
	舒　怡	青海—西宁市湟源县第一中学
	梁　娜	青海—西宁市湟源县第一中学
	李明诗	青海—西宁市湟源县第二中学
	李　杰	青海—西宁市湟源县第二中学
	乌　英	青海—西宁市湟源县第二中学
	张　镍	青海—西宁市湟源县巴燕乡巴燕中学
	张舒宁	青海—西宁市湟源县巴燕乡巴燕中学
	张晓光	青海—西宁市湟源县巴燕乡巴燕中学
	吉·青珂莫 （团长）	西藏—山南地区第二高级中学
	曹　金	西藏—山南地区第二高级中学
	袁　飞	西藏—山南地区第二高级中学
	刘大年	西藏—山南地区第二高级中学
	朱晓博	西藏—拉萨市拉萨高等师范专科学校
	侯晓明	西藏—拉萨市拉萨高等师范专科学校
2006—2007年 第8届	曹　鹏	青海—西宁市湟中职业技术学校
	贾　曦	青海—西宁市湟中职业技术学校
	蔡煜刚	青海—西宁市湟中职业技术学校
	张　路	青海—西宁市湟中职业技术学校
	刘　莹	青海—西宁市湟中职业技术学校
	沈逸轩	青海—西宁市湟中县第一中学

续表

时间及届次	姓名	服务学校
2006—2007年 第8届	毕佳慧	青海—西宁市湟中县第一中学
	罗　灿	青海—西宁市湟中县第一中学
	叶　君	青海—西宁市湟中县第一中学
	王旭煜	青海—西宁市湟中县第一中学
	韦蒟钰（团长）	西藏—山南地区第二高级中学
	林泊生	西藏—山南地区第二高级中学
	胡尚如	西藏—山南地区第二高级中学
	郑　伟	西藏—山南地区第二高级中学
	张　哲	西藏—调至西藏自治区财政厅
2007—2008年 第9届	胡京奇	青海—西宁市青海大学
	王　博	青海—西宁市青海大学
	孔　越	青海—西宁市青海大学
	王　峰	青海—西宁市青海大学
	叶　芊	青海—西宁市青海大学
	李　伟	青海—西宁市青海大学
	高　帆	青海—西宁市湟中职业技术学校
	刘文超	青海—西宁市湟中职业技术学校
	张　烨	青海—西宁市湟中职业技术学校
	周林路	青海—西宁市湟中职业技术学校
	赵一博	青海—西宁市湟中职业技术学校
	王　璐	青海—西宁市湟中县第一中学
	邵馨远	青海—西宁市湟中县第一中学
	王　珊	青海—西宁市湟中县第一中学
	张　璐	青海—西宁市湟中县第一中学
	王　敏	青海—西宁市湟中县第一中学
	赵永圣（团长）	西藏—拉萨市西藏职业技术学院
	张　洁	西藏—拉萨市西藏职业技术学院
	任霄泽	西藏—拉萨市西藏职业技术学院
	刘景建	西藏—拉萨市西藏职业技术学院
	郑晓庆	西藏—拉萨市西藏职业技术学院
2008—2009年 第10届	侯　聪（团长）	青海—西宁市青海大学
	成　俊	青海—西宁市青海大学

续表

时间及届次	姓名	服务学校
2008—2009年 第10届	雷光普	青海—西宁市青海大学
	李 恺	青海—西宁市青海大学
	余 来	青海—西宁市青海大学
	郭敏晓	青海—西宁市青海大学
	邓静芝	青海—西宁市青海大学
	李晓航	青海—西宁市青海大学
	张 晶	青海—西宁市湟中职业技术学校
	刘 坤	青海—西宁市湟中职业技术学校
	樊焕美	青海—西宁市湟中职业技术学校
	欧阳尚夫	青海—西宁市湟中职业技术学校
	谢 龙	青海—西宁市湟中县第一中学
	罗 文	青海—西宁市湟中县第一中学
	张元智	青海—西宁市湟中县第一中学
	解 丹	青海—西宁市湟中县第一中学
	吾夏琳	青海—西宁市湟中县第一中学
	濮志娇	青海—西宁市湟中县第一中学
	王宇翔	西藏—拉萨市西藏职业技术学院
	塔 拉	西藏—拉萨市西藏职业技术学院
	李文韬	西藏—拉萨市西藏职业技术学院
	陈 雷	西藏—拉萨市西藏职业技术学院
	陈天琦	西藏—拉萨市西藏职业技术学院
2009—2010年 第11届	张海生	青海—西宁市青海大学
	赵雅博	青海—西宁市青海大学
	谢 磊	青海—西宁市青海大学
	严润晨	青海—西宁市青海大学
	仓馥芝	青海—西宁市青海大学
	宁 毅	青海—西宁市青海大学
	林宛婷	青海—西宁市青海大学
	唐晓虎	青海—西宁市青海大学
	孙 聪	青海—西宁市青海大学
	李 斌	青海—西宁市湟中职业技术学校
	王 啸	青海—西宁市湟中职业技术学校

续表

时间及届次	姓名	服务学校
2009—2010年 第11届	朱　斌	青海—西宁市湟中职业技术学校
	朱　科	青海—西宁市湟中职业技术学校
	王艳丽	青海—西宁市湟中县第一中学
	王　寅	青海—西宁市湟中县第一中学
	黄璐璐	青海—西宁市湟中县第一中学
	侯乐迪	青海—西宁市湟中县第一中学
	姜　弋	青海—西宁市湟中县藏文化学校、湟中职业技术学校
	许　昊（团长）	西藏—拉萨市西藏职业技术学院
	李景涛	西藏—拉萨市西藏职业技术学院
	王　冲	西藏—拉萨市西藏职业技术学院
	陈　丽	西藏—拉萨市西藏职业技术学院
	旺　姆	西藏—拉萨市西藏职业技术学院
2010—2011年 第12届	刘满君	青海—西宁市青海大学
	唐家渝	青海—西宁市青海大学
	饶国兴	青海—西宁市青海大学
	利锦标	青海—西宁市青海大学
	王　筱	青海—西宁市青海大学
	李雨萌	青海—西宁市青海大学
	蔡元纪	青海—西宁市湟中职业技术学校
	林　海	青海—西宁市湟中职业技术学校
	闫思宇	青海—西宁市湟中职业技术学校
	贾昊昊	青海—西宁市湟中职业技术学校
	刘雅坤	青海—西宁市湟中职业技术学校
	潘镜如	青海—西宁市湟中职业技术学校
	孙碧波	青海—西宁市湟中县第一中学
	朱雨辰	青海—西宁市湟中县第一中学
	何　军	青海—西宁市湟中县第一中学
	严　晗	青海—西宁市湟中县第一中学
	李博洋（团长）	西藏—拉萨市西藏职业技术学院
	刘泽华	西藏—拉萨市西藏职业技术学院
	董　磊	西藏—拉萨市西藏职业技术学院
	包玺善	西藏—拉萨市西藏职业技术学院
	吴履伟	西藏—拉萨市西藏职业技术学院

续表

时间及届次	姓名	服务学校
2011—2012 年 第 13 届	曾钰峰（团长）	甘肃—武威市武威六中
	刘宝龙	甘肃—武威市武威六中
	吴安琪	甘肃—武威市武威六中
	杨昶贺	甘肃—武威市武威六中
	王 鑫	青海—西宁市青海大学
	蒋辰临	青海—西宁市青海大学
	谢 諹	青海—西宁市湟中职业技术学校
	杨 帆	青海—西宁市湟中职业技术学校
	王文婷	青海—西宁市湟中职业技术学校
	孙小凡	青海—西宁市湟中职业技术学校
	李舒涛	青海—西宁市湟中县第一中学
	白云龙	青海—西宁市湟中县第一中学
	丁戊辰	青海—西宁市湟中县第一中学
	赵于敏	青海—西宁市湟中县第一中学
	李哲翔	西藏—拉萨市西藏职业技术学院
	刘 过	西藏—拉萨市西藏职业技术学院
	刘 畅	西藏—拉萨市西藏职业技术学院
	田 园	西藏—拉萨市西藏职业技术学院
	宋馥璇	西藏—拉萨市西藏职业技术学院
2012—2013 年 第 14 届	赵思远	甘肃—武威市武威六中
	乌吉丹	甘肃—武威市武威六中
	池昱东	甘肃—武威市武威六中
	王 赫	甘肃—武威市武威六中
	常伟伟	甘肃—武威市武威六中
	俞理晓	青海—西宁市湟中县第一中学
	刘信言	青海—西宁市湟中县第一中学
	马 迪	青海—西宁市湟中县第一中学
	安东生	青海—西宁市湟中县第一中学
	周 璇	青海—西宁市湟中县第一中学
	孙文健	青海—西宁市湟中职业技术学校
	韩三伟	青海—西宁市湟中职业技术学校
	曹东晓	青海—西宁市湟中职业技术学校

续表

时间及届次	姓名	服务学校
2012—2013 年 第 14 届	崔亚男	青海—西宁市湟中职业技术学校
	王 倩	青海—西宁市湟中职业技术学校
	宋湘平(团长)	西藏—拉萨市西藏职业技术学院
	陈 峰	西藏—拉萨市西藏职业技术学院
	王佳明	西藏—拉萨市西藏职业技术学院
	白玛曲宗	西藏—拉萨市西藏职业技术学院
	李 坤	西藏—拉萨市西藏职业技术学院
2013—2014 年 第 15 届	陈昱嘉	甘肃—武威市武威六中
	马家婵	甘肃—武威市武威六中
	赵 证	甘肃—武威市武威六中
	袁东邦	甘肃—武威市武威六中
	刘士杰	河北—太行山燕山联合支教队
	刘 通	河北—太行山燕山联合支教队
	魏荣强	青海—西宁市湟中县第一中学
	刘燕玲	青海—西宁市湟中县第一中学
	夏文婧	青海—西宁市湟中县第一中学
	文翀翊	青海—西宁市湟中县第一中学
	钟 领	青海—西宁市湟中职业技术学校
	苏 昊	青海—西宁市湟中职业技术学校
	卜 苑	青海—西宁市湟中职业技术学校
	张浩原	青海—西宁市湟中职业技术学校
	元茹峰(团长)	西藏—拉萨市西藏职业技术学院
	普布多吉	西藏—拉萨市西藏职业技术学院
	次旺拉姆	西藏—拉萨市西藏职业技术学院
	孙 彤	西藏—拉萨市西藏军区拉萨八一学校
	仁钦卓玛	西藏—拉萨市西藏军区拉萨八一学校
2014—2015 年 第 16 届	杨 鹏	甘肃—武威市武威六中
	郑昱宇	甘肃—武威市武威六中
	殷浩淳	甘肃—武威市武威六中
	林嵘净	甘肃—武威市武威六中
	王展硕	青海—西宁市湟中县第一中学
	黄 兵	青海—西宁市湟中县第一中学

续表

时间及届次	姓名	服务学校
2014—2015年 第16届	黄　成	青海—西宁市湟中县第一中学
	曹文静	青海—西宁市湟中县第一中学
	罗秀婷	青海—西宁市湟中县第一中学
	屠俊豪	青海—西宁市湟中职业技术学校
	丁超杰	青海—西宁市湟中职业技术学校
	邓悦欢	青海—西宁市湟中职业技术学校
	郭　萌	青海—西宁市湟中职业技术学校
	李　昇	青海—西宁市湟中职业技术学校
	席亚彬（团长）	西藏—拉萨市西藏职业技术学院
	郭宝运	西藏—拉萨市西藏职业技术学院
	索朗多布吉	西藏—拉萨市西藏职业技术学院
	覃　菲	西藏—拉萨市西藏职业技术学院
	欧　媚	西藏—拉萨市西藏职业技术学院
	于　阳	西藏—拉萨市西藏军区拉萨八一学校
	王碧妍	西藏—拉萨市西藏军区拉萨八一学校
2015—2016年 第17届	潘文彪	甘肃—武威市武威六中
	李　也	甘肃—武威市武威六中
	赵舒颜	甘肃—武威市武威六中
	陶曼丽	甘肃—武威市武威六中
	毛雯芝	青海—西宁市湟中县第一中学
	张本奇	青海—西宁市湟中县第一中学
	包逸达	青海—西宁市湟中县第一中学
	陈晓妹	青海—西宁市湟中县第一中学
	王媛媛	青海—西宁市湟中县第一中学
	周大力	青海—西宁市湟中职业技术学校
	梁健楠	青海—西宁市湟中职业技术学校
	刘　锴	青海—西宁市湟中职业技术学校
	张翊群	青海—西宁市湟中职业技术学校
	邱　凡（团长）	西藏—拉萨市西藏职业技术学院
	刘豫航	西藏—拉萨市西藏职业技术学院
	董子豪	西藏—拉萨市西藏职业技术学院
	次旺多杰	西藏—拉萨市西藏职业技术学院

续表

时间及届次	姓名	服务学校
2015—2016年 第17届	刘天乐	西藏—拉萨市西藏职业技术学院
	贾一凡	西藏—拉萨市西藏军区拉萨八一学校
	齐 譞	西藏—拉萨市西藏军区拉萨八一学校
2016—2017年 第18届	陈致佳	湖南—湘西州吉首市民族中学
	洪 旭	湖南—湘西州吉首市民族中学
	石雪薇	湖南—湘西州吉首市民族中学
	孙凯丽	湖南—湘西州吉首市民族中学
	吴彦琦	湖南—湘西州吉首市民族中学
	张琦琦	青海—西宁市湟中县第一中学
	李紫鑫	青海—西宁市湟中县第一中学
	侯志腾	青海—西宁市湟中县第一中学
	李思源	青海—西宁市湟中县第一中学
	梁清馨	青海—西宁市湟中县第一中学
	马晓东	青海—西宁市湟中职业技术学校
	王润佳	青海—西宁市湟中职业技术学校
	卢 森	青海—西宁市湟中职业技术学校
	王 震	青海—西宁市湟中职业技术学校
	姚 佳	青海—西宁市湟中职业技术学校
	白浩浩（团长）	西藏—拉萨市西藏职业技术学院
	洛桑晋美	西藏—拉萨市西藏职业技术学院
	韩昊庆	西藏—拉萨市西藏职业技术学院
	曾 兴	西藏—拉萨市西藏职业技术学院
	田 浩	西藏—拉萨市西藏军区拉萨八一学校
	史恩赐	西藏—拉萨市西藏军区拉萨八一学校
2017—2018年 第19届	赵华田	湖南—湘西州吉首市民族中学
	黄福兴	湖南—湘西州吉首市民族中学
	井 琳	湖南—湘西州吉首市民族中学
	孙 程	湖南—湘西州吉首市民族中学
	罗 颖	湖南—湘西州吉首市民族中学
	杨之旭	青海—西宁市湟中县第一中学
	石楚阳	青海—西宁市湟中县第一中学
	李金昭	青海—西宁市湟中县第一中学

续表

时间及届次	姓名	服务学校
2017—2018年 第19届	姜丹巧	青海—西宁市湟中县第一中学
	李 申	青海—西宁市湟中县第一中学
	丁超凡	青海—西宁市湟中职业技术学校
	杨云盛	青海—西宁市湟中职业技术学校
	王 越	青海—西宁市湟中职业技术学校
	陈梦妮	青海—西宁市湟中职业技术学校
	崔广鑫（团长）	西藏—拉萨市西藏职业技术学院
	孙明豪	西藏—拉萨市西藏职业技术学院
	裘昊天	西藏—拉萨市西藏职业技术学院
	向虹霖	西藏—拉萨市西藏职业技术学院
	朱其盛	西藏—拉萨市西藏军区拉萨八一学校
	孔 茗	西藏—拉萨市西藏军区拉萨八一学校
2018—2019年 第20届	坤福贤	湖南—湘西州吉首市民族中学
	支宇珩	湖南—湘西州吉首市民族中学
	黄莹泓	湖南—湘西州吉首市民族中学
	戎 静	湖南—湘西州吉首市民族中学
	朱 强	湖南—湘西州吉首市民族中学
	刘 琮	青海—西宁市湟中县第一中学
	杨 波	青海—西宁市湟中县第一中学
	林晓雪	青海—西宁市湟中县第一中学
	王一茗	青海—西宁市湟中县第一中学
	冯梦迪	青海—西宁市湟中县第一中学
	朱海雯	青海—西宁市湟中职业技术学校
	魏文罡	青海—西宁市湟中职业技术学校
	江 颖	青海—西宁市湟中职业技术学校
	祖丽德孜	青海—西宁市湟中职业技术学校
	洛 嘎	青海—西宁市湟中职业技术学校
	杨 钊（团长）	西藏—拉萨市西藏职业技术学院
	罗锦郎	西藏—拉萨市西藏职业技术学院
	王玥璇	西藏—拉萨市西藏职业技术学院
	卓 玛	西藏—拉萨市西藏职业技术学院
	张然然	西藏—拉萨市西藏军区拉萨八一学校
	徐文馨	西藏—拉萨市西藏军区拉萨八一学校

续表

时间及届次	姓名	服务学校
2019—2020年 第21届	冯晨龙	湖南—湘西州吉首市民族中学
	陈　缘	湖南—湘西州吉首市民族中学
	田　拓	湖南—湘西州吉首市民族中学
	向　欢	湖南—湘西州吉首市民族中学
	张　薇	湖南—湘西州吉首市民族中学
	朱明媛	青海—西宁市湟中县第一中学
	戴尚琪	青海—西宁市湟中县第一中学
	高索芬	青海—西宁市湟中县第一中学
	刘博远	青海—西宁市湟中县第一中学
	田中原	青海—西宁市湟中县第一中学
	韩储银（团长）	陕西—延安市清华大学附属中学文安驿学校
	唐宏博	陕西—延安市清华大学附属中学文安驿学校
	高　娟	陕西—延安市清华大学附属中学文安驿学校
	张梓涵	陕西—延安市清华大学附属中学文安驿学校
	胡瑞环	云南—大理白族自治州南涧彝族自治县第一中学
	李　瑶	云南—大理白族自治州南涧彝族自治县第一中学
	赵　越	云南—大理白族自治州南涧彝族自治县第一中学
	潘晓童	云南—大理白族自治州南涧彝族自治县南涧镇中学
	王文辉	云南—大理白族自治州南涧彝族自治县南涧镇中学
	王晓宇	西藏—拉萨市西藏军区拉萨八一学校
	王大为	西藏—拉萨市西藏军区拉萨八一学校
	朱轩慧	西藏—拉萨市西藏军区拉萨八一学校
2020—2021年 第22届	杨鹏成	湖南—湘西州吉首市民族中学
	黄清林	湖南—湘西州吉首市民族中学
	马梦珂	湖南—湘西州吉首市民族中学
	乔恩鹤	湖南—湘西州吉首市民族中学
	田沁芳	湖南—湘西州吉首市民族中学
	李沛桐	青海—西宁市湟中区第一中学
	蔡福霖	青海—西宁市湟中区第一中学
	常文晗	青海—西宁市湟中区第一中学
	苏　海	青海—西宁市湟中区第一中学
	张天雨	青海—西宁市湟中区第一中学

续表

时间及届次	姓名	服务学校
2020—2021年 第22届	蒋佳辰	陕西—延安市清华大学附属中学文安驿学校
	李 鹏	陕西—延安市清华大学附属中学文安驿学校
	刘子茜	陕西—延安市清华大学附属中学文安驿学校
	余扬帆	陕西—延安市清华大学附属中学文安驿学校
	唐若瑶	云南—大理白族自治州南涧彝族自治县第一中学
	蔡春玲	云南—大理白族自治州南涧彝族自治县第一中学
	孟 飞	云南—大理白族自治州南涧彝族自治县第一中学
	马佩瑜	云南—大理白族自治州南涧彝族自治县南涧镇中学
	张垚鑫	云南—大理白族自治州南涧彝族自治县南涧镇中学
	耿 威（团长）	西藏—拉萨市西藏军区拉萨八一学校
	甘文灼	西藏—拉萨市西藏军区拉萨八一学校
	荆晓青	西藏—拉萨市西藏军区拉萨八一学校
2021—2022年 第23届	窦 昊	湖南—湘西州吉首市民族中学
	丛文杰	湖南—湘西州吉首市民族中学
	庞晓畅	湖南—湘西州吉首市民族中学
	谢晓草	湖南—湘西州吉首市民族中学
	郭魁星（团长）	青海—西宁市湟中区第一中学
	陈寅聪	青海—西宁市湟中区第一中学
	黄嘉熙	青海—西宁市湟中区第一中学
	聂晨宁	青海—西宁市湟中区第一中学
	夏 添	青海—西宁市湟中区第一中学
	董恩旭	陕西—延安市清华大学附属中学文安驿学校
	蔡辛怡	陕西—延安市清华大学附属中学文安驿学校
	缪谨蔚	陕西—延安市清华大学附属中学文安驿学校
	曾 妮	陕西—延安市清华大学附属中学文安驿学校
	魏明伦	陕西—延安市清华大学附属中学文安驿学校
	钱学进	云南—大理白族自治州南涧彝族自治县第一中学
	姜晓雪	云南—大理白族自治州南涧彝族自治县第一中学
	刘佩佩	云南—大理白族自治州南涧彝族自治县第一中学
	肖喆俏	云南—大理白族自治州南涧彝族自治县南涧镇中学
	杨沁丰	云南—大理白族自治州南涧彝族自治县南涧镇中学
	胡 啸	西藏—拉萨市西藏军区拉萨八一学校

时间及届次	姓名	服务学校
2021—2022年 第23届	次旦央吉	西藏—拉萨市西藏军区拉萨八一学校
	曲贞迪	河北—中央民族大学附属中学（雄安校区）
	安 馨	河北—中央民族大学附属中学（雄安校区）
	邓嘉欣	河北—中央民族大学附属中学（雄安校区）
	闫怡宁	河北—中央民族大学附属中学（雄安校区）
	梁创异	河北—中央民族大学附属中学（雄安校区）
2022—2023年 第24届	韩 煦（团长）	青海—西宁市湟中区第一中学
	李亭游	青海—西宁市湟中区第一中学
	崔逸聪	青海—西宁市湟中区第一中学
	谭浩然	青海—西宁市湟中区第一中学
	任书睿	青海—西宁市湟中区第一中学
	王烽合	西藏—拉萨市西藏军区拉萨八一学校
	冯 逸	西藏—拉萨市西藏军区拉萨八一学校
	贾小我	西藏—拉萨市西藏军区拉萨八一学校
	朱 欣	湖南—湘西州吉首市民族中学
	杨佳琳	湖南—湘西州吉首市民族中学
	才 红	湖南—湘西州吉首市民族中学
	周康林	湖南—湘西州吉首市民族中学
	刘 瑶	陕西—延安市清华大学附属中学文安驿学校
	张超谦	陕西—延安市清华大学附属中学文安驿学校
	曹雨凝	陕西—延安市清华大学附属中学文安驿学校
	刘士成	陕西—延安市清华大学附属中学文安驿学校
	韩江月	云南—大理白族自治州南涧彝族自治县第一中学
	黄家鑫	云南—大理白族自治州南涧彝族自治县第一中学
	黄卓尔	云南—大理白族自治州南涧彝族自治县第一中学
	匡 懿	云南—大理白族自治州南涧彝族自治县南涧镇中学
	宋思琪	云南—大理白族自治州南涧彝族自治县南涧镇中学
	严晓畅	河北—中央民族大学附属中学（雄安校区）
	王晔囡	河北—中央民族大学附属中学（雄安校区）
	金玲演	河北—中央民族大学附属中学（雄安校区）
	胡中麒	河北—中央民族大学附属中学（雄安校区）
	黄泽宇	河北—中央民族大学附属中学（雄安校区）

续表

时间及届次	姓名	服务学校
2023—2024年 第25届	牟蕙	青海—西宁市湟中区第一中学
	贡觉罗布	青海—西宁市湟中区第一中学
	马乐天	青海—西宁市湟中区第一中学
	林子田	青海—西宁市湟中区第一中学
	徐子馨	青海—西宁市湟中区第一中学
	朱润泽	西藏—拉萨市西藏军区拉萨八一学校
	松丁江初	西藏—拉萨市西藏军区拉萨八一学校
	程粤	西藏—拉萨市西藏军区拉萨八一学校
	曹奕	湖南—湘西州吉首市民族中学
	钱方恒	湖南—湘西州吉首市民族中学
	胡汇森	湖南—湘西州吉首市民族中学
	李熙玥	湖南—湘西州吉首市民族中学
	穆昀睿	陕西—延安市清华大学附属中学文安驿学校
	潘浩	陕西—延安市清华大学附属中学文安驿学校
	李悦	陕西—延安市清华大学附属中学文安驿学校
	杜诗	陕西—延安市清华大学附属中学文安驿学校
	李润凤（团长）	云南—大理白族自治州南涧彝族自治县第一中学
	李若然	云南—大理白族自治州南涧彝族自治县第一中学
	刘逸博	云南—大理白族自治州南涧彝族自治县第一中学
	闫艺卓	云南—大理白族自治州南涧彝族自治县第一中学
	闫怡琳	云南—大理白族自治州南涧彝族自治县第一中学
	吴净	云南—大理白族自治州南涧彝族自治县南涧镇中学
	韩玥	云南—大理白族自治州南涧彝族自治县南涧镇中学
	张佳雯	河北—中央民族大学附属中学（雄安校区）
	林洺桐	河北—中央民族大学附属中学（雄安校区）
	李东达	河北—中央民族大学附属中学（雄安校区）
	龚昕冉	河北—中央民族大学附属中学（雄安校区）
	丛聪	河北—中央民族大学附属中学（雄安校区）